国際的消費者行動論

マーケティング戦略策定へのインパクト

A.Coskun Samli
International Consumer Behavior
Its Impact on Marketing Strategy Development

A・C・サムリ [著]

阿部真也・山本久義 [監訳]

九州大学出版会

Translated from the English Language edition of *International Consumer Behavior : Its Impact on Marketing Strategy Development*, by A. Coskun Samli, originally published by Quorum Press, an imprint of ABC-CLIO, LLC, Santa Barbara, CA, USA. Copyright © 1995 by A. Coskun Samli. Translated into and published in the Japanese language by arrangement with ABC-CLIO, LLC. All rights reserved.

No part of this book may be reproduced or transmitted in any form or by any means electronic or mechanical including photocopying, reprinting, or on any information storage or retrieval system, without permission in writing from ABC-CLIO, LLC.

Japanese translation rights arranged with ABC-CLIO, through Japan UNI Agency, Inc. Japanese edition copyright © 2010 by Kyushu University Press.

この著書は私と一緒に研究してきた数千人の外国人学生に
捧げるものであります。
私もまた大いに勉強することができたことをここに示したい。

原著者序文

　ヌヴァチュクとダント（Nwachukwu and Dant 1990, 40）は，「世界の多くの異なった社会や文化圏は，我々が現在想像しているよりも，多くの点で類似している」と主張する。レヴィット（Levitt 1983, 20）は，商業の新しい現実を議論する中で，さらに一歩進み，それについて次のように述べている。「グローバルに標準化された製品に対する，グローバル・マーケットが爆発的に出現した。これまで創造したことがないほどとてつもない規模の，巨大な世界規模の市場である」。どちらの場合においても，その立場は世界市場における類似性について分析ないし，強調したものである。実際のところ，世界市場のおよそ75％がかなり類似しているということは正しいといえよう。しかしながらそこでの，相違点よりもむしろ類似点を強調する手法は，マーケティング志向とは異なり，「生産志向」（コトラー Kotler 1994）の延長としての捉え方なのである。マーケティング概念を国際レベルで真に実践する場合は，世界市場における仮説上の25％の相違点を理解し，強調することが求められるのである。企業はこれらの相違点に敏感になり，それに合わせてゆかなければならない。
　その時，もっというならその時のみ，企業は国際競争力を確立し，国際的消費者を有効に満足させることができるのである。かくて本書は，国際的消費者行動をよりよく理解し，彼らの特性に基づきながら，さまざまな国際市場に迎合してゆかなければならないと主張するものである。
　国際的消費者行動は，多くの消費者行動に関する書籍の中で一時的に触れ

られてはきたが，体系的に分析されるテーマではなかった。これまでのところ，その傾向は類似点を研究し，上述の国際的生産志向を採ることであった。国際市場の類似点に基づくそのような手法は，生産規模の大きさに基づく規模の利益のベネフィットを企業体に提供するであろう。しかしながら，これらの市場における相違点を認識しないことには，企業は大きな利潤機会を見逃すだけでなく，国際的消費者の独特のニーズを満たすこともできないであろう。

この書は，国際的消費者行動の体系的分析手法を編み出し，それを企業の国際マーケティング計画に結びつけるという，これまでにない初めての試みを論述したものである。ここで述べられたことが，この極端に重要なテーマに対して，異なった光を投げかけることになると幸甚である。さらに，この本に基づき，世界の消費者がもっと満足できるよう，この分野をもっと探索しようという試みが将来多く見られることも，期待したいところである。

この書は，国際的消費者行動に対する研究の必要性を訴えかけるイントロダクションから始まるものである。そこではこの書を通して用いられる全般的モデルを提示している。

第1章は，国際的消費者行動を条件付け，修正するところの多大な影響力としての「文化」というものを探求することによって，本書のスタイルを設定するものである。

第2章では，コミュニケーターとしての文化と，それが有するある特性がどのように行動に影響を与えるのかについて分析する。

第3章は，非常に重要なコンセプトであるところの文化による選別を提示するものであるが，このことは本書の中で一貫して強化されている。文化による選別は，消費者行動が，ある社会の既存文化とどのように関わりあうものであるかについて説明するものである。

第4章は，文化を特定し，分類するためになされてきた，さまざまな試みについて探求するものである。個人主義的 対 集団主義的という分類法がいたるところで，かなり広く用いられている。

第5章では，国際的消費者行動の理論を紹介する。このモデルはその後で修正され，本書を通じて改定される。

第6章では，国際市場における社会階層と，消費者行動について検討する。そこではマズロー（Maslow）の欲求階層モデルが，社会階級と連動して国際的消費者行動の公式の中で，重要な役割を果たすものであると断定する。

　第7章では，さまざまな社会における非公式な社会関係について考察する。これらの関係は個人に特定の価値を徐々に植え付け，それがさらに消費者行動を修正するものである。

　第8章では，さまざまな文化圏における革新の伝播について探求する。そこでは，製品はある社会では迅速に伝播するが，別の社会ではゆっくり伝播するものであると主張する。

　第9章は，原産地想起について考察し，もしすべてが同じである場合は，この想起が消費者行動に対する重要な修正要因となると主張する。

　第10章は，国際市場の雑多性の実態について考察するものである。そのうえで，もし国際市場を細分化しようとする場合，この細分化は国際間の消費者行動の特性に依拠することになるであろうと断定する。類似性を厳密に分析することによって，さまざまな市場の重要な部分市場への分類が推進されるものである。

　第11章は，関与について探求しようとするものである。消費者の関与が，国際的消費者行動に関する主要なミクロ上の決定要因の一つであるということについて論じる。

　第12章は，学習が，国際的消費者行動に関するもう一つの主要なミクロ上の決定要因であることについて考察する。

　第13章は，消費者行動に関する情報が，国際マーケティング計画の構築に対してどのように使用されるかについて説明する全般的モデルを提示するものである。そのプランが，国際的消費者行動に関するより繊細な相違点に敏感であればあるほど，その成功の度合いはより大きくなる。

　最後のエピローグは，国際競争力の構築に対する鍵としての国際的消費者行動の重要性について補強するものである。このような極めて重要な探求が将来行われることに対して，少しではあるが調査議案の発議を試みた。

参考文献

Kotler, Phillip. 1994. *Marketing Management*. Englewood Cliffs, NJ: Prentice-Hall.（コトラーの同名の著書は 1967 年以来再版を重ね邦訳も数多く出版されているが，1994 年刊の邦訳はない。第 8 章参考文献の Kotler の項を参照）

Levitt, Theodor. 1983. *The Marketing Imagination*. New York: The Free Press.

Nwachukwu, Savior L., and Rajiv P. Dant. 1990. "Consumer Culture in Developing Economies: Is It Really So Different?" In *Developments in Marketing Science* XII, edited by B. J. Dunlap, 35-40. Miami: Academy of Marketing Science.

謝　辞

　多くの人々が私の考えに対して，直接的・間接的に影響を与えてくださり，私が概念の構築を図るお手伝いをしてくださいました。私の知る限りでは，これはこの種の中で初めての書籍であり，これらの人々に特別のお礼を言わなければなりません。
　おそらく，全ての私の友人，同僚，そして仲間のなかで，とりわけ，ヴァージニア工科大学のM. ジョセフ・サージィ（M. Joseph Sirgy）氏に対しては特別の謝辞が必要でしょう。心理学者 兼 消費者行動の専門家であることが強力な武器となり，私と交流し，私の理論構築に向けて議論するという，やや非現実的な要求に快く応じてくださいました。私の学部長であるエドワード・ジョンソン（Edward Johnson）氏と，現在就任している学部長のアール・トゥレインハム（Earle Traynham）氏はとても親切で，私を励ましてくださったうえに，夏学期間，アシスタントシップ基金を提供してくださいました。
　私の他の多くの同僚は時折，私と付き合い，この本の繊細な部分について，議論してくださいました。彼らの中では，ハワイ大学のジェイムズ・ウィルス・ジュニア（James Wills, Jr.）教授と，ローレンス・ジェイコブズ氏（Laurence Jacobs）の2人は特に重要であります。2人は私がハワイで教鞭を取っていた夏に，私と共著で2本の論文を出したり，電話での話だけでなく，直接お会いしてほとんど際限ないほど話し合ったりして，この本の種を植え付けてくださいました。彼らとの交流はいつも貴重なものでした。

ジョージ・ワシントン大学のサラ・ハッサン（Salah Hassan）教授は，ある章の基本事項に対する熱意とアイデアを提供してくださいました。北フロリダ大学のアデル・エル-アンサリー（Adel El-Ansary）教授は，時々私と付き合って，本書の込み入ったポイントのいくつかを明確にするお手伝いをしてくださいました。北フロリダ大学のダグ・ランバート（Doug Lambert）教授は，専門家気質と勤勉性の点で仕事上のお手本でありました。

私の学科長であるロバート・ピッカート（Robert Pickhardt）氏は，私のこの本の執筆に際して，常に気軽に快く支援して下さっただけでなく，私の創作的環境を非常に快適なものにしてくださいました。

私の大学院の研究助手であるリアズ・アブドゥル（Riaz Abdul）君と，メフメット・オンガ（Mehmet Onga）君は，常にそばにいて，主要な調査を行い，私がこの本の完成を可能にさせるための重要な参考文献を提供してくれました。ベバリー・チャップマン（Beverly Chapman）さんは，校正のお手伝いをしてくれました。彼女の作業はいつも注意深く，しかも的を射たものでありました。

私たちの秘書であるグエン・ベネット（Gwen Bennet）さん，ベティ・ゲイツ（Betty Geitz）さん，キャシー・グリーン（Kathy Green）さんは常に助けになりました。国際マーケティングのクラスの私の大学院生たちも，きびきびとして，とても役に立ちました。リーナ・ペイン（Leanna Payne）さんには特別なお礼を言わなければなりません。彼女の専門家的なタイピングと，迅速性と，仕事に対する倫理観なくしては，この本は世に出ていなかったでしょう。彼女はこの本の完成に対して非常に貢献しているのであります。ビー・ゴールドスミス（Bea Goldsmith）さんは，常に支援してくださり，私がいくつかの特別な用語に対して助けが必要な時，本当に助かりました。このような方々と，他の多くの人々なしには，このプロジェクトは完成しなかったでありましょう。皆さんに感謝申し上げます。しかしながら，繰り返し申し上げますが，この本の内容に関しては，私がひとえにその責を負うものであります。

A. Coskun Samli

目　次

原著者序文……………………………………………………………… i

謝　辞…………………………………………………………………… v

イントロダクション ………………………………………………… 1

　競争優位性の展開／競争優位性と国際的な情報／国際的消費者行動――一般モデル――／要約

第1章　文化―その多大な影響力 …………………………………… 11

　文化の研究／消費者行動のキー的決定要因としての文化／ウォレスの理論／文化の直接的・間接的影響力／文化の補強／文化は容易には変化しない／要約

第2章　コミュニケーターとしての文化 …………………………… 25

　地域性／時間の概念／学習／余暇活動／連携／相互作用／最低生活水準／プライベート空間／男女の役割分担／資源の利用／これらの特性の利用について／要約

第3章　文化による選別 ……………………………………………… 37

　認知的および感情的反応／認知的影響／感情的反応／消費者行動における人間関係的および人的決定要素／文化による選別／マーケティングに対する示唆／要約

第4章　文化の特定化と分類のための多様な試み ……………………… 49

　リースマンの分類／消費者行動に関連したリースマンの分類／ホール
　の高コンテキスト 対 低コンテキスト区分／ホフステードの見解／ホ
　フステードの見解のインパクト／ブリスリンの方向性／要約

第5章　国際的消費者行動に関するモデル ……………………………… 69

　文化：重要な構成要素／国際的消費者行動モデル／当モデルの操作化
　／国際的消費者行動の指標／要約

第6章　消費者行動における社会階級と欲求階層 ……………………… 93

　グローバル製品 対 地域的製品／マズローの欲求階層理論／国際市場
　の類型化／異なった国における混合体／消費パターンの基盤としての
　社会階級／要約

第7章　「和」(Wa),「人の和」(Inhwa),「関係」(Quanxi)
　　　およびその他の協調関係 ………………………………………… 109

　「関係」(Quanxi)／系列／その他の協調関係／要約

第8章　異文化におけるイノベーションの普及 ……………………… 117

　国際的なイノベーションの態様と普及／正規曲線／普及理論の活用／
　物質主義変容のインパクト／工業化／経済における重大な変化／普及
　過程の操作化：効果の階層性／データ／4つの文化地域における普及
　／採用過程の比較／普及に基づくマーケティング計画／要約

第9章　原産地コンセプトと文化 ……………………………………… 139

　製品情報想起の重要性／原産地想起の戦略的利用／複合 対 単一製品
　想起／戦略的意味合い／国際ブランド／製品特性／国際的なブラン
　ド・ロイヤルティの形成／要約

第10章　国際市場細分化と消費者行動……………………… 155
伝統的考え方に対する挑戦／国際市場細分化における新しい考え方／戦略的等質的細分化／事例／要約

第11章　関与と国際的消費者 ……………………………………… 171
消費者行動の主な要因としての関与／文化と関与／広告の役割／関与と親近感／知覚リスクとその他媒介要因／感覚的関与 対 現実的関与／要約

第12章　学習と国際的消費者 ……………………………………… 187
国際市場における学習／学習スタイルと文化／学習スタイルと文化による選別との間の相互作用／要約

第13章　消費者行動に基づく国際マーケティング戦略 …………… 197
学習・関与マトリックス／文化―普及マトリックス／消費者行動と連動した包括的戦略代替案／例示／要約

エピローグ　国際的消費者行動の重要性——再論 ……………… 211
文化の変化とそのインパクト／追加されるべき将来の研究領域

監訳者あとがき ……………………………………………………… 215

主要参考文献 ………………………………………………………… 219

索　引 ………………………………………………………………… 225

図表目次

- I-1 国際的な情報の必要性　2
- I-2 国際的な競争優位性を構築するマクロ的・ミクロ的戦略間の関係　5
- I-3 国際的消費者行動の一般理論　7
- 1-1 文化研究に関する主要アプローチ　12
- 1-2 ウォレスの理論　15
- 1-3 アジア文化とヨーロッパ文化の比較　16
- 1-4 文化の直接的・間接的影響　18
- 2-1 コミュニケーションにおける主要プレイヤーとしての文化の意味　33
- 3-1 異なった集団への個人の接触　44
- 3-2 文化による選別の概念　45
- 4-1 消費者行動との関連でのリースマンの分類　50
- 4-2 高コンテキストと低コンテキストの国々の対比　55
- 4-3 5つの要因をベースとした高コンテキスト/低コンテキスト二分法の分析　56
- 4-4 4つの要因をベースにして分析されたホフステードの分類　59
- 4-5 ブリスリンの比較　65
- 5-1 消費者行動に関する文化の役割　72
- 5-2 国際的消費者行動モデル　74
- 5-3 国際的消費者行動に関する計測法開発のための文化的要因指標　78
- 5-4 文化的要因行動に基づく消費者グループの3類型　86
- 5-5 市場としてのアメリカ，日本，トルコの評点　87
- 6-1 マズローの欲求階層理論　96
- 6-2 世界市場と階層　99
- 6-3 社会階級と両極の文化圏における欲求の階層　103
- 6-4 欲求の社会階級と欲求階層の概要　104
- 7-1 組織の影響　112
- 8-1 3つの普及曲線　122
- 8-2 消費者の採用行動　125
- 8-3 新製品の採用速度　128
- 8-4 顧客が製品を試す理由　130
- 8-5 新製品を最初に試す人の特徴　131
- 8-6 消費者はどこに情報を求めるか　131

- 8-7 4つの文化地域における反応階層モデル　132
- 8-8 4つの文化地域における新製品のマーケティング　134
- 9-1 原産地想起のハロー効果　141
- 9-2 原産地想起の戦略的利用　144
- 9-3 国際マーケティング計画における原産地想起の利用　148
- 9-4 国際的ブランド・ロイヤルティモデル　150
- 10-1 伝統的考え方 対 新しい考え方　156
- 10-2 国際市場セグメントを開発する新しいアプローチ　160
- 10-3 セグメント化に対するマクロレベルとミクロレベルの基準の説明図　161
- 10-4 戦略的等質的細分化（SES）の展開ステップ　163
- 10-5 家庭用セキュリティ監視システム（HSMS）に対するSESの仮説上の結果　167
- 11-1 国際的消費者の関与　173
- 11-2 国際的な欲求階層　178
- 11-3 親近感と関与の関係　181
- 12-1 文化，製品，そして学習　189
- 12-2 学習スタイルと学習技術の関係　193
- 12-3 学習スタイルと文化の間の相互作用　194
- 13-1 学習・関与間の相互関係　198
- 13-2 文化と普及の相互関係　202
- 13-3 包括的戦略代替案　203
- 13-4 例示：マレーシアでのフード・プロセッサー　207
- E-1 将来の研究方向　213

イントロダクション

　過去20年のあいだに，国際マーケティング活動のレベルは記録的な高さに到達した。多くの新興工業諸国（NICs）が，効果的な国際マーケティングを通じて，その経済を発展させてきた。国際マーケティング活動は来るべき10～20年にかけて，その歩調を加速度的に高めていく可能性が大きい。企業はますますその国際的な志向性を高める必要が生じるであろう。それらの企業は，国際的諸市場がそれぞれの独自の特色をもち，その行動様式が市場ごとに異なるものであることを知ることにより，ますます多元的な性格をもたざるを得なくなるであろう。

　個々の企業の国際マーケティング努力は，国際的な消費者情報によって支援される必要がある。したがって，国際的な消費者情報の必要性は，いま現存しているものだけでなく，より強化しなければならないであろう。図表Ⅰ-1は，国際的な消費者情報が有効なマーケティング計画を構築し，その計画を国際市場で実行していくうえで基本的なものであるという事実を示している。

　リーバイスが日本で成功したのは，日本人の考えるヒーローのなかに間違いなくアメリカの西部劇のヒーローが存在しているということを知っていたからであろう。このスペクトルの他方には，アメリカ人の恋愛状況が自動車と結びついているということを，日本人が知っていたということがある。日本人はこれに照応する形で，アメリカで車を生産し販売したのである。アメリカ人は，自分たちの若々しい容姿を高める健康関連の製品に多大の関心を

図表 I-1　国際的な情報の必要性

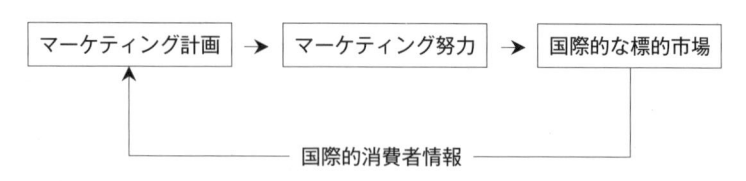

```
┌──────────────┐   ┌──────────────┐   ┌──────────────┐
│マーケティング計画│ → │マーケティング努力│ → │国際的な標的市場│
└──────────────┘   └──────────────┘   └──────────────┘
        ↑                                      │
        └──────────── 国際的消費者情報 ────────────┘
```

払っている。したがってこの分野には新しい市場機会が存在する。インドネシアでは人々は対面を重視するので，いかなる問題解決活動に関しても非常に注意深い対応を行うのである。したがってこの地域では，物事はゆっくりとしか進まない。この事実を知らないと，その地でビジネスを行うことは困難であろう。

　極東では，ビジネスは中国人によって所有され，日本人によって管理され，フィリピン人が労働者であると言われてきた。これらの一体どこまでが偶然の産物なのか，それともどこまでが文化によってもたらされた行動なのだろうか？

　したがって，国際的な市場情報を入手するだけでは十分ではない。消費者行動の基本的なパターンを理解することが必要なのである。これらの行動パターンが世界中で同じであるわけではない。そうではなくて，消費者の行動は個々の特色の市場において独自性をもっている。国際マーケティング担当者はこれらの行動パターンを特定化することができるので，それに対応してこれらの消費者の欲求充足のために活動しなければならない。国際市場に関する研究はほとんどの場合，国際的諸市場のあいだに見られる共通性の分析に向けられてきた。しかしながら，有効なマーケティングは次の点，すなわち，国際市場間に存在する重要な差異を認識し，最も効果的な方法で消費者ニーズを充足すべくこれらの差異に取り組むということにある。残念なことにほとんどの場合，アメリカにおける消費者行動についての知識は，われわれの消費者行動に関する知識がすべての国際的な状況に応用可能だと考えるほど普遍的なものと思われてきた。ベルハージら（Verhage et al. 1990, 7）は，「アメリカで行われている他のマーケティング諸原理や消費者行動モデルもまた，国際的市場にはあてはまらないということは十分考えられる」と述べ

ている。それほどまでに，国際的な消費者のニーズを充たすには，彼らの行動パターンを理解することが非常に大切なのである。

　消費者の行動パターンによって示される消費者ニーズを充たすことによって，企業は国際的な競争の優位性を創出することが可能になるであろう。サロー（Thurow 1992）は，日本とヨーロッパそしてアメリカの間で行われるであろう経済的な衝突を予見し，次のように述べている。

> 　将来の歴史家たちは，20世紀を適材適所の競争の世紀と考え，21世紀を鍔迫り合い的競争の世紀と考えるだろう。……アメリカの輸出は西ドイツや日本の良好な雇用を脅かすことはなかった。アメリカはそれらの国々が生産していない農産物や，それらの国々の保有していない原材料，彼らが製造できなかった民間のジェット機のようなハイテク製品を輸出してきた（p. 29）。

　適材適所（国際分業）の競争は win-win（共存共栄）の提案であるが，鍔迫り合い的競争は win-lose（勝つか負けるか）のそれであると，サローは主張する。国際的なマーケティング活動が安易な win-win から不愉快な win-lose の状況へと移行していくとともに，情報の必要性はますます緊急なものとなってこよう。本書での情報はとりわけ国際的消費者に関連するものである。来るべき接戦的競争では，その言葉のとおり，国際的な消費者行動をよりよく理解することが不可欠なものとなってこよう。

　この点は図表Ⅰ-1に示されている。図にみられるように，国際的な競争優位性は基本的には情報に基づくものである。国際競争の舞台では実行可能な優位性がなければ，win-lose の状況は容易に lose-lose（共倒れ）の状況に移行しうる。重要な点は，国際的な消費者行動についての知識である。サローが言及している適材適所のマーケティングとは異なり，接戦的競争では競争の有利性（優位性）のもつ重要性がそれ以上に強調される。

競争優位性の展開

　相対的有位性の原理を確立したのは D. リカード（D. Ricard）であった。

その基本となるのは，国々はその天然資源や人的な気質さらにその全般的な経済活動において異なったものを付与されているので，ある国々は他の国々よりもより効率的に財やサービスの生産が可能となり，その結果として相対的優位性が生じるというものであった。これらの財やサービスが諸国間で交易されるなら，すべてが利益を得ることになろう。生産諸要素の価格が諸国家間で安定化するならば，交易を行っている国々はすべて良くなるだろう。このような状況のもとでは，交易を行っている国々のそれぞれの政府は，その産業が競争的有利性を維持できるよう支援を行った。相対的優位性は価格先導性やコスト面での効率性という形で現れてくるので，政府は他国の政府と話し合うという間接的な形か，また租税上の便宜やそれ以外の直接的な動機を与えるという直接的な形での支援を行った（サムリとジェイコブズ　近刊 Samli and Jacobs forthcoming；ポーター Porter 1990a, b）。

　1990年にはポーターによって「競争優位性」についての新しい概念が広められた。国際的な舞台における企業は，たとえばコストや価格や生産性といった相対的優位性の諸要素をベースとしてではなく，戦略的優位性をベースに成功してきていると，彼は主張した。国際的な戦略を構築する卓越した能力のある企業というのはただ効率的であるだけでなく，次のような商品やサービスを，つまりその企業によって注意深く画定された国際的な標的市場が必要とし，求め，願望する商品やサービスを，的確に供給する能力をもつという点で極めて効果的でなければならない。それらの企業は，本家本元の現地企業でさえ到達できないような点にまで，その企業のマーケティング戦略を現地化するのである。日本人は，ヨーロッパで必要とされるコストの約4分の1でその高級車を組み立てることができる。彼らは他の誰よりも速く新しいモデルを製品化できるし，その車は他の誰のものよりも欠陥が少ないのである。だがより重要な点は，彼らはその特色の標的市場が求める製品を間違いなく供給するということである。その場合，そのような競争優位戦略を推進するための政府の政策は，税の優遇措置やその国の通貨価値の操作などによって，企業にコストや価格での優位性を与えるという形をとるのではない。そうではなく，人的資源やインフラ，および研究開発への投資によって競争優位性を高めることが，政府に必要とされているのである（サムリと

図表 I-2　国際的な競争優位性を構築するマクロ的・ミクロ的戦略間の関係

	効率性	有効性
相対的有位性	コスト(価格)の先導性	差異化
競争の有位性	焦点を絞る (細分化)	戦略的優位性 (多元的現地化)

出所：サムリとジェイコブズを訂正して使用。

ジェイコブズ)。

　この全体像が図表 I-2 に描かれている。見られるとおり，競争の有位性と有効性の流れは，その最高の状態において，戦略的優位性と結びつく。企業と政府とが完全なパートナーとして協働するなら，その時に国際的な競争優位性への願望が現実のものとなる。この場合，有効性とは，その標的市場が欲求する財やサービスの種類を正確に供給する企業の能力，と定義される。

競争優位性と国際的な情報

　企業が国際的な競争優位性を構築するためには，市場や競争とりわけ消費者についての国際的な情報が必要である。国際的な競争優位性を構築し，さらにそれを維持するために，国際的消費者情報を利用すべく努力すること——これが本書の眼目である。相対的有位性から競争優位性に進むことによって，国際的消費者情報が利用可能かどうかが，国際マーケティングが成功するかどうかの必要条件となってくる。しかしながら，1990年代の後半から21世紀の最初の10年間にかけての国際マーケティングに関連して，少なくとも次の3つの状況が，国際的消費者情報の必要性を加速するものとなる。3つの状況というのは，競争の激化，新しい国際市場の開発，および多様な新製品の導入である。

競争の激化

　これまでよりもずっと多くの企業が国際市場で競争するようになっている。彼らは生産物だけでなく，多くの種類のサービスも取り扱っている。これらの企業のすべてが競争優位性を目指してしのぎを削っている。多くの企業が国際的な舞台に存在しているということは，多くの可能性があるということである。これらの企業のすべてが，ますます多くの消費者関連の市場情報を必要とすることになるであろう。

新しい国際市場の開発

　1980年代の後半から1990年代の初めにかけて，多くの新興諸国が国際舞台に姿を現してきた。これらの国の多くは国際的市場へと成長する特別の地域になる可能性をもつ。それに加えて，既存の国際的市場のある部分を新しいやり方で拡大しようとする，新しい試みも存在する。したがって多くの企業は，その既存の製品やサービスの新しい市場の開発を試みることになるであろう。新しい市場を耕作するためには，その言葉のとおり，国際的消費者市場の情報が必要とされるのである。

多様な新製品の導入

　競争優位性を構築し維持するために，国際的舞台とかかわる諸企業は，新しい製品やサービスの導入を進めていかねばならない。これらの新しい製品やサービスの市場での販売を行うには，国際的な消費者市場の情報の必要性がますます高まっていくことになろう。

　国際マーケティングにとって，国際的な消費者市場情報の必要性は不可欠の条件である。国際マーケティングにとっては，この種の情報の多くが国際的な消費者行動のパターンを特定化するために用いられるという点が強調されねばならない。消費者市場情報が必要であるといっても，この場合に重要なのは，この情報を国際的な消費者ニーズの充足のために適切に利用するにはどうしたらいいかを考えることである。

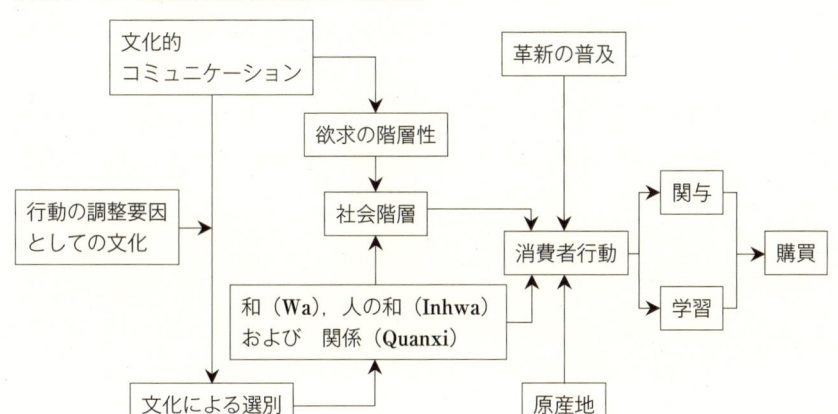

図表 I-3　国際的消費者行動の一般理論

国際的消費者行動——一般モデル——

　図表 I-3 はこの本の基礎にある一般的モデルを図示したものである。
　このモデルは，消費者行動の調整要因としての文化の重要性を強調する。行動を形成し調整するものとして，文化は人々を結びつけ，人々に価値観や態度を浸透させる。実際に，文化は何らかの選別を提供する強力な要素なのである。社会のなかの個人は，文化による選別を通じてすべてのものを見るし，環境の評価および個人と他人，さらには環境との関係の評価を，この文化による選別を通じて行うのである。認知的影響——個々人がその外部にある人的作用やその他の要因を通じて認知するもの——や，感情的影響——概していえば個人の気分や態度——のすべてが，文化によってふるいにかけられる。
　文化という広い傘のもとで，人々は欲求の階層構造および社会階層によって影響を受ける。だが，社会階層や社会グループの相互作用のひとつのユニークなタイプが，ここで特別に強調される。この特殊なグループの相互作用は，日本では「和」(Wa)，韓国では「人の和」(Inhwa)，中国では「関係」(Quanxi) という用語で呼ばれている。これらは，それぞれの社会の消費者の行動パターンのなかで，極めて重要な役割を果たしている。

消費者行動は更に，それ以外の要因によって形成され修正される。それは，革新の普及と原産地である。普及過程は社会の気質構造と関連しており，文化によって間接的な影響を受ける。だが文化は消費者行動に対して直接的に影響を及ぼすのである。原産地は，文化や人々の気質に対しては外部的な要素である。その影響は，生産される製品の知名度やイメージと結びついている。この要素は，消費者行動を変化させるうえで多大の影響力をもっている。

消費者行動はいったん形成された後，関与と学習の形で具体化される。これら2つの要素はかなり相互作用的であるが，共に消費者行動のプロセスに対して多大な直接的影響を与える。最終的な結果はいうまでもなく購買過程である。

本書では，異なった市場における購買行動は異なったものであるという前提に立っている。したがって，この行動の基本的特徴とその主要な調整要因とが，それぞれの文化的状況のなかで明確化されねばならない。もし消費者の行動パターンが世界の多様な市場ごとに明確にされたならば，それに対応して企業のマーケティング計画を評価することが可能となろう。さらに，多様性をもった国際的消費者行動モデルの比較研究を行うことも可能となろう。この後者は，そのような個々の市場における企業のマーケティング機能の改善に必要な，国際的消費者情報の質の改善に向けての指針を提供することになるであろう。

最後のひとつの論点は，文化はゆっくりと変化する傾向をもつということである。もしも国際的消費者行動モデルが著しく文化志向的であるとするなら，そのモデルは当然ながらかなりの持続力をもち，かなりの期間，利用可能なものとなろう。さらにこのモデルの持続力のゆえに，モデルの変更がかなりの正確さをもって行われ，やがては，国際マーケティング担当者がより良い仕事を行い企業の競争優位性を高めるのに役立つよう，モデルの修正が可能になるであろう。

要　約

　本章は本書の基調を示したものである。それは次の3つの非常に重要な論点から成る。第1に，激化する国際的競争に対抗するには，企業はより多くのより改善された国際的な消費者情報を必要としている。

　第2に，国際的な消費者情報はもしそれが適切に利用された場合，多国籍企業にとって国際的市場での競争優位性の構築を可能にする。その優位性は，消費者市場情報によって推進される優れた国際マーケティング戦略によって，達成されることになるであろう。

　最後に，国際的な消費者情報を利用する最良の方法は，国際的消費者行動モデルを構築することである。このモデルは文化的色彩の濃いものであるため，国際的市場の多様性に応じて変化する。これらのモデルによって，国際マーケティング担当者は消費者行動を予測し，多様な市場における多様なマーケティング戦略を際立たせ，それによって国際的な市場のニーズをより有効に充足させることを可能にさせるだろう。

　この章は，この本全体を通して使用される一般的モデルを提示している。このモデルの多くの側面が，本書の多くの諸章での基本的な方向性を提供している。もちろん，このモデルはさらに開発され，現場検証される必要がある。しかしそれは，国際的消費者行動理論を構築するという極めて重要な将来計画のための，決定的な出発点をなすものである。

参考文献

Nwachukwu, Savior L., and Rajiv P. Dant. 1990. "Consumer Culture in Developing Economics: Is It Really So Different?" In *Developments in Marketing Science* XII, edited by B. J. Dunlap, 35-40. Miami: Academy of Marketing Science.

Porter, Michael E. 1990a. "New Global Strategies for Competitive Advantage." *Planning Review* (May-June): 4-14.

-----. 1990. *The Competitive of Advantage of Nations*. New York: The Free Press.（土岐　坤ほか訳『国の競争優位』上・下，1992年，ダイヤモンド社）

Samli, A. Coskun, and Laurence Jacobs. "Achieving Congruence Between Macro and Micro Generic Strategies. A Framework to Create International Competitive Advantage." Forthcoming.

Thurow, Lester. 1992. *Head-to-Head*. New York: William Morrow.
Verhage, Bronislow J., Ugur Yavas, Robert T. Green, and Eser Borak. 1990. "The Perceived Risk-Brand Loyalty Relationship: An International Perspective." *Journal of Global Marketing* 3 (3): 7-22.

第1章

文化―その多大な影響力

　この章では，文化と消費者行動を結びつけて考えることにする。文化と消費者行動は密接に連携しているとみなされている。それ故にこの書の中心テーマは，文化が消費者行動の形成や修正を行ったりするということである。かくて，この章は行動に対する伝統的な見解とは異なり，文化がそれに対してとても強力に影響するものであるということを指摘する。その考察に対する基本的前提条件を理解するために，レヴィン（Levin）の行動モデルをウォレス（Wallace）の理論と対比することにする。本書では終始ウォレスの見解を支持する形で論述される。大切なことは，ある特定の国の国内で消費者行動を云々する場合には，文化が所与のものとみなされ，消費者行動を説明する公式からはずすことができる。しかしながら異なった文化における消費者行動を取り扱う場合には，文化がいかに人々に影響を与えているかを理解することが，すごく大切になるのである。

文化の研究

　文化とは同一社会に住む人々の間に存在する絆である（ザルトマン Zaltman 1965）。したがって，社会の行動やコミュニケーションのプロセスを理解することは，すべて，将来を研究することに結びつくのである。この意味において，文化は博物館に展示されるような最終製品ではなく，むしろ常に変化し，機能し，順応していくシステムなのである（チャン Chung 1991）。

図表 1-1 文化研究に関する主要アプローチ

主たる研究者	分類ないしキーとなる要素	前提	概要
リースマン	個人志向 他人志向 伝統志向	志向が異なる諸種の文化集団の存在	消費者行動は，伝統志向では保守的，個人志向ではより個人主義的，他人志向では社会要因に影響される。
ホール	高コンテキスト 低コンテキスト	高コンテキスト社会では，人的交流とか，文書によらないカジュアルな意思疎通や結びつきが重視される。低コンテキスト社会は，その逆。	高コンテキスト社会では，消費者は他人によって影響され，低コンテキスト社会においては，マスメディアに影響される。
ブリスリン	個人主義 集団主義	個人主義社会における人々は独立心がより強く，集団主義社会の人々は他人に影響される。	個人主義社会における消費者はマスメディアや消費者情報から影響を受け，集団主義社会では，消費者の意思決定に関し，ある特定の他人が極めて重要な役割を果たす。
ホフステード	個人主義や集団主義に加え，不確実性回避，パワーと権力格差，性別による分類がある。	行動の態様は左記の4種類の局面のうちのどれか，もしくはすべてに基づき，大きく異なる。	消費者が，不確実性からの回避，パワーとの距離に関する考慮，性別に対する配慮などを行うなら，マーケティングは他の文化圏とは異なったものとなる。

　文化はこれまでの歴史を通して，文化人類学者や他の社会科学者によって研究されてきた。文化は，「価値，アイデア，人工物，その他の意味のあるシンボルがセットになったもので人々がコミュニケートしたり，訳したり，特定社会の構成員であると認めるのに役立つものである」と定義づけられる（エンジェル，ブラックウェルおよびミニアード Engel, Blackwell, and Miniard 1990, 3）。それはひとえに学習され，受け継がれてゆく生活様式であり，そのことがそれぞれの社会に，個性と価値をもたらすのである（ブーンとクルツ Boone and Kurtz 1992）。

過去40年程度の間になされた，文化に関する主要4大研究によって，国際的消費者研究に対し，極めて大きな進歩がもたらされた。図表1-1は，その文化と人間行動との関係を説明する4つの概念の特徴を表したものである。これら4つの概念は，リースマン（Riesman），ホール（Hall），ブリスリン（Brislin），およびホフステード（Hofstede）によるものである（図表1-1参照）。

リースマン（1953）は彼の古典的な著書の中で，3つのグループと，それに照応する行動の3類型を指摘している。3つのグループとは，個人志向，他人志向，および伝統志向のことである。第1のグループは，自力本願を旨として，自主的な情報探索に基づく消費者として振る舞うような，自己動機的で「個」が確立した人々を指す。第2のグループは，集団行動の中のある型を指す。他人から影響を受ける型である。購買行動をとる際，彼らは他の何よりも他人から影響を受けるのである。最後に第3のグループは，過去や伝統に対して特別に強いつながりを有するグループである。これらの伝統に対するルーツや理由が何であれ，それらは消費者の購買行動を支配するのである。そのような場合においては，習慣，惰性，および伝統が，対人関係や他のマスメディアの影響力よりも重要なのである。この点に関しては第4章においてもっと触れることにする。

ホール（Hall, 1976）の，文化をコンテキストの高低で分ける分類法は広く認識され，用いられてきた（サムリ，スティルおよびヒル Samli, Still, and Hill 1993）。要約すると，高コンテキストとは人間関係において密度の濃いコミュニケーション方法がとられていることを意味する。そこでは人々が行う握手の方が，法律上の書類よりも重要なのである。低コンテキストの場合は，全くその逆であり，弁護士，文書，印刷媒体といったものがすべて，握手よりも重要なのである。消費者の購買行動もこれと同じ様式に従うものである。高コンテキスト文化の下では，店主や友人が影響力を有するのに対し，低コンテキスト文化においては，マスメディアの方がより重要になるのである（図表1-1）。

ブリスリン（1993）の集団主義 対 個人主義の二分法によって，消費者行動に関する重要な情報が明らかになる。すなわち集団主義社会で生活してい

る人々は，自分自身とかマスメディアからではなく，他人から影響を受ける度合いがより大きいということである。

最後に，ホフステード（1983）が，文化の分析に当たって非常に洗練された手法を編みだしている。彼の集団主義 対 個人主義の二分法はブリスリンのそれと重複するが，彼の提唱による不確実性からの回避，パワーとの距離，そして男性/女性の概念は，さまざまな文化における消費者行動について多くの情報を提供してくれるのである。これらの概念についてはすべて第4章で考察するものである。

ここから発生する肝心の質問は，一社会における文化というものが，個人の行動に対してどの程度の影響力をもち，どれほど広く関わるものであるかということである。これまで文化に関して多くの研究がなされてきたが，それらを比較したり，その特徴を抽出したりしてみると，消費者行動にまで関係するような決定的「文化モデル」は存在しない。しかしながら，国際消費者行動がよりよく理解できるようにするために，これら2つの現象（すなわち，文化と消費者行動）を結びつけることは重要なことである。

消費者行動を理解するには人間行動の理解が必要である。おそらく，この分野における最も決定的な研究がレヴィン（Levin, 1938）によってなされている。この理論は，行動（B）というものは人と人が与え合う影響力（P）の相互関係と，環境の力によってこれらの相互関係に行使される圧力（E）との関数（f）であるという前提条件に基づくものである。要するにレヴィンの公式は次のように表される。

$$B = f(P, E)$$

この等式を，より正確に消費者行動を描写できる公式に変換したいなら，それは次のように書き換えることができるであろう。

$$B = f(I, P)$$

この場合，消費者行動を表すBは，諸種のグループや文化のような人間関係的決定要因（I）と，態度や学習や知覚といった個人的決定要因（P）との相互関係の関数である（ブーンとクルツ1992）。これらの公式が示すこと

は，消費者行動というものは，個人の心理的気質と，他人から受ける影響力によって構成されているということである。お分かりのように，レヴィンの研究を素直に理解すると，文化というものが消費者行動のキー的決定要因であるということに疑問の余地はない。

消費者行動のキー的決定要因としての文化

　レヴィンのアプローチは，アメリカで大勢をなしている考え方からするとかなり納得のゆくものであるかもしれないが，それを国際的消費者行動に応用する場合には，かなりずれているのである。レヴィンの公式の消費者行動版とは異なり，国際社会では文化はもっと重要で，実際，それを消費者行動の現象に関する全てを包含する要素であると考えている人々もいる。これらの人々は，個人に影響を与える他の人達だけでなく個人の心理的気質も全て，文化によって左右されるものであると主張する。かくて人間は，行動に対する個人的・対人的決定要因によって，全般的に文化の影響を二重に受けているのである。この概念の主たる提唱者はウォレス（Wallace 1964）である。

ウォレスの理論

　レヴィンならびに彼の追随者たちとは異なり，ウォレス（1964）は，消費者行動を文化と直接的に関連づけている。図表1-2はウォレスの理論を図式化したものである。

　ウォレス理論の基本的教義は，文化というものは性格を形成するあらゆるものを含む「力」であるということである（マクグレガー MacGregor 1983）。

図表1-2　ウォレスの理論

| 文　化 | → | 性　格 | → | 消費者行動 |

資料：ウォレス（1964）の提唱による基本概念に加筆。

図表 1-3　アジア文化とヨーロッパ文化の比較

ヨーロッパ人	アジア人
考え方	
・因果関係的，機能的	・ネットワーク的，すべてを見渡す
・直線的，完全に水平的	・非直線的，相対的に垂直的
意思決定	
・統制に合わせる	・信頼関係に基づく
・個人中心，自由	・集団の結束力
・多数に合わせる	・全員の合意を得る
行動	
・原理原則に従う	・状況に合わせる
・合法的原理に基づく	・共同社会に合わせる
・動態的，摩擦に直面	・調和的，保守的
・開放的，直接的，自信	・抑制的，間接的，安心感
・外向的	・内向的

資料：チャン（1991）に加筆。

　性格というものは消費者行動を決定する鍵を握るものである。したがって，本質的にみて文化というものは，消費者行動を決定づけるだけでなく，それを説明する決定的要素なのである。ウォレスによると，文化を理解することはそれ故に，さまざまな国における消費者行動を理解したり，説明したり，比較したりするのに決定的に重要になってくるのである。

　行動というものは異なった文化においてどのように異なるのであろうか。諸種の文化に見られる「行動」上の主要な相違点を観察することにより，文化というものが人にもたらす多大な影響力がかなり明らかになる。チャン（1991）はヨーロッパとアジアの文化に見られる主要な特徴を，これらの文化圏における人々の考え方，意思決定，そして行動という3つの局面に関して比較することにより，明らかにしようと試みた。図表1-3は，このような線に沿って，人々を比較することにより文化上の特性の明確化を図ろうと

する試みを示したものである。これによると文化というものが，人々の全般的な機能に対して多大な影響力を有していることは明らかである。図表1-3を分析してみると，アジア人の考え方はヨーロッパ人とは異なり，よりネットワーク的であることが明らかとなる。それが因果的な考え方をするのではないということと，このような垂直的な考え方を承認することは，物事全般に対する考え方に影響を与える上下の階層が存在しているということを示唆しているのである。

　意思決定の分野では，ヨーロッパでは個人が中心になるところであるが，アジアの文化においては集団の結束力が中心的要因になるのである。かくて個人の活動は集団の利益によって制限されることになる。

　最後に，行動を図表1-3に示されているように比較してみると，アジアの文化は状況そのものに対処することを推進するのに対し，西洋の文化は原理原則に忠実であることを推進する。西洋のやり方は挑戦的，直行的，対立的であるが，東洋のやり方は抑制し，控えめであることによって，調和を保つことに基盤を置くのである。

　もし文化というものが，かくも重要であるならば，消費者行動そのものを探求する前に，これらの現象について理解することが必要である。すなわち，まず文化の持つ影響力とその特性が探求されなければならない。

文化の直接的・間接的影響力

　文化は人々に対し，直接的にも間接的にも影響を与える。図表1-4は文化が人々に伝わる諸種の方法を示している。最初の方法は直接的コミュニケーションである。文化は生涯にわたって関わるすべての人的交わりを通じて人々の間に浸透する。人は4～5歳ぐらいになるまでに，大人や周囲の子供たちを通じて多くの文化的特徴を既に身につけている。

　文化はマスメディアを通じて消費者に伝わる。マスメディアは公然と，あるいは秘かに，価値，態度，行動を推進し，伝え，浸透させるものである。活字媒体や電波媒体といった諸種のマスメディアはそれぞれ特徴を有し，さまざまなやり方で人々に影響を与える。図表1-4の第2の方法はこの状況

図表 1-4　文化の直接的・間接的影響

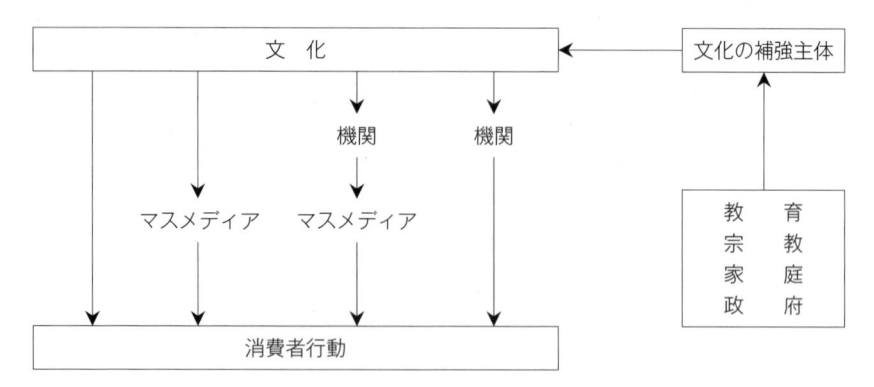

```
┌─────────────────────────┐        ┌──────────────┐
│         文　化          │◀───────│ 文化の補強主体 │
└─────────────────────────┘        └──────────────┘
       │   │   │   │                      ▲
       │   │  機関 機関                    │
       │   │   ▼   ▼                      │
       │   │                        ┌──────────┐
       │   │ マスメディア マスメディア │ 教　育   │
       │   │                        │ 宗　教   │
       │   │   │   │                │ 家　庭   │
       ▼   ▼   ▼   ▼                │ 政　府   │
┌─────────────────────────┐         └──────────┘
│       消費者行動        │
└─────────────────────────┘
```

を表している。

　図表 1-4 の中の第 3 番目の方法は，文化が及ぼす影響過程にさらに別の要素を取り入れている。すなわちマスメディアに影響を与えるか，マスメディアを通して，さまざまな機関が直接，消費者に影響を与えるのである。そのような機関としては，国家，教会，家族など多くのものがある。それらのいくつかについては，次節で論述する。

　最後は，機関が直接的に消費者に影響を与えるという方法である。それらは確かにある特定の行動パターンを推進し，強化するものである。宗教，政府，教育は消費者に影響を与え，彼らをある特定の方向に向けさせることに関し，特に強力である。

文化の補強

　文化というものは行動パターンを特定化するだけでなく，社会に対して安定性を提供するものでもある。文化は，特定の行動を推進し，人々に価値を浸透させることにより，彼らの全般的な行動と社会の安定性に関し重要な役割を果たしているのである。しかしながら，文化はまた社会の中にある特定の権力構造を提供し，その強化を図るものでもある。幸か不幸か，文化は現

在広く行き渡っている権力構造の中で主要な役割を果たしているのである。英国王朝の伝統を延長させているのは既存の文化と，それが容認されていることである。同様に既存の文化は，アメリカ合衆国の州政府にみられる役割と権力を決定付けている。イタリアでは，文化が伝統を通じてバチカンに付与されるべき役割と権力を決定している。このように文化というものは特定の権力構造を維持するのに役立っているのである。このことは社会に継続性を提供しうることになる。しかしながらそれはまた，とりわけ，絶え間のない差別とか貧困の蔓延といったその社会におけるいくつかの主要な欠点を加速させうるものでもある。

　図表 1-4 にみるように，すべての社会において，文化の補強主体が数多く存在している。意図の有無にかかわらず，既存の文化を強化することによって，その補強主体はその権力構造を維持しているのである。その補強主体としては，教育，宗教，家族そして政府がある。

文化の補強主体としての宗教

　宗教が正統派であればあるほど，あらゆることに対するその対応姿勢は保守的であり，したがって，より現状を容認するのである。イスラム教正統派，ユダヤ教正統派，そしてキリスト教正統派はどれも，全く変化を受け入れようとしない。そうするとは明言されていないにもかかわらず，これらのグループにとって，変化というものは彼らのきちんと確立された権力基盤に対する挑戦を意味するのである。それ故にイランやイラクにおけるイスラム正統派は，西洋化してゆくことを認めないのである。同様にこのことが理由となって，キリスト教再生派が公的教育制度と高度な調査研究を批判しているのである。高等教育というものは，教会の確立された権力にとってはほとんど即，脅威なのである。なぜならば人々は教養を積めば積むほど，信念を頼りに宗教上の教えを受け入れるといったことが少なくなるからである。宗教の正当性について質問をすることは，基本的にその存在を否定することなのである。

文化の補強主体としての教育

　往々にして，教育，とりわけ公的教育は，子供たちの社交性の形成過程を促進するものである。その結果，教育というものは文化とその現状を補強することになるのである。高度な研究とか調査教育のような極端な場合における教育のみが，既存の文化とその現状に対して挑戦するのである。しかしながら，しばしばこのような挑戦は，財政上の理由ということにして，予算をカットすることにより排斥されるものである。

　もし仮に，通常の教育制度による既存の文化に対する挑戦が起こるとするなら，伝統主義に燃えた宗教上の教化活動によってこの状況を克服しようとするであろう。アメリカにおいては，ちょうど本書が執筆されている時に，既存の教科課程に（神の）創造主義を取り入れようとする統一的な動きが存在している。この動きは，進化論を支持する強力な科学的証拠はあっても，天地創造を支持する証拠は（信念以外に）どこにも見当たらないにもかかわらず，存在しているのである。繰り返しになるが，このことは既存の権力構造に遡るものである。アメリカにおけるプロテスタント正統派協会とテレビ伝道家は，非常に寛大な政治体制の下で，経済的に非常にうまくやっているので，その現状に対する変化を望んだりしないのである。国家の宗教が特に決まっているイラン，イラク，そしてイスラエルのような国々では，現状からの逸脱はほとんど許されないのである。イスラエルにおいては，現状はかなり保守的であるが，イランやイラクにおいては極端な正統派的信仰が存在しており，社会が20世紀（科学技術や文化の発達した現代）に入る妨げになっている。

文化の補強主体としての家族

　核家族であろうと，拡大家族であろうと，家族というものは基本的に人々の基本的価値，態度，そして動機を浸透させるものである。その意味において，家族は既存の文化を強化し，それによって既存の政治的，経済的，社会的な権力構造の強化を図るのに重要な役割を果たしている。アメリカにおける貧困層の出現と，単身家族のような，伝統的な家族とは異なる形態の家族が台頭してきたことによって，社会におけるその一般的役割が変化してきて

いるといえよう。多分，このことが理由となって1992年の選挙において共和党の綱領が，選挙演説で主要な論点となった「家族の価値」を含めることを争点としていたのであるといえよう。与党（当時は共和党）が，現状維持を望み，それ故に，共和党の統治の維持に役立ったであろう「家族を重視するという綱領」を特に強調する傾向にあるということは極めてよく理解できるであろう。

　中東や極東における多くの伝統的社会においては，「家族の価値」は人がまだ極めて幼いころに植え付けられる。宗教的，社会的価値と重なり合いながら，家族の価値は文字どおり，既存の文化を強化し，その権力構造の維持を図ろうとするのである。実際，イランやイラクのような非民主主義国家においては，権力構造が変化することはまずありえない。軍の指導者のなかには席を狙ってクーデターを企てる者がいるかもしれないが，文化が補強されているため，基本的にみて社会や経済の階層は元のままである。

文化の補強主体としての政府

　政権を握っている政府は多分，政権を失うことをいささかも望んだりしないものである。それは，その政権と地位を維持するべく，例えば教育，宗教，そして家族のような，他の補強主体と共同するであろう。この政府が，もしも（政権を）変えようとすると事態ははるかに悪くなるよと，人々を説得しようとすることは納得できる。そのような状況下では，文化の現状は文字どおり政治の現状をもたらし，そのことは既存の権力構造すなわち権力の現状維持へとつながるのである。

　これら4種類の基本的補強主体にみられるように，文化というものは変化しない傾向にある。もちろん，第三世界の国々においては，このことが経済の発展に必要な「変革」に対する主たる障壁になっているのである。

文化は容易には変化しない

　第三世界諸国が伝統的社会であるといわれる理由の一つは，このような形で文化が補強されることにある。もし仮に，とりわけ，教育，技術，工業

化，さらには都市化といったことに関する変化が起こったとしても，これらの変化は，もしそれらが文化の中に深く根づいていなければ，短命に終わるであろう。

ではどうすれば，社会が進歩するように，「変革」を深く根付かせることができるのであろうか。これはとても重要な問題である。本書の著者はこれに対する答えがあるとは，いまだに信じていない。持てる国と持たざる国との間に存在する経済格差が拡大しているという事実が，この声明に対する証である。第三世界の諸国は，文化に端を発していることが容易に見て取れる，特定の権力構造や伝統によって窒息させられてきたのである。この型の権力構造は現状を強化し，主要な変革および/あるいは進歩を妨げるのである。

この数十年における，ある主要な経験によって，この問題全体を説明することができる。1973年から1978年ごろにおけるイランは，世界でもっとも成長が早く，もっとも安定した経済を誇っていた。アヤトラと熱狂的な右翼の出現で，同国はそれまでに成し遂げた富と進歩を消失しただけでなく，50年から100年も文字通り退行したのである。すべての技術，科学的業績，そして新しく獲得した知識は，水泡に帰してしまったのである。その理由は，これらの変革は根が浅かったからである。すなわちそれらは決して文化の一部になることなどなかったし，既存の文化の下での価値観がこれらの変革に対して十分と言えるほど心情に合うものではなかったのである。既存の文化の下での価値観は，技術的，科学的業績そしてその結果としての変革を容認したり，受け入れたりしなかったので，時の経過につれ，それらは排斥されてしまったのである。

反対の観点に立つと，変革や学習を歓迎する文化であったなら，このイランの進歩を永遠のものにさせたはずなのである。日本で，そしてある程度イスラエルで主流になっている文化は，進歩や開発に対して，かなり支持的であると考えられている。このような文化においては，「変革」は整然と起こり，深く根ざした進歩が，ゆっくりではあるが体系的に実現されるのである。

要　約

　文化というものは消費者行動に重要な影響を与えるものである。その影響力は，これまで多くの研究テーマになってきた。ある人たちによると，個人に及ぼす文化の影響力は限られている。けれども他の人たちによると，文化は全てを包み込むものなのである。この著書では後者の手法がいたるところで展開されている。

　消費者行動に対する文化の影響力を研究するための，4つの主要な方法が考察されている。これらはリースマン，ホール，ブリスリン，そしてホフステードによる方法である。

　文化というものは消費者行動に対して直接的にも間接的にも影響を与える。いずれの場合においても，消費者行動は，非常に強く影響を受けやすいものであるので，特定の行動パターンが文化を通じて広まることになる。これらのパターンはすぐに変わったりするものではなく，実際，ある場合には，それらは不変なのである。

　かかる故に文化は，社会に存在する権力構造を強化したり，維持したりすることに対し，特別の影響力を有している。文化に対する補強主体であると考えられるものに，4つの機関がある。それらは特定の社会の現状を強化しながらその維持を図っているのである。これらの補強主体としては，教育，宗教，家族，そして政府がある。このような場合，もし伝統が，探求とか，学習，そして変革を受け入れるものであるなら，それが継続されることは立派なことである。しかしながら，そのような伝統は一般的ではない。そのため文化とその補強主体は変革を不可能にさせ，それ故に進歩がほとんど実現されなくなるものなのである。

参考文献

Boone, Louis E. and David L. Kurtz. 1992. *Contemporary Marketing* (7th edition). Fort Worth, TX : The Dryden Press.

Brislin, Richard W. 1993. " Understanding Cultural Differences for Management on International Assignments." A seminar delivered at the University of Hawaii, June 24.

Chung, Tzol Zae. 1991. "Culture: A Key to Management Communication Between the Asian-Pacific Area and Europe." *European Management Journal* (December): 419-424.
Engel, James F., Roger D. Blackwell, and Paul W. Miniard. 1990. *Consumer Behavior*. Hinsdale, IL: The Dryden Press.
Hall, Edward T. 1976. *Beyond Culture*. Garden City, New York: Anchor Press/Doubleday.（安西徹雄訳『文化を超えて』研究社出版，2003年）
Hofstede, Geert. 1983. "The Cultural Relativity of Organizational Practices and Theories." *Journal of International Business Studies* (Fall): 75-89.
Levin, Kurt. 1938. *The Conceptual Representation and Measurement of Psychological Forces*. Durham, NC: Duke University Press.
MacGregor, Robert M. 1983. "Wallace's Theory of Culture and Personality: A Useful Guide to Understanding Persons' Behavior." In *Managing the International Marketing Function*, edited by Erdener Kaynak. Miami: Academy of Marketing Science.
Riesman, David. 1953. *The Lonely Crowd*. New York: Doubleday Anchor.（加藤秀俊訳『孤独な群衆』みすず書房，1965年）
Samli, A. Coskun, Richard Still and John Hill. 1993. *International Marketing: Planning and Practice*. New York: MacMillan.
Wallace, A. F. C. 1964. *Culture and Personality*. New York: Random House.
Zaltman, Gerald. 1965. *Marketing: Contributions From the Behavioral Sciences*. New York: Harcourt Brace & World, Inc.（広瀬芳弘・来住元郎訳『行動科学とマーケティング』好学社，1971年）

第2章

コミュニケーターとしての文化

　文化は，人々に対して伝達されるばかりでなく，社会の人々の間でコミュニケーションを形成したり修正したりするものでもある。文化については10の主要な特色があり，それは社会における一般的なコミュニケーション活動を形成したり修正したりするのに重要な役割を果たすものである。それら10の文化的側面とは，「地域性，時間の概念，学習，余暇活動，連携，相互作用，最低生活水準，プライベート空間，男女の役割分担，資源の利用」である。この章では，それらの議論考察を行い，そしてどのようにそれぞれが社会におけるコミュニケーション過程に影響するかを明らかにするものである。消費者行動が，社会において適切なコミュニケーションを持たずに，形成されたり，修正されたりすることはありえない。コミュニケーション過程は，これらの文化的特性によって，形成されたり，修正されたりするので，それらを理解することが必要となる。本章の中心は，これら10の特性に対する議論をめぐって展開されることになる。以下，国際レベルにおけるマーケティング・コミュニケーション要素としての文化が有するこのような特性をどのように利用すべきかに関する総合的分析を提示することにしよう。

　一般的なコミュニケーション過程に影響を及ぼす文化の第1の側面は，地域性である。

地域性

　すべての文化には，地域的な側面がある。文化のこの地域性は，政治的な領域に縛られない。例えば，北イタリアの料理について考えてみると，それは典型的なイタリアの料理よりフランス料理の方に似ていると気付くであろう。南トルコのトルコ人は，アラブ人と似たようなライフスタイルをもっている。

　ルーマニアのトランシルバニア地方には，ハンガリー出身の人々が住んでいる。彼らは，ルーマニア人よりハンガリー人のライフスタイル，価値観，およびコミュニケーション・パターンを有している。北アメリカの文化は，アメリカ，カナダ，そしておそらくメキシコの北部地域まで行き渡っている。しかしながら，メキシコの南部地域は北米的というより南米的である。

　ほとんどすべての文化は世界中のどこにおいても，その地域に固有のものである。これらの領域は長年に渡り，政治的圧力のもとで，分割され，さらに再分割されている。したがって，文化の地域性は政治上の境界を越えるものである。異なった国々における様々な地域は，同様の文化的特性を共有しているものである。

時間の概念

　時間は，異なった文化圏で異なった意味合いを持っている。北アメリカの文化は，迅速性と，時間効率性をもとに繁栄しているが，ラテンアメリカは，全般的に「明日があるさ」という哲学を持っている。後者は時間というものをそれほど真剣に受け止めていないのである。ほとんどのラテンアメリカ諸国では，午前10時のアポイントメントをとるなら，それはいつも午前10時と正午の間を意味するものであるということは周知の事実である。

　その文化において一般的な時間の相対的価値は，ライフスタイル，商慣行，さらに経済成長率に対してさえも，特徴づけられるものである。

　とりわけ，中東の国々あるいは旧共産主義諸国，そしてすべてのラテンアメリカの国々のように，時間が重要とはみなされていない場合，人々は，

日々の雑用や活動を一般的にスローペースで行うので，概してこれらの雑用または任務を超越したり，改善したりしようとはしないのである。もし，人々に自由な時間がない場合，彼らは新たな技能を発展させたり，高い教育を受けたりできないし，より効率的になることはできない。現代社会で理解され，受け入れられているような生活の質が変化したり，改善されたりしないのである。

事業が展開される方法は，その文化に，広く行き渡っている時間に対する観念に密接に関連している。日本人は自分たちのよく知らない人々とビジネスを行ったりしない。地中海諸国の人々は，長い時間をかけた交渉なしでは，合意に達することもないし，問題の解決も行わない。旧共産主義諸国では，下級管理者は上司が指示を与えるまで，意思決定を行わない。事業の意思決定過程においてはそうするのが当然のことであると教え込まれているとするなら，これは非常に時間のかかる活動になってしまう。

この種の測定プロセスで用いられるように，もし効率性が時間生産性で測定されるなら，時間に力点を置かない文化は，その言葉どおりに，人的生産性の向上をみることはない。このように時間の価値をあまり重視しない文化圏は，不十分な経済発展のサイクルの中におかれることになる。すなわち，もし彼らが時間を重視しない場合は，生産性は上がらないし，生産性が上がらない場合は時間を十分に重視していないのである。

学　習

学習は文化の別に関係なく，すべての社会の存続と発展に不可欠である。しかしながら，学習過程は文化に深く関わっており，それは文化の別によってさまざまである。北アメリカに普及しているようないくつかの文化においては，学習が実行によるものであることを重要視している。すなわち学習とは主として個人の経験に基づくものである。この過程を通じて学んだことは，堅固で，実用的で，応用志向であるけれども，それには，また多くの非効率性もある。このようなやり方は，他人が学んだものを軽視しているからである。ある人が経験したことは記述を通しては他の人に伝わらないので，

人々は自分自身で経験していない限り，学習することができないのである。他の文化においては「記述による学習」が，よく普及している。たとえ人々が，自分自身で経験していなかったとしても，したがってその結果，他人の経験が自分にとってあまり実用的ではないとしても，人々はより多くの知識を他から入手できるので，より多くの，より良い代替案を利用することが可能になる。したがって，学習は，人々の個人的経験を意味する「感覚データ」かあるいは，他の人々の経験による「記述データ」に厳密に基づくものである。明らかに，人々の間で行われるコミュニケーションは，一般的なコミュニケーション過程を形成したり，修正したりしながら，さまざまな状況下でさまざまな形で行われるようである。学習活動が感覚データに基づくものであるとするなら，マーケティングの場における，製品やサービスに対する人々の経験が重視されるべきである。たとえば，小売商品の選択における，「属性的志向」（サムリ Samli 1989；モンローとギルティナン Monroe and Guiltinan 1979）とは，商品と店の特質を見て，販売員の話を聞き，他人の経験にしたがうという，その人自身の「感覚データ」を重視することを意味するものである。

　他方，学習活動が記述データに基づく場合は，人々はオピニオン・リーダーや，他の文字による記述的な情報などによって知らされることが必要となる。小売商品選択の場合においては，それは経験志向ではなく，「属性的志向」が，より重要な役割を果たすことになる。この場合，消費者は，他人から記述データを受け取り，それにより多くの注意を払うものであり，そこでは情報蓄積や，比較検討といった個人的努力が強調されることになるであろう。

　ある意味で，記述による学習は認知学習に近いかもしれないが，それに対して，感覚データによる学習は，感情的学習である（ザルトマン Zaltman 1965）。このテーマについては，第 3 章でより多くの議論を提示することにする。

余暇活動

　プレイすなわち一般に認められた余暇活動は，社会によって，または文化によってさまざまである。ある文化では，スポーツまたはゲームへの積極的な参加を重要視し，また，ある文化では受身的参加を重要視する。娯楽活動がテレビに関係すればするほど，受身的な遊びへの依存度が大きくなるものである。余暇活動が受身的であるか，積極的であるかということは，コミュニケーション過程のみならず消費行動にとっても直接的・間接的な意味合いをもっている。

　受身的に余暇活動にかかわる人は，ボランティア組織，読書活動，さらに仕事の段取りに対してさえも，あまり積極的に参加したりはしない。しかしながら，余暇活動にかかわる人は，また人生の他の局面に対しても同様に活発な活動や態度を示すものである。彼らはスポーツおよびスポーツ関連のコミュニケーションや消費により多くかかわるのである。彼らは積極的にボランティア組織や読書活動にも参加する。

　活発な余暇活動により多く関与している人々は，新製品の採用に対してもより革新的であるだろうと推定されてきた。彼らは，自分でモノを作ったり，修理したりする行動をとる傾向がある。

連　　携

　人間には，フォーマル・グループとインフォーマル・グループの双方において，他の人々と一緒に集まる傾向がある。これらのグループには，彼ら独自の基準やコミュニケーション・パターン，役割，地位および権力構造などがある。

　これらはすべて，文化全体に行き渡っているコミュニケーション過程と同様に消費者行動に対して直接的・間接的な影響力を持っている。連携は文化によってさまざまである。文化によっては，最も基本的な連携は拡大家族であるのに対して，ある文化においては，それはインフォーマル・グループである。拡大家族は多くの第三世界の国々で特に一般的である。これは，密接

な関係にある多くの家族が，一つ屋根の下でともに暮らしている状態である。そこには通常，おじ，おば，いとこ，祖父母，および他の親類がおり，これらが典型的な拡大家族の要素となっている。

アメリカの主要な都市における多くの10代の若者と，彼らより少し年長のグループにとって，遊び仲間と同好会はいかなる他の連携の型よりも重要なのである。連携のなかでもこれら後者のタイプは強力で，既存の基準や価値観に対して一般的に反抗的な特定の価値観や行動パターンを個々のメンバーに染み込ませている。

連携は人々の好き嫌い，考え方，価値観，およびその結果としての消費パターンに影響を及ぼす。人々が所属して，互いに影響し合う組織は，コミュニケーション過程を修正するのである。さらにそれらは，新しいコミュニケーション活動を生み出すものでもある。

相互作用

人々は言語の使用を通じて影響し合うものだ。話し言葉と書き言葉はともに，彼らが代表する文化や基本的価値観を反映している。英語では，雪を表すのに1つの単語しかないが，エスキモーの言語には，さまざまな雪を表す多くの単語がある。エスキモーの幸せは，雪に立ち向かう能力に依存しているので，このことは全く納得のいくものである。多くのアフリカの言語には，過去形も未来形も一切存在しない。一連の動詞と行動関連の言葉のまわりをまわってコミュニケーションが行われている。もし人々がつきあいをしなければ，コミュニケーションを行うことはできない。コミュニケーションがなければ，社会は存在しない。それゆえに人々の言語の使い方は，非常に重大なのである。言葉の誤用，または製品または企業に関して誤解をまねくような表現は非常に有害なものになる可能性がある。したがって，書き言葉や話し言葉の使い方を理解することは非常に重要である。

つきあいのもうひとつの側面がボディ・ランゲージである。体の動きを通じての考えまたは感情の表現方法は異文化においてさまざまである。このポイントを明らかにするためには，イギリス人が話す時の静かで控え目な癖

を，イタリア人が話すときの大声で，騒々しくて，動きでいっぱいのスピーチ癖と対比するとよくわかる。ボディ・ランゲージ（または，それを欠く場合でも）は，コミュニケーション過程を補強するのに使用される。恐らくボディ・ランゲージに関する最も重要なポイントの1つはそれに対する理解不足であろう。例えば，食事をするときに「げっぷ」をしたりズルズルと音を立てることは，ある文化圏では感謝の表明であるが，他の文化圏では非常に不愉快な振舞いなのである。

アメリカ人は，名刺を受け取った場合，それを読まないでポケットにしまい込むものだ。他方，日本人は独特な方法で名刺を渡すのである。彼らはそれを注意して見ることをせずに，ポケットに入れることはしない。靴の底を突き出して見る行為は，ある文化では大きな侮辱になる。多くのアラブ諸国では，人々は共通の大皿から素手で直に食べる。しかしながら，左手で食べることはできない。それは「不浄の手」ということになっているからだ。

イギリス人のビジネスマンは，仕事に行く時にダーク・スーツを着る。青色のブレザーや他の，より明るいカラーの衣服は週末着（ウィークエンド・ウェア）か遊び着（カントリー・ウェア）であると考えられているのである。さらにディナーに行く場合は，あまりけばけばしくないネクタイに，ダーク・スーツという服装が求められる（シーヒィ Sheehy 1993）。

最低生活水準

人々の生活や社会システムは基本的に，生計によって維持されている（ザルトマン 1965）。生計とは最低生活水準を意味する。これは一人ひとりの最低栄養摂取量から国家の経済システムの状態までに至るあらゆるものを含んでいる（ザルトマン 1965）。フィリピン人の赤ん坊は生まれたときからトルティーヤとコーヒーを与えられるという決まった文化がある。典型的なアメリカの赤ん坊が，インド人の赤ん坊およそ40人分と同じくらいの食物と物資を消費するといわれている。他の国の人にとっては無用の長物のように聞こえるかもしれないが，アメリカ人は車，テレビ，および冷蔵庫なしで生活していくことができない。アメリカ社会で生活し，社会が当たり前に機能す

るためのライフスタイルが，これらの製品を必要としているのである。

プライベート空間

　すべての文化には，他人が入ってくるのを阻むある一定の空間がある。アメリカでは，人々は打ち破られたくない大切な空間を持つことが当然のこととみなされている。これはある一定水準のプライバシーを維持することと関連している。そのような行動はアメリカに多くの製品を生みだした。口内洗浄剤や消臭剤が文化の中によく浸透しているので，消臭剤を使用するのを忘れた日は，その人は実際に裸になったような気がするだろう。消臭剤と口内洗浄剤の産業は共に，1950年代後半と1960年代前半の間に繁栄し始めた。

　アメリカでは，あらゆる子供たちが各自のプライバシーを必要としていて，それが当然のことと考えられている。したがって，それぞれの子供に個別の寝室がなければならない。恐らく，アメリカにおいてのみ，「自分の部屋に行きなさい」と言って子供をしかることが，特別のことを意味していると考えられる。世界の多くの地域では，その命令を聞くと子供たちは立ち上がって座りなおすであろう。なぜかというとそれは，子供たちは皆同じ部屋で眠ることになっているようであり，その部屋はダイニングルームとかリビングルームでもあるからだ。

　世界の多くの地域で公共交通機関は過密化しており，人々はそのなかに詰め込まれている。このような状態は，ある文化圏で耐えられても，他の文化圏では耐えられないものである。何らかの型の他人が入り込めない空間すなわち，プライベート空間を持つことは，異なった消費習慣に導いたり，さまざまな製品やサービスのための需要を生み出すことにつながるのである。

男女の役割分担

　男女の役割分担は文化によって実質的に異なる。母権制的な傾向の社会もある一方では父権的な社会もある。性別に起因する役割と権力は，さまざまである。「ある文化圏で男性に使用される製品は，別の文化圏では女性に

図表 2-1　コミュニケーションにおける主要プレイヤーとしての文化の意味

特徴	意味, 意義	コミュニケーションに対する示唆
地域性	特定の地域で同じ文化を発見する	それが地域に関連するものとして，文化を理解する
時間の観念	時間に対する重要性は異なる	プロダクトデザインとコミュニケーションに対し時間的要素を注意深く使用する
学習	学習過程はさまざまである	その文化で使用される学習のタイプを使用する
余暇活動	余暇活動に対する積極的・受身的形態	積極的であるか，または受身的であることがどのように人生の他の局面に影響するか調査する
連携	人々の集団化プロセスはさまざまである	主要なグループとそれらがどう機能するかを究明する
相互作用	言語や他のコミュニケーション手段はさまざまである	言語の特性を理解する
最低生活水準	最低生活水準は文化によって異なる	それぞれの文化に対してこれらの基準を確立する
プライバシー	人々のプライバシーは文化によってさまざまである	その文化に存在するプライバシーの度合いが何を示唆するかを学ぶ
男女の役割分担	男女の別によって役割が異なる	性別役割を理解する
資源の利用	資源の利用やリサイクルの仕方はさまざまである	最小限の資源を使用し，リサイクル可能な製品の導入

よって使用されることがある」(ザルトマン 1965, 11)。

　中東のいくつかの地域においては男性が互いに抱き合ったり，手をつないで歩いている光景が見られるが，これは正常な行動パターンである。しかしアメリカでは，このようなことをするのは女性だけである。また，就職も性別によって異なる。アメリカでは，技術者になることを選択する女性は僅かしかいない。1970年代の半ばまで，女性が広くビジネスや医学にかかわることはなかった。同様に，小学校や中・高校の先生は，ほとんど例外なく女性である。女性の職業選択は，社会の別によって全く異なっている。ある社会では，医師と科学者の半数以上が女性である。

ゴルフ道具やアクセサリーのあるメーカーが，オーストラリアで女性モデルを起用した。当時，オーストラリア人は，ゴルフは男性のゲームであると考えていた。その結果，宣伝の努力が販促キャンペーンで設定した目標に達しなかったのである。

資源の利用

人工的な素材は，これらの素材から製造される製品を使用する人々にとっては生活の質の向上をもたらすが，これらの素材を使用することは資源の乏しい国に対して重い負担をかけることになる。ある社会では，資源が限られている。したがって，これらの資源を使用することについて，じっくり考える必要がある。

またアメリカを例に持ち出すが，この国では資源の過剰消費が容認されている。これは，アメリカ人の1人の赤ん坊がインド人の40人の赤ん坊と同じくらい多量の食物や物資を消費すると見積もられている理由である。

希少資源を過度に使用することは，国をより貧しくするだけでなく，環境破壊になる場合があるので，次世代に適切な資源を残さず，彼らを破滅させることになるだろう。資源の使用状況は文化によってさまざまである。ある文化圏には，限りある資源を有効に利用するための強い伝統がある。ある推測によると，中国では使用済み物資のおよそ50％がリサイクルされるのに対し，アメリカでは僅か15％程度である。

リサイクルに対する文化的傾向を活用した場合の製品やプロモーションが有する訴求力は，これらの要因が考慮されない場合よりもはるかに強力になりうるであろう。

これらの特性の利用について

私たちの議論はこれまでのところ，社会の中でコミュニケーションを形成し，修正する機能を有するところの文化というものの特色を明確にしてきた。文化に関するこれらの特性が明確化され有効に利用されない場合は，

マーケティング担当者が国際市場でインパクトを与えることはできない。図表2-1は，文化に関する特徴と，そのコミュニケーションないしマーケティング上の意味づけを例示したものである。

図表で示される意味は，見ればすぐに分かるだろう。しかしながら，特定の文化において既存のコミュニケーション過程が形成されたり修正されたりすることに関するコミュニケーションやマーケティング上の意味合いは，強調されなければならない。国際マーケティング担当者としては，それに照応する形で企業のプロモーションおよび製品開発活動を調節することが重要なのである。

要　約

本章は，文化がコミュニケーションを形成し，修正するものであることを指摘した。消費者行動は，社会でのコミュニケーション活動と非常に密接な関わりをもっている。文化に固有の10項目の特性は，コミュニケーション過程を形成し修正するものとして提示された。これらはすなわち，地域性，時間の概念，学習，余暇活動，連携，相互作用，最低生活水準，プライベート空間，男女の役割分担，および資源の利用である。消費者行動を理解するためには，社会に広く行き渡っているコミュニケーション過程を理解することが必要である。このコミュニケーション過程は，文化に関するこれら10項目の特性をそれぞれ調べることによって分析されなければならない。

参考文献

Monroe, Kent B. and Joseph B. Guiltinan. 1979. "A Path-Analytic Exploration of Retail Patronage Influences." *Journal of Consumer Research*. June, 19-28.
Samli, A. Coskun. 1989. *Retail Marketing Strategy*, Westport, CT: Quorum Books.
Sheehy, Sandy. 1993. "Dining Out in the UK." *Trade and Culture* 1 (2) 5-7.
Zaltman, Gerald. 1965, *Marketing: Contributions From the Behavioral Sciences*. New York: Harcourt Brace & World, Inc.（広瀬芳弘・来住元郎訳『行動科学とマーケティング』好学社，1971年）

第3章

文化による選別

　その特性や出身とは無関係に，種々の型の好みが個人個人の生活に秩序と方向付けを与える。個人的好みによって，人々は選択肢の中での優先順位を考えたり，努力を重視したりしなかったり，特定のライフスタイルを確立したり追求したりする。生来，「同様」の人々が，ある「同様」の行動パターンを選択するとき，文化が出現し，明確になる。このように，さまざまな文化はさまざまな行動パターンを示し，それは実質的には文化上の好みによって決定されるが，次には文化上の好みを強化したりもする。

　前の第1章では，消費者行動は準拠集団，同輩，オピニオン・リーダーなど，人間関係上の決定要因，さらに態度，学習，ならびに認識のような個人的な決定要因の関数であると述べた（ブーンとクルツ Boone and Kurtz 1992）。人間関係上の，および個人的な決定要因に加えて，2つの追加の概念がこの章では取り扱われている。具体的には認知的そして感情的影響である。これら4つの概念が一体となって異なった文化における消費者行動の大きな部分を説明する。しかしながら，この章が提唱しているのは，文化が全般的選別を行い，消費者行動を形成する個人的決定要因ならびに人間関係的要因に影響を与えるということである。この選別はさらにある文化に普及している認知的および感情的反応を修正するものである。

認知的および感情的反応

　消費者行動は，本質的に，選好の現れである。一体どのようにしてこれらの選好は身につき，それらはどのように修正されるのか？　これらの問いに答えることは消費者行動の理解に対して重要な光を投げかけるものである。
　ザジョンとマーカス（Zajonc and Markus 1982, 123）は，選好がどのように生活の多くの局面において姿を現すかについて下記のように説明する。

　すべての集団には——それが民族の集団，部族，あるいは国民であれ——お気に入りの食べ物があり，それはしばしば象徴的，儀礼的な意味を有している。この食べ物は民族の独自性の一要素であり，その独特の風味と調理に関して厳密な基準がある。健康以外の理由でその食べ物が嫌いであるとか，拒絶したりするグループメンバーは，皆異端者として扱われ，その人の民族としての忠誠心は——おそらく精神的な健康までも——著しく問題視される。さらに世界のどこかには，これらの集団とは別に，その食べ物が嫌悪されるほどはないまでもまったく食べられない集団がある。犬の肉は東アジアのある地域では珍味であるが，それが食欲をそそると思っているアメリカ人はほとんどいない。同じことが蛇，鳥の巣，チョコレート包みのゴキブリ，魚の目玉，子牛のすい臓，羊の睾丸などについてもいえる。ほとんどのアメリカ人はコーンが好きだが，多くの国々ではコーンは豚にのみ適したものと考えられている。例えば，マティーニについて考えてみよう。子供のときに味見した最初のマティーニはいやな経験であり，一体何で大人はそのような下劣なものを喜んで飲むのか不思議に思ったであろう。

　ザジョンとマーカスは，これらの選好は認知的および感情的影響のパズルのような相互作用の現れだと主張する。
　したがって，まず最初に認知的および感情的影響を別個に，その後で一緒にみていく必要がある。そこで最初に認知的影響について考察することにしよう。
　マーケティング的に言えば，認知的および感情的影響はともに製品やサービスに対する消費者の価値観や態度に影響を及ぼす。これらは個人レベルに

おける消費者行動の先駆けである。非常に一般的な意味合いにおいて，この章およびこの本のいたるところで，認知的影響および認知的学習は，個人の認知システムと，情報を捜索する試みと関係している。認知的学習はおそらく情報を収集したり，それを処理したりするための活動的で個人主義的な方法であるといえる。この観点から，ここでは認知的学習と認知的影響は個人主義で工業化した社会においてかなり重要である主張されている（オーザン，ブルックスおよびグリュワール Ozanne, Brucks, and Grewal 1992）。

感情的影響と感情的学習は，文化による選別が力強く存在することを暗に示している。感情的影響は部分的ではあるが文化を通して個人に染み込んでゆく。態度，選好，ならびに評価は，ある程度感情的影響の結果である。本書は，より伝統的または共同体的な社会に住む人々は主として感情的な力によって影響されると主張するものである。彼らの認知的学習は感情的学習によって影響を受けるのである。

認知的影響

認知的影響とは消費者が物的な属性を通じて効用性を高めようとすることを意味する（デルバイとパム Derbaix and Pham 1991）。これらの影響は情報処理に関する認知的モードによって始められる。これは論理的，合理的，そして因果的な思考過程と情報処理に関する言語モードのことである（ヴェンカトラマンとプライス Venkatraman and Price 1990）。初期の古典経済学の文献のなかで主張されているような完全な経済合理性とは違って（スミス，Smith 1779），認知活動は人々に彼ら自身による理由付けと，彼らが自分自身で探し出した情報に基づかせるように影響を与える。このタイプの理由付けと情報探索活動は当然ながら態度の形成に導いていく。たとえば，もし，「コンシュマー・レポート」のような権威ある雑誌が，よく知られていない製品，例えば声によって作動する新しいモデルのVTRに関して好意的な評価を表明したなら，かなりの人々はその製品に対して好意的な影響を受けるであろう（ザジョンとマーカス 1982）。おそらく，主として北アメリカと西ヨーロッパのような工業化された地域では，コミュニケーション過程に関しての認知

反応をするという見解がとられるであろう。そのコミュニケーションの説得力あるインパクトは，消費者の側に対して積極的な態度の創造と，もちろん後に続くその製品やサービスの消費へと導く認知的反応を発生させる（ハスタックとオルソン Hastak and Olson 1989）。

　認知的影響をさらに精緻化させるために，マクギルとアナンド（McGill and Anand 1989）は，差別的な注目度と認知的な精緻化を実践することによって，個人の認知的反応は修正されると主張した。鮮明な情報，すなわち鮮明な表現というよりもむしろ鮮明なメッセージは，注目度を刺激する。イメージがもっと鮮明になればなるほど，差別的な注目度は大きくなるものである（マクギルとアナンド 1989）。メッセージの鮮明さが差別的な注目度を加速するにつれて，認知的な精緻化が重要になる。「鮮明さの説得効果はその鮮明な情報が，記憶（入手性）と，そのメッセージに関係したその情報のもつ肯定的・否定的特性によって回復する付加的な情報によって決定される」（p. 189）。鮮明さの強いインパクトは認知的な精緻化のレベルの増大を通じてのみ起こるであろう（キシエリウスとステントホール Kisielius and Stenthall 1984）。つまり，鮮明な情報は提供される素材がさらに深く解明された場合に限り付加的な影響力を有するであろう。この精緻化の過程は，幾人かの研究者によれば，いかにその製品が表現力に富むかということ，すなわち—そのブランドがいかにえり抜きであるか，または単にそのブランドがいかに重要か（ハスタクとオルスン 1989；ミッタル Mittal 1988）—または広告にみるその製品のセールスポイントと購買前テストの結果が一致していることを意味する，期待不一致の過程の最小化と関係している。

　おそらく認知的シナリオのような鮮明さを高めるためのアプローチが他にもあるであろう。後者のこれらはある行動状況を全体的に物語る論理的に関連した一連の行動要因である（ラクシミ-ラタンとイアー Lakshimi-Ratan and Iyer 1988）。シナリオが鮮明であればあるほど認知的影響は強くなっていくのである。

　ご存じのように，認知的影響と関係した非常に中身が濃くて複雑な学説がある。ある特定の文化における消費者行動を研究する場合，この学説はとても深くて有用である。しかしながら，もし，認知的影響が，異なった文化に

おいて起こるものとみなされるならば，状況は違ってくるであろう。本書は，ある認知的影響力の下では，知覚，鮮明さ，そして特に理由付けの過程は，文化の違いによってさまざまであると主張するものである。

1980年代中盤頃までの主要な文献は，認知は選好の形成と維持において第一義的な要素であると提唱してきた。この学説によれば，認知的な情報は，個人が優先順位を付すことになる基本的なデータを提供する。例えば，ある人が新車を求めて市場に足を運び，購買価格と維持費が最も安くて，走りがもっともよいお手頃な車を買いたがっていると仮定すれば，その人は多数の車の特徴を分析するであろう。そして蓄積された認知的データに基づき，その人はそれらに優先順位をつけることになる。この種の認知を基礎とした優先順位決めの場合は，事前の好みと事前の情報が存在しないということが前提条件となっている。しかし現実にはどの文化にも事前の好みと事前の情報が存在する。

たとえ事前の好みや事前の情報がないとしても，異なった文化における理由付けが，まったく同じ方法で生じると考えること，およびある情報を使うには一つの方法しかないとか，ある認知的刺激に基づく理由付けには一つの方法しかないと考えることはまったく単純すぎる。理由付けの過程は文化によってさまざまであるのみではなく，認知的シナリオの鮮明さと認知的な精緻化もまたそれに照応して変化するのである。かくして，ここで2つの重要ポイントを提示しなければならない。第1は一般的に認知的反応は文化によって異なること，第2はこの反応はかなりの程度文化によって決定されること，である。このように，認知的な反応はすべて文化によって選別されるものなのである。この第2番目の重要ポイントを理解するために，われわれは感情的反応について考察しなければならない。

感情的反応

ダーバイとパム (Derbaix and Pham 1991, 327) は，感情的反応を説明するために，次のような例を提示した：「ムードはフィーリングの状態のサブカテゴリーである。'フィーリングの状態' という用語は一般的に言えば……こ

れらの状態は特定の対象，例えばブランドに対する態度の感情的構成要素に対して仕向けられた感情と対比することができる」。感情的反応は，さらに詳しくムードや感情，そして楽観主義のような感情的な人間的特性であると敷衍することができる（ピーターズとヴァン・ラージ Pieters and van Raaji 1988)。いろんな研究者が感情的反応を説明するために諸種の類型を組み立て，感情的反応に関係するさまざまな局面を取り扱った。それらは基本的に人々の心の中の感情的な状態をよく反映したものである。

バトラとレイ（Batra and Ray 1986）は，感情的反応は認知的反応によって修正され補われるべきだと考えている。この見解から2つの点が導き出される：第1は，認知的・感情的反応は互いに影響しあうこと，第2はそれらは互いに修正しあうということ，である。

もしこれら2つの点が受け入れられるならば，その場合，人々の感情的反応は個人が育んできたところの文化と極めて密接に関係していると言うのは筋が通っている。したがって，感情的反応は直接的に文化と関係しているのである。例えば，ある文化圏においては人々は一般的に楽観主義的であり，別の文化圏においては悲観主義的である。しかしながら，感情的反応はまた間接的に文化に関係している。この意味においてそれらは認知的反応によって修正され，逆もまた同様である。例えば，ムードや感情は"移りやすく"，心ならずも伝染する（バトラとレイ 1986）。もしあるムードないし感情が，ある文化圏において広く普及しているならば，その場合，同じ広告のメッセージが，感情的反応あるいは既存の心の状態を仲介役として機能するために，異なった文化圏においてまったく異なった認知的反応を生じるものである，と推測することは道理にかなっているであろう。

したがって，認知的・感情的反応は双方とも文化が生み出すものなのである。もしある人が特定の文化圏における消費者行動を研究するならば，文化を方程式の中に取り込む必要はない。文化は所与のものとみなしてよい。しかしながら，もし消費者行動が異なった社会の間で比較される場合には，文化は所与のものとみなすことはできない。文化は，異なった国の人々の間に広く行き渡っている相違点を理解しようと研究する場合の基本要素なのである（アナンド，ホルブックおよびスティーブンス Anand, Holbook, and Stephens

1988)。

　本書の議論は，ここまでは認知的反応と感情的反応に集中してきた。2つの反応セットは，消費者行動における対人関係の決定要素と，個人的な決定要素によって認知され，評価されるものであることを明確に理解しなければならない。消費者行動における個人的，および対人的な決定要素については次の節で吟味する。

消費者行動における人間関係的および人的決定要素

　すべての社会において人々は対人的関係を有する。これは他の人から直接的に学ぶこととか，他の人に教えること，さらには他の人を導くこと，またはそのあとについていくことを意味する。第1章と第2章では，いかに人々が文化を通じて他の人と相互に作用し合うかについて述べた。この文化を通じた相互作用は，人々が団体に参加するか，あるいはそれと関わったときに発生する。

　図表3-1は基本的にすべての文化における人々が相互に影響しあう4つの重要な集団について表したものである。それは集団そのものではなく，文化によって異なるこれらの集団に対して人々が関わりあう程度と特性を示すものである。

　4つの集団の中の第1は家族である。家族は，程度にかなりの差があるとはいえ，おそらく人々に最も深い影響を与えるものである。対面集団とは人々が定期的に接触する集団である。準拠集団とは人が密接に同一化されようとする集団である（ザルトマン Zaltman 1965）。最後に，仲間集団とは特定の諸個人のような人々からなる集団である。これらの集団は同じ職業，同じ学習課程の学生，および他の同様な仲間たちを含んでいる。

　これらの4集団は，ある社会における人間関係の主要な部分を決定する。ある文化における人間関係は，2つの異なった視点から分析される必要がある。すなわちまず，第1に，このような各集団の相対的な重要性，第2にその文化で生じる人間関係の全体量である。これらの中の各集団は人々に対し，文化の相違によって異なった影響を及ぼす。例えば，西洋では家族は基

図表3-1　異なった集団への個人の接触

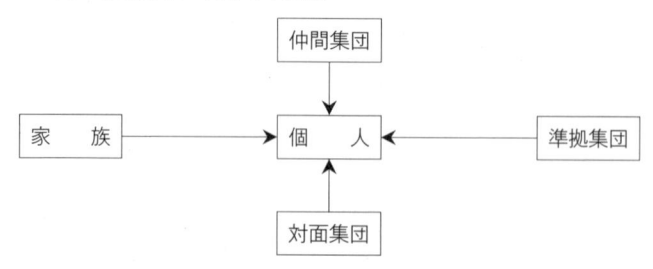

```
           仲間集団
             │
             ↓
家族 ──→　 個　人　←── 準拠集団
             ↑
           対面集団
```

本的に核家族であり，父親，母親，そして2人位の子供から成り立っている。その一方で，中東または東洋では家族が拡大される。それは2，3世代から成り立ち，従弟たち，おじたち，おばたちが同じ屋根の下で生活している。拡大家族はおそらく東洋における人々の人間関係において，西洋における核家族よりも重要な役割を演じている。しかしながら，より伝統的な社会では，仲間集団は彼らが西洋で演じるのと同じような重要な役割は演じないであろう。準拠集団は，また，西洋では非常に重要なものになるようである。準拠集団は上昇志向が生活の実態ではない社会では重要な要素ではないという点において，東洋では問題にさえならないであろう。もし上昇志向が存在しないならば，準拠集団との一体化はありえないであろう。

対人的影響と個人的影響のどちらかがより重要であるかという点についていえば，通信が情報を少ししか伴わず，文書や弁護士が余り一般的ではない高コンテキスト文化においては（ホール Hall 1976），人間関係が消費者行動パターンにおいて，より重要になってくる。

スペクトルの対極にある低コンテキスト文化においては文書による情報が重要視され，書類や弁護士がより重要となり，個人的影響力の方が対人的影響力よりもより重要になりがちである。

したがって，人間関係がより重要な社会では，認知的・感情的影響は人間関係あるいは対人的影響によって修正されがちである。同様に，もし対人的影響がより普及した場合は，認知的・感情的影響は個人的影響によって修正されたり加工処理される。この状況においては個人的影響はより内部志向的なものとなる。人々は消費者行動を行う場合に，より個人主義的で独立心が

図表3-2 文化による選別の概念

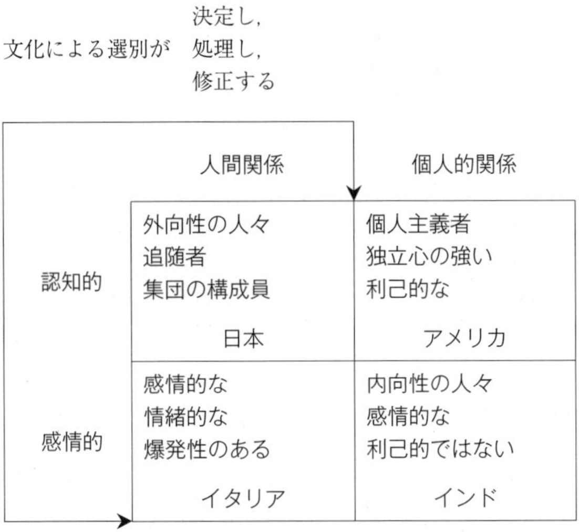

文化による選別が　決定し，処理し，修正する

	人間関係	個人的関係
認知的	外向性の人々 追随者 集団の構成員 日本	個人主義者 独立心の強い 利己的な アメリカ
感情的	感情的な 情緒的な 爆発性のある イタリア	内向性の人々 感情的な 利己的ではない インド

強いものとなるのである。

文化による選別

　これまでの議論の結果，図表3-2がもたらされる。この2×2のマトリックスは基本的に世界の諸文化における4つの重要な異なった傾向を示すものである。これらの重要な傾向は，これらの特定の文化圏におけるマーケティングの担当者によって予測でき，使用できる消費者行動の形で説明することができる。

　左上の象限において社会は人間関係をより重視する。認知的影響もまたより普及している。一般に人々は，より外向的であり，彼らは追随者または集団の構成員なのである。日本がそのような社会の典型例として挙げられるであろう。

　右上の象限では，個人的行動および個人的関係と認知的影響の結びつきが強調されることにより，人々はより個人主義的で，独立心が強く，利己的になる。アメリカがそのような社会の典型例として挙げられる。

左下の象限では，感情的影響と個人間関係が普及している。人々は時にいくぶんか感情的で，それが爆発する場合もある。イタリアがそのような社会の典型例であるといえよう。
　右下の象限においては個人の性格と感情的影響が一般的である。人々は内省的で，感情的で，利己的ではない。インドがそのような社会の典型例として挙げられる。
　4つの別々の国が図表3-2の4つの象限の例として挙げられたけれども，行動パターンは，それほど画一的で標準的ではないことが指摘されなければならない。これらの象限は行動の全体の解釈というよりもむしろ傾向を示すものであるといえよう。
　図表3-2では特に文化による選別の位置付けが明らかになる。本書ではこれら4グループの消費者行動パターンは，そこで支配的な文化によって，もし完全に決定されるまではないとしても，影響を受けるものであると主張する。どんな人間関係または個人関係が，ある社会において発生するのかを決定するのが文化なのである。人々の特性と気質を決定するのが文化である。さらには，いかに認知的・感情的影響が生み出されるのかを決定するのも文化なのである。
　文化は，図表3-2でみられるように決定し，処理し，修正するものである。例えば，ある社会においては文化が，男性の間での強い絆の発生を決定する。したがって人間関係は男性によって影響され，強化される。あるいは文化が個性や自立性を強調することもある。したがって，人々は他の文化圏の人々よりもより内省的になるであろう。認知的・感情的影響という点で，文化は，認知的影響の本質を支配したり，あるいは少なくとも容認するのみではなく，人々に対してこれらの影響に対する受け入れと，処理の方法について間接的に処理するか，その条件付けをするものなのである。
　同様に，人々の心理状態，気質，そして基本的な思考パターンは，すべて文化によってその人々に埋め込まれる。したがって，文化は感情的影響の性格と影響力を決定する。もしその結果がある基準に接近していなければ，文化はその関係性を操作し，その結果がそれに近づくように影響を与える。

マーケティングに対する示唆

　適切な商業的コミュニケーション，交換，および製品やサービスの配達が行われるようにするために消費者行動を決定しようとする場合，国際マーケティングの担当者は，社会において文化がいかに行動を決定し，処理し，修正するかを理解しなくてはならない。ある特定の方法で文化を分析することによって，消費者行動を予測することができる。そのような予測をすることによりマーケティングの実践がより適切で有効なものになるであろう。マーケティング活動の適切性は普及している文化の全体的仕組みと一致するような意思決定と関係している。有効なマーケティング活動は，特定の文化における特定の集団の人々に対して最も適した製品やサービスの提供をもたらすものである。

要　　約

　この章では消費者行動は文化が誘引するものであることを指摘した。文化は，ある特定の国，地域，または市場の内部において所与のものであると理解されるがゆえに，消費者行動が，異なった国で比較的に説明される必要がある時，それが全体の分析の焦点となる。したがって，文化それ自体を分析することによって，消費者行動を予測することができ，消費者行動の違いが説明されうるのである。
　ある文化における消費者行動の重要な決定要素として4組の諸要因が検討される。すなわち，人間関係，個人的特性，認知的影響，そして感情的影響である。これら4つの要因に基づいて，国際的消費者行動を4つのグループに区分できる。それらは認知的－人間関係的，認知的－個人的，感情的－人間関係的，そして感情的－個人的である。文化は，これらの組み合わせによって引き起こされた行動を選別する。文化は，それに付随する消費者行動を決定するだけでなく，ある特定の社会における伝統的かつ容認された基準を維持しようとして操作したり，修正したりするのである。

参考文献

Anand, Punam, Morris B. Holbrook, and Debra Stephens. 1988. "The Formation of Affective Judgment : The Cognitive-Affective Model Versus the Independence Hyphothesis." *Journal of Consumer Research* (December): 386-391.
Batra, Rajeev, and Michael L. Ray. 1986. "Affective Responses Mediating Acceptance of Advertising." *Journal of Consumer Research* (September): 234-249.
Boone, Louis E. and David L. Kurtz. 1992. *Contemporary Marketing* (7th edition). Fort Worth TX : The Dryden Press.
Derbaix, Christian, and Michel T. Pham. 1991. "Affetive Reaction to Consumption Situations : A Pilot Investigation. " *Journal of Economic Psychology* 12 (2) : 325-355.
Hall, Edward T. 1976. *Beyond Culture*. Garden City, NY : Anchor Press/Doubleday. (安西徹雄訳『文化を超えて』研究社出版, 2003 年)
Hastak, Manoj, and Jerry C. Olson. 1989. "Assessing the Role of Brand-Related Cognitive Resposes as Mediators of Communication Effects on Cognitive Structure." *Journal of Consumer Research* (March) : 444-456.
Kisielius, Jolita, and Brian Stenthall. 1984. "Detecting and Exploiting Vividness Effects in Attitudenal Judgements. " *Journal of Market Research* (February) : 54-64.
Laksimi-Ratan, R. A., and Easwar Iyer. 1988. "Similarity Analysis of Cognitive Scripts." *Journal of Academy of Marketing Science* (Summer) : 36-42.
Mcgill, Ann, and Punam Anand. 1989. "The Effect of Vivid Attributes on the Evaluation of Alternatives : The Role of Differential Attention and Cognitive Elaboration." *Journal of Consumer Research* (September) : 188-196.
Mittal, Banwari. 1988. "The Role of Affective Choice Mode in the Consumer Purchase of Expressive Products." *Journal of Economic Psychology* 9 : 499-524.
Ozanne, Julie L. Marrie Brucks, and Dhruy Grewal. 1992. "A Study of Information Search Behavior During the Categorization of New Products." *Journal of Consumer Research* (March) : 452-463.
Pieters, R. G. M., and W. F. van Raaji. 1988. "Functions and Management of Affect : Application to Economic Behavior. " *Journal of Economic Psychology* 9 : 251-282.
Smith, Adam. 1779. *Wealth of Nations*. London : George Routhledge. (大河内一男訳『国富論』中央公論新社, 2010 年)
Venkatraman, Meera P., and Linda L. Price. 1990. "Differetiating Between Cognitive and Sensory Innovativeness." *Journal of Business Research* 20 (4) : 293-315.
Zajonc, Robert B., and Hazel Markus. 1982. "Affective and Cognitive Factors, in Preferences." *Journal of Consumer Research* (September) : 123-131.
Zaltman, Gerald. 1965. *Marketing : Contributions from the Behavioral Sciences*. New York : Harcourt, Brace, and World. (広瀬芳弘・来住元郎訳『行動科学とマーケティング』好学社, 1971 年)

第4章

文化の特定化と分類のための多様な試み

　文化が消費者行動の明確化のうえで極めて重要であるならば，さまざまな文化を特定化し，それぞれの特徴を明確にすることによって，国際的な消費者行動を区分するうえで役立つと思われる基本的なパターンのいくつかを理解することができる。本章では，第1章でスタートしながら詳細に論ずることはしなかった事柄について詳しく述べることにする。リースマン（Riesman），ホール（Hall），ホフステード（Hofstede）およびブリスリン（Brislin）による4つの重要な試みが吟味され，その消費者行動の関連がかなり詳しく解明される。

リースマンの分類

　リースマン（1953）はその分析をアメリカに限定しているが，彼の観察と結論は全世界のさまざまな文化に対して応用可能なものである。アメリカ人の性格の変化にもとづいてリースマンの理論が樹立された時代には，「そこでは『内部志向』的な性格をもった人々が社会の支配層であったが，今日では潮流は『他人志向』的な性格の支配へと向かっている。内部志向的な人々は，大人の権威を身につけた人々つまり開拓者や個人主義者たちであるが，他人志向的な人々の性格は，主として仲間集団や同年輩者を模範にしてつくられてきている」（リースマン 1953 の裏表紙より）。

　リースマンの分析に基づくと，文化は3つのカテゴリーに分けられる。内

図表 4-1 消費者行動との関連でのリースマンの分類

要因	内部志向	他人志向	伝統志向
情報	個人自身の努力を通じての認知的影響。マスメディア情報に対する特別の重視。	他人からの認知的影響。強力なマスメディアと個人的なアドバイスに対する特別の重視。	認知的影響は感情的影響の影に隠れる。拡大家族の年長者による認知的影響。
価値観	認知的な価値観が優先する。	認知的な価値観が優先する。	感情的な価値観が優先する。
消費パターン	消費パターンは自己認知的なニーズから生み出され，特別な認知的影響で変化する。	消費パターンは他人に由来するニーズから生み出される。それは他人からの認知的影響で変化する。	消費パターンは伝統から生み出される。それは拡大家族の年長者の意思で変化する。
購買行動	自分自身の努力で得られた情報や認知的影響をベースとして，店舗間で能動的に行動する傾向。	他人からの情報や認知的影響をベースとして，店舗内で依存的に行動する傾向。	店主との伝統的な関係と特別の相互作用。
新しいアイデアや製品およびサービスに対する共感性	新しいアイデアはすべて，自分自身の努力での認知的影響によって認知される。新しいアイデアに対しては，それが人々の論理の視点で理にかなうものであれば，オープンである。	新しいアイデアはすべて，他人からの認知的影響を通じて認知される。新しいアイデアに対しては，それが他人によって受け入れられていれば，オープンである。	新しいアイデアは，それが感情的影響下に組み込まれていれば，認知される。新しいアイデアに対しては，それが伝統と両立するものであれば，オープンである。

部志向，他人志向および伝統志向がそれである。

　内部志向文化の人々は自分自身の判断と内部動機に基づいて活動するが，他人志向文化の人々はより外向的である。彼らは仲間集団や同年輩者との相互作用に基づいて活動する。スペクトルの反対側には伝統志向的な社会の人々がいるが，彼らは伝統に縛られている。強力な伝統に支配された慣習が，全般的な価値観や行動パターンを規定する。

ではリースマンの理論は，この３つのグループにおいて消費者行動とどのように結びついているのだろうか？　これらの３つの文化と消費者行動の関連の分析は，図表４-１に示されている。ご覧のように，消費者行動は５つの特定の要因をもとに分析されている。情報，価値観，消費パターン，購買行動，新しいアイデアや製品およびサービスへの共感性がそれである。

情報

情報はさまざまな方法で消費者行動に影響を与える。それはよりよい意思決定に役立つだけでなく，情報の欠如は社会の人々の幸福に対して極めて危機的なものとなりうる。それが個々の消費者の生活の改善に役立ちうることは間違いない。求められる情報の性格や，個人が情報を認知する方法は，文化によって異なることになろう。したがって，消費者行動の背後にある前提条件として，情報が異なった文化のもとでどのようにして認知されるかを解明することが必要となる。

価値観

個々の消費者行動は，社会の別によって異なるものである。行動パターンの背後には，人間関係および人的関係や，価値観を個々人に染み込ませるさまざまな要因が存在する。これらの価値観が直接・間接に決定的な役割を果たすことになる。したがって，これらの価値観がどのようにして確立され，それが個々人の消費活動にどのように影響を与えるかが，重要になってくる。

消費パターン

消費パターンはその本質において，消費者行動の最重要部分をなすものである。人々が何を買うのか，彼らが何を使用し消費するのかということは，文化依存的な意思決定を含んでいる。消費パターンはどのようにして比較可能となるのか，それはどのようにして文化の影響を受けるのかに関して基準を明確にすることが，国際的な消費者行動を理解するうえできわめて重要になってくる。

購買行動

　消費パターンのすぐ後に購買行動がみられる。実際の購買行動もまた，文化が異なれば異なったものとなる。購買能力のある種の特質を理解することなしには，世界のさまざまな分野で市場活動を首尾よく行うことはできない。購買行動の異なった特色と，それが異なった文化のもとでいかに変化するかを明確にする必要がある。

新しいアイデアや製品およびサービスに対する共感性

　新しいアイデアや製品およびサービスに対する共感性は，個々人の「新しい」ものを受け入れる能力を意味している。この共感は，さまざまな社会で著しく異なったものとして現れる。例えばある社会は，新製品を他の社会よりもより急速に受け入れる。この区別は，国際マーケティングの担当者が「標的市場」を確定すべく市場の位置づけを行うのに役立つであろう。

　この5つ以外の他の変数を使用することはもちろん可能である。しかしながらここで示された変数が，国際市場でいかにしてマーケティング計画を組み立てるかに対して，良き手がかりを与えることになることは間違いない（これ以上のことは，本書の後の部分で述べられる）。だが同時に，ここで用いた5つの変数は，社会科学者が国際比較分析を行ううえで，よき基盤を提供することにもなるのである。

消費者行動に関連したリースマンの分類

　図表4-1は，内部志向的な文化がどのような形で情報を利用するかを示している。人々が内部志向の場合，認知的影響は各個人自身の努力によって創出されることになる。各個人は自分が蓄積した情報に依存するだろう。この情報は人間関係および人的関係を通じて生み出される。（第3章）。内部志向型の消費者はその目的に応じて，ある特定のマスメディア情報を利用するだろう。例えばアメリカにおける多くの人々は，彼らが自動車の購買活動を始めるまえに，多くの車のコマーシャルを注視するだろう。

日本では，消費者は店主のアドバイスに大きく依存している。したがって消費者は，他人からの認知的影響を受け入れることになる。他人志向的な人々がマスメディアの影響を受ける場合には，メッセージはあたかもそれがアドバイザーや親友から与えられるような断定的なものになるおそれが強い。

　伝統志向的な文化では，各個人の認知的な認識は文化のもたらす感情的影響によって弱められる。認知的影響は主として拡大された家族のメンバーとりわけ家族の年長者から与えられる。例えば中国では，家族の年長者がテレビの購買を決めるのだが，それをどこでいつ購入するかも決めるのである。伝統志向の家族の認知的影響は，その感情的影響との一致が要求されよう。もしも広告のメッセージが現存する文化的価値と合致しないものならば，そのメッセージが受け入れられることはないだろう（このことは，第3章「文化による選別」のところで論じられている）。

　価値観について言えば，内部志向型の社会では認知的な価値観が支配的である。多くの場合，価値観は個々人の内部で形成されることになろう。その価値観は発言されることもないし，ましてや文書化されることもないが，まったく自然のうちに合意されてくる。他人志向的な社会でも，認知的価値が支配的である。それは他人によって生み出され個人によって採用される。したがって認知的な価値観は，個人間の影響を通じて他人によって伝達される。伝統志向の社会では，認知的ではなく感情的な価値観が支配的である。伝統的な価値観が文化主導的な認知的価値観を通じて，諸個人のなかに浸透していく（第3章を参照）。

　図表4-1は，消費パターンがリースマンの3つの文化のカテゴリーのなかで，どのように変化しているかを示している。内部志向的な社会では，消費パターンは自己意識的なニーズに基づいて確立され，人間関係的および人的経験を通じた特定の認知的影響によって修正される。他人志向的な社会では，消費パターンは他人によって生み出されたニーズに基づいて確立されることになる。人々は主として人間関係的な影響を受けるのである。認知されたニーズは他人からの認知的影響のもとで変化し修正される。最後に，伝統志向的な社会では，消費パターンは伝統を通じて確立される。これらの伝統

的な消費パターンは，拡大家族の年長者の意思決定によって変えられる。ある種の感情的な価値観が支配的であり，家族の年長者の意思決定は伝統から大きく離れることはないようである。

　購買行動は消費パターンと異なり，個人がどのようにして店舗選択や商品情報の探索などにアプローチするのかを意味する。ここで2つのコンセプトが区別される。能動的志向と依存的志向がそれである（サムリ Samli 1989）。能動的志向とは個人の情報探索や代替案の比較，認知的影響に基づく意思決定の遂行を意味する。ここではその人自身の努力が決定的に重要である。これに対して依存型志向は，店舗や商品や販売員などに依存することによって影響されることを意味する。それゆえに依存度をもたらしたり，個人にそれらを意識させたりするうえで，他人が決定的な役割を演じる。最後に，伝統志向の社会では，数世代にわたって続いている店主との相互作用が重要である。これらの関係性がある程度の安定性をもたらすことになるが，このことはまた，変化の実現を困難にするものである。

　最後に，新しいアイデアや製品およびサービスに対する共感性は，これらの3つの文化グループ間で異なったものとなる（図表4-4）。変化に対する共感は，内部志向的な社会では基本的にその内部から生じてくるものである。新しいアイデアはすべて認知的影響を通じて意識される。しかしながら，これらの影響は人々自身の努力に依存するものである。認知的影響はその人の論理的な視点に合致する場合に受け入れられることになる。他人志向的な文化圏でも，新しいアイデアは他人による認知的影響を通じて意識される。しかしこれらの影響は，内部志向型の文化圏では個人の努力によってチェックされるのに対して，他人志向的な文化圏ではより容易に受け入れられるものである。伝統志向の文化では，新しいアイデアはそれが感情的な影響（またはその文化的価値観）と合致する場合に意識される。したがってこれらの文化のもとでは，伝統が，新しいアイデアに対し，その性格と受け入れを指示することになるのである。

図表 4-2　高コンテキストと低コンテキストの国々の対比

特定化要因	高コンテキスト諸国	低コンテキスト諸国
弁護士	重要性は低い	非常に重要である
人間の言葉	それは人間の証文である	最低レベルのもの
組織上の責任	管理者のトップが責任をとる	最低のレベルで責任をとる
空間	人々は混雑を気にしない	人々は自分のプライベートな空間を必要とする
時間	多様なくつろぎ。すべてのものに時間が必要	単調な時間が重要
話し合い	お互いに知り合うまで話し合いは進まない。緩慢で時間がかかる	余分の議論はせず、遅滞なく進行する
競争的なかけ引き	少ない	一般的で広く受け入れられている

出所：キーガン（1989）を加筆・利用。

ホールの高コンテキスト 対 低コンテキスト区分

　ホール（1976）は異なる文化志向を説明するために，高コンテキスト 対 低コンテキストの二分法を提示している。図表4-2はこの2つのグループの主要な差異を図示したものである。低コンテキストの文化ではメッセージは明快であり，言葉が情報のかなりの部分を伝達する。これに対して高コンテキスト文化では，口頭または文書化によるコミュニケーションのいずれにおいても，そこに含まれる情報は多くない。しかしながらその人の生い立ちや人間関係さらには基本的な価値観などのコミュニケーションに関しては，多くの情報が存在しているのである。人々の間での握手が，文書化された記録や弁護士よりもより決定的な意味をもつ。例えば銀行からのローンに際しては，詳細な財務分析やバランス・シートよりも，むしろあなたは誰なのかという点のみが重要となる。図表4-2に示されているように，低コンテキスト社会では時間は非常に大切であり，したがって話し合いは最小限度に限られ，もっぱら事実に基づいて行われる。高コンテキスト文化では，競争的かけ引きの代わりに，最良の仕事を行い，信頼でき，コントロールできる人

図表4-3　5つの要因をベースとした高コンテキスト/低コンテキスト二分法の分析

要因	高コンテキスト	低コンテキスト
情報	他の人々からもたらされるが，それは多くの価値観と外部性と一体化している。	文書記録やマスメディアからもたらされる。
価値観	感情的価値が（認知的価値と）少なくとも同じくらい重要である。	認知的価値が支配的。
消費パターン	消費パターンは他人の影響を受けるが，人間関係が極めて重要。	消費パターンは，マスメディアとりわけ印刷媒体の影響により形成される。
購買行動	店主との強い関係が重要である。オピニオン・リーダーの影響が支配的。依存志向が一般的である。	認知的影響が大きい。情報探索や活動志向がより支配的である。
新しいアイデアや製品およびサービスに対する共感性	新しいアイデアは外部から，とりわけオピニオン・リーダーからもたらされる。	新しいアイデアは認知的影響の一部であり，印刷媒体や筆記文献から認知される。

に対して，仕事が与えられるのである（キーガン Keegan 1989）。低コンテキスト型の国々は主として北アメリカと西ヨーロッパである。中東諸国や日本は高コンテキストの国々と考えられる。

　図表4-1で考察した5つの変数に基づいて，高コンテキスト/低コンテキストの二分法を分析することができる。5つの変数というのは，情報，価値観，消費パターン，購買行動および新しいアイデアに対する共感性である。

　図表4-3は，高 対 低コンテキストの国々がどのような形で5つの変数と結びついているかを図示したものである。図表にみられるように，高コンテキスト諸国では，情報は他の人々からもたらされる。だがそれはさらに，他の外部性や価値観によって修正されることになる。低コンテキスト諸国では，情報は文書記録やマスメディアからもたらされる。

　高コンテキスト諸国の価値観はより伝統的なものである。感情的影響が認知的な価値観とほとんど同じくらいの重要性をもっている。他方，低コンテキスト諸国では，認知的な価値観がより支配的である。

　高コンテキスト諸国では，消費パターンは他人の影響を受けるので人間関

係とオピニオン・リーダーによる指導力が，消費パターンを確立するうえで非常に重要になってくるのである。そこでは伝統的な価値観と文化的なパターンが，消費パターンの重要な修正要因となってくる。低コンテキストの文化では，消費パターンは主としてマスメディアによって規定されるものである。

　高コンテキスト諸国での購買行動は，店主との強力な関係性のもとで形成される。この関係性は多くの世代を経過して確立されるものであろう。依存志向が支配的である。このことは，店舗や販売員およびその他の関連した諸属性に多大の注意を払うことを意味する。低コンテキスト諸国では，認知的影響が情報探索や活動志向をもとに形成される。後者つまり活動志向というのは，情報を収集し比較する個人的努力を基礎とするものである。

　高コンテキスト文化では，新しいアイデアや新製品の情報はすべて部外者からもたらされる。ここではオピニオン・リーダーが決定的な役割を演じる。他方，低コンテキスト文化ではマスメディアや文書を通じた認知的影響が支配的である。人々は，マスメディアによって提供される情報を通じて，新しいアイデアを入手しようと努力するのである。

ホフステードの見解

　ホフステードは文化のグループ分けをするために4つの異なった基準を用いている。それは，個人主義・集団主義，権力格差，不確実性の回避，男性型・女性型の4つである。

個人主義・集団主義

　個人主義・集団主義の二分法に関して，中心的な問題は，個人とその人の仲間たちとの関係性である。一方の極には，人々の間の結びつきが極めて緩やかな社会がある。その社会ではメンバーは個人主義的であり，すべての人が自分の利益を追求する。スペクトルの他方の極には，個々人のあいだの結びつきが極めて強固な社会がある。そこでの人々は，拡大家族やそれに類似した他のグループ（部族や集落など）のなかで生まれて生活し，所属するグ

ループの利益を追求する。彼らの意見や信念は，そのグループにおいて普及しているものを反映したものである。グアテマラやパナマのような国は非常に集団主義的であるが，アメリカやカナダは非常に個人主義的である（ホフステード 1983）。

権力格差

この言葉は，人々が平等ではないということと社会とのかかわり方と関連している。ある社会では，この不平等はやがては権力と富の不平等となってくる。基本的にすべての社会は不平等であるが，しかしある社会では，他の社会と比べてこの不平等さがより顕著である。だがある社会では，権力と富の不平等を弱めようとする努力がみられる。ホフステード（1983）は，「権力格差」を基準にしてこれらの差異の測定を試みている。集団主義的な国々のなかには，フィリピン，ベネズエラ，インドのように，この権力格差が非常に大きい国がある。権力格差が小さいのは，とりわけデンマーク，イスラエル，オーストリアなどの国々である。個人主義的な国々のなかでも，権力格差が大きいものがある。それは，フランス，ベルギー，イタリアなどである。多くの裕福な西側諸国では，個人主義と権力格差の縮小との一体化がみられる（ホフステード 1983）。

不確実性の回避

ある社会では，人々は将来の不確実性に対して，それがいつやって来ても驚かずに受け入れるように訓練されており，リスクを比較的容易に受け入れる。このような社会では，人々は懸命に働こうとせず，多様な行動や意見に対して寛容である。これは不確実性の回避に対して弱い社会である。換言すれば，彼らは不確実性を回避するために努力しようとはしないのである。西ヨーロッパやスカンジナビアの諸国はこのカテゴリーに入る。スペクトルの他の極にある他の社会では，未来に対して打ち勝つべく人々を訓練している。そこでは人々の心の中に，より高いレベルの不安が存在しているからである。彼らはより神経質で情緒的で攻撃的である。これらはポルトガル，グアテマラ，イタリアのように，不確実性の回避に対して強い社会である。

図表4-4 4つの要因をベースにして分析されたホフステードの分類

要因	個人主義	権力	不確実性	性別
情報	集団主義的な状況下では，情報はグループで共有。個人主義的社会では，情報は個人が探索して認知する。	情報の探索と情報の利用は，権力の増大する方向に向かっていく。	不確実性の減少に向けての情報が重要である。	性別上の差異を図式化した情報の流布が有効であろう。
価値観	個人またはグループに関連した価値観が，スペクトルの両端に位置して広く行き渡っている。	増大する権力に対比して，分散化された権力が平等に利用されるべきである。	不確実性の回避が重要であるという社会に向けての価値観が強化されるべきである。	より男性的または女性的な傾向にある社会は，それに応じて取り扱われるべきである。
消費パターン	消費パターンは個人的な認知努力の影響を受ける。個人主義的社会では，意思決定は内生的である。	不平等な消費パターンは不平等であり，そのように処理される。それ以外では，不平等は少しずつ除去されるであろう。	消費パターンはリスク回避を目指すべきである。消費パターンのリスクはより大きい。	消費パターンは男性に適したものもあるし，女性に適したものもある。どちらの性に適合したものもある。
購買行動	個人主義的社会では内生的動機であり，集団主義的社会では外生的動機である。	不平等が不平等に取り扱われる場合もあるし，不平等が平等に取り扱われる場合もある。	リスクを嫌悪する社会では，購買行動は外部的支援に依存する。極めて弱体な不確実性回避諸国では，購買行動はより自己依存的である。	性別上の役割分担は著しく増加したか，やや減少した。性別上の分担を促進する商品と性差のない商品とが購買されている。
新しいアイデアに対する共感性など	個人主義的社会では，アイデアは個人の探索で得られる。集団主義的社会では，アイデアはグループから生み出される。	新しいアイデアは権力格差を増大させるために用いられる場合もあり，それを排除するために用いられることもある。	リスク回避社会では，新しいアイデアへの共感性は，リスク削減の分野で見出される。	男性社会はますます自己探索的アイデアに依存する。女性社会はますます相互作用的な影響力に依存する。

男性型・女性型

社会における男性と女性の役割分担はさまざまである。社会は年齢のすべてにわたって，一定の役割を男性だけに結びつけ，他の役割を女性だけに結びつける。このような性別上の役割分担は恣意的なものであり，社会の別によって異なるものである。ある社会は，男性・女性ともに多くのさまざまな仕事に従事することを許容するが，他の社会は，男性と女性とがなすべき事柄にきびしい区別を設定する。性別上の役割差別が最大の社会は男性型社会と呼ばれ，性別上の役割差別が最小の社会は女性型社会と呼ばれる（ホフステード 1983）。デンマーク，スウェーデン，イスラエルは女性型に偏った国々である。最も男性型の国々は，日本，ドイツ，オーストリアである（ホフステード 1983）。

ホフステードの見解のインパクト

図表4-4は，この章全体を通じて論じられている5つの要因をベースにして分析されたホフステードの分類を示すものである。5つの要因は，情報，価値観，消費パターン，購買行動および新しいアイデアへの共感性である。

情報

集団主義的な状況下では，情報はグループによって共有される。例えば広告のメッセージが送られる場合には，そのメッセージはグループのリーダーに向けられているものである。個人主義的な社会では，情報は個々人の努力によって探索され認知されるが，この場合，広告はグループに対してではなく区分された個々人に対して訴えかけることになる。

権力格差が大きい社会では，情報の探索や情報の利用は権力を強める方向に向かっていく。権力格差が小さい国々では，情報は不平等を除去する方向に向かっていく。広告のメッセージや事実上全般的なマーケティング活動は，これらの2つの極端な方向に向けられることになる。

不確実性の回避に対して強い国々では，不確実性を減少させる情報が決定

的に重要である。広告を含むマーケティングのアイデアはリスクの減少に向けられることになろう。例えば製品の広告はその安全性の実現を重視して行われることになろう。不確実性の回避に対して弱い場合には，たとえ製品がかなりリスキーなものであっても，商品やサービスに関する珍しくて新しい情報を受け入れる傾向は強いようである。

　性別上の役割差別が強力な国々では，情報の流布に際して性差別主義的な傾向が予想される。特定の情報が女性から女性へと流され，また別の特定の情報が男性から男性へと流される。この二分化はより一層大きな性別上の差別を生み出すことになろう。逆もまた真実でありうる。性別上の役割差別が大きくない国々では，ギャップを埋める可能性をもった情報が歓迎されるであろう。流布される情報は基本的にみて性別とは無関係のものである。

価値観

　集団主義的な状況下では，グループに結びついていた価値観がかなり支配的である。個人主義的な社会では，個々人の利益を増進させる価値観がグループの利益よりも優先する。

　権力格差が大きい社会では，権力の強化が受容され促進される場合さえある。他方，権力格差が小さい場合には，逆のことが実行される。権力を平等に分散させることが好まれる。

　不確実性の回避が重視される社会にある価値観は，リスク回避を強化する方向に向けられる。消費者は，これらの特徴に合致した試みやアイデアまたは製品を評価するだろう。不確実性の回避が重要視されない場合には，リスクを恐れないという価値観が広い支持を得ることになろう。リスクをおかすという価値観が人々の間で重要なものとなり，冒険が特別の注意をひくことになろう。

　性別上の役割が明確に定められている場合には，主要な価値観はこの決定を強化する方向に向けられる。このように明確に定められた性別上の役割における差異を除去するような試みは，異端と判断され，受容されないものと宣告される。性別上の役割規定がますます不明確なものとなっていく社会では，価値観は構図をより一層不明瞭なものにする方向に向かっていく。換言

すれば，これらの社会では性別上の役割は消滅していく可能性が高いのである。

消費パターン

集団主義的な社会では，消費パターンはグループによる影響を受ける。個人化された認知的影響はグループから生み出される。消費の意思決定は，個人主義の社会では内生的なものである。認知的影響は，これらの影響を追求し，その影響のもとで個人主義的に行動する個人の内部から生み出される。消費の意思決定はより内生的であり個人主義的なのである。

権力格差が大きい社会では，不平等な消費パターンが不平等なものとして残されている。権力格差が小さい国々は，部分的であるにせよこれらの格差の除去を試みるし，財やサービスがすべての人に利用可能となるような試みを推進する。

リスクの回避が支配的な社会では，消費パターンはより安全な製品やサービスを購入する方向に向かっていく。しかしリスクの回避が支配的でない社会では，リスクの増大が流行的なものにさえなるだろう。消費者は極めて容易に新製品やサービスを利用するのである。

最後に，性別上の役割分担が極めて強調される社会での消費パターンは，男性または女性を特別のものと考える。製品はこれらの特色づけられた性別上の役割を念頭において開発されるので，それは特別の訴求力をもっている。逆に，性別上の役割分担が強調されない場合には，性別を訴えない製品のほうが多くの人気が高くなるだろう。それらはさらに性別間に広く存在する懸隔を削減するものである。

購買行動

個人主義的な社会は，内生的動機を促進することによって購買行動を引き起こす。そこでは活動志向が依存志向よりもより特徴的な傾向となろう（サムリ 1989）。集団主義的な社会では，グループによって促進される外生的な動機が支配的なものとなる。個人的レベルでは，依存志向が支配的傾向となる。

消費パターンの場合と同様，権力格差が大きい社会では，購買行動はその格差を反映するだけでなく，それを増幅させたりする。他方，権力格差が小さい社会では，購買行動はこの格差を一層縮小させさえするだろう。したがって，第1番目のケースでは不平等が不平等なものとして取り扱われ，第2番目のケースでは不平等が平等なものとして取り扱われる。

不確実性の回避が重視される社会の購買行動は，そこでの支配的な感情を反映する。個々人の購買行動はリスクの減少やリスクの回避に向けられる。個々人は，製品やサービスのリスクに関する側面の情報をくまなく探し求めるだろう。したがって購買行動は外部からの援助や忠告に依存することになろう。リスク回避型社会の購買行動は，より自己信頼的である。人々はリスクに関連した情報や忠告を探し求めるようなことはしない。

性別上の役割分担が明確に特定化されている場合には，購買行動は性別上の役割を反映したものになる。実際のところ，購買行動がこの役割分担をより明白なものにすることさえある。購買行動は，男性，女性のいずれに供給する小売店舗かということより明確に区別するかもしれない。人々は購買的な意思決定において，他人に頼ることになる（依存志向）。スペクトルの他の極では，性別上の役割分担の特定化が少ない場合には，人々は性別とは無関係の商品を購入する。特定の商品やサービスを購入する際の外部からの影響は急速に減少し，人々は「活動志向」に基づいた購買を行うだろう。

新しいアイデアに対する共感性

個人主義的な社会では，新しいアイデアに対する共感性は内部から発生する。そこでは個人の努力による認知的な影響が重要であり，新しいアイデアは個々人の探索によってもたらされる。集団主義的な社会では，アイデアはグループによって生み出される。グループやグループのオピニオン・リーダーが同意しなければ，アイデアや製品やサービスは受け入れられないだろう。したがって人間関係の影響が非常に重要になる。

権力格差が大きい社会では，アイデアや製品やサービスはそれが権力をもっている人々の地位を高める場合には，かなり容易に受け入れられる。権力への距離が小さい社会では，現行の権力格差を縮小させる可能性のあるア

イデアや製品およびサービスが好まれ受け入れられる傾向がある。

不確実性の回避は新しいアイデアに対する共感性に影響を与える。不確実性を回避することが非常に重要な社会では，新しいアイデア，製品およびサービスはリスクの観点から評価される必要がある。高リスクのアイデア，製品およびサービスは拒絶されるだろう。これらの現象を受け入れたり拒否したりする外部の影響力はきわめて強大なものであろう。しかしながら不確実性の回避が重要でないならば，新しいアイデアや製品およびサービスの受容に対する共感性は大きいだろう。人々は新しいアイデアや製品およびサービスを受け入れる際に，自分自身の認知システムや論理（認知的影響）によって動機づけられるだろう。

性差や役割分担がはっきりしていても，それが性差の意味をもたなければ，それは新しいアイデアや製品およびサービスの受容に対する共感性に影響を与えることはないだろう。顕著な性別上の役割分担を減少させるような新しいアイデアや製品およびサービスは，性別上の役割分担が極めて厳密に定められているような社会では，受け入れられる可能性は少ない。性別上の役割がそれほど明確には特定化されていない社会では，新しいアイデアや製品およびサービスは，たとえそれが性別と関係があるとしても，現存の性別上の役割分担を一層減少させるものであれば，それは容易に受け入れられるだろう。

図表4-4にみられるように，ホフステードの分類は，さまざまな文化的環境での消費者行動のパターンやマーケティングを予測するうえで，極めて有効に利用されうる。図表4-4は注意深く分析され，その一つひとつのセルがマーケティングの実践の視点から解釈されなければならない。

ブリスリンの方向性

ブリスリンと彼の同僚（1993）は，ホフステードの分類の中にある側面，すなわち集団主義と個人主義の側面を重視した。彼らはこの特別な区分が，人々がどのように行動するかを理解するうえで，きわめて重要であると考えたのである。

図表4-5 ブリスリンの比較

個人主義	集団主義
個人が自分自身で問題を解決する。	グループが問題を解決する。
感情は内部から発生する。	感情は外部から発生する。
自分自身の経験から学ぶことが決定的に重要である。	他人の経験から学ぶことが重要である。
年長者は重要ではない。	年長者は重要である。
短期的な関係にすぎない。	長期的な関係である。

出所：ブリスリンのセミナー（1993）から利用した。

　ブリスリンと彼の同僚（1993）は，個人主義は自分自身の目標を特別に重視する傾向を含み，自分自身の目標が他人（核家族の外側の）のそれとどう関連するかについてはあまり関心がないと主張した。たとえば仕事場では，人々は単なるチーム・プレイヤーとしてよりも，むしろ自分自身の独自の価値観をもった生産的な個人として認められることを望んでいる。

　他方で彼らは，集団主義を次のようなものとして，つまり自分自身の目標の設定の際に他人（核家族の外側の）の目標への配慮を強調するものとして，記述している。他人とは，拡大家族または組織体のなかの人間が考えられる。仕事場では，彼らが生産的なグループのメンバーであり，したがって良きチーム・プレイヤーであるがゆえに，生産的な労働者として認められるときに，彼らは満足するのである（ボークとブリスリン Bhawuk and Brislin 1992）。

　個人主義と集団主義の違いを説明するために，ブリスリン（1993）は多くの追加的要素を提示している。これらは図表4-5に示されている。見られるとおり，個人主義的な社会では，人々が自身で問題を解決する。したがってマーケティングの努力は個々人に向けられねばならない。集団主義的な社会では，グループが問題を解決する。したがってマーケティング努力は，グループのリーダーに向けられる必要がある。

　個人主義的な社会では，感情は内部から生まれてくる。したがって個々人が製品やサービスに対するニーズを確認する必要がある。他方，集団主義的

な社会では感情は外部から生み出され，したがって人々は彼らがある種の製品やサービスを必要としていることを外部から知らされることになる。

人々が自身の経験から学ぶ場合には，マーケティングは人々に対して製品やサービスに関する特別の経験を提供する努力が必要である。他方，人々が他人の経験から学ぶ場合には，マーケティングはグループのリーダーに対して特別の経験を提供する必要がある。

2つのグループのユニークな差異は，年長者の地位である。集団主義的な社会では，その定義のとおり，年長者がより重要な地位におかれている。そのような社会では，年長者に対して訴える特別の努力がなされねばならない。集団主義的な社会には極めて長く持続している人間関係が存在するので，製品やサービスについて社会のメンバーとコミュニケートすることは容易である。しかしながら個人主義的な社会では，人々が直接的にコミュニケートする必要があり，またそれらの短期的な関係性はその関係が変化する際には確認したうえで利用される必要がある。これらの諸特徴のすべては重要であり，国際マーケティング担当者は知っておくべきことがらである。これらの諸特徴は図表4-4の左の欄に示す5つの要因とともに，国際市場で成功するために決定的に重要なものである。

文化を区分する場合の追加的な試みについていまひとつ述べておく必要がある。それは十分に研究されたものではないが，述べておく価値があると思われるからである。マッカーティとホトウィック（McCarty and Hottwick 1992）は，文化的価値の方向性に関する文献の検討のなかで，文化を分析し分類する際に使用すべき2つの追加的な次元について付言している。その2つの次元というのは，活動志向性と，自然と人間との関係性である。より実際的な意味で，彼らはメキシコは「存在」文化であり，アメリカは「行動」文化であると指摘している。

要　約

本章では，文化を理解することによって，これらの文化の中での消費者行動を理解し，さらにおそらくそれらを予測することが可能であろうと主張し

た。文化比較の知識によって，文化間での消費者行動の差異を理解することが可能となろう。

　本章では，文化間の差異を明らかにする4つの試みを明確にした。その4つの試みとは，リースマンによる個人志向，他人志向，伝統志向という分類，ホールによる高コンテキスト 対 低コンテキスト文化の分類，ホフステードによる個人主義，権力，不確実性および性別による文化の分類，最後にブリスリンによる個人主義 対 集団主義の分類がそれである。これらの文化の分類を分析するために，5つの要因すなわち情報，価値観，消費パターン，購買行動，さらに新しいアイデアに対する共感性が用いられた。これらの諸要因は，それぞれの文化における消費者行動を比較・分析するために使用することができるし，したがってまた，国際マーケティング担当者がマーケティングのよりよき意思決定を行うことを可能にさせるのである。

参考文献

Bhawuk, D. P. S., and Richard Brislin. 1992. "The Measurement of Intercultural Sensitivity Using the Concepts of Individualism and Collectivism." *International Journal of Intercultural Relations* 16: 413-436.

Brislin, Richard W. 1993. "Understanding Cultural Differences for Management on International Assignments." A Seminar delivered at University of Hawaii, June 24.

Hall, Edward, T. 1976. *Beyond Culture.* New York: Anchor Press/Doubleday. (安西徹雄訳『文化を超えて』研究社出版, 2003 年)

Hofstede, Geert. 1983. "The Cultural Relativity of Organizational Practice and Theories." *Journal of International Business Studies* (Fall): 75-89.

Keegan, Warren J. 1989. *Global Marketing Management.* Englewood Cliffs, NJ: Prentice Hall.

McCarty, John A., and Patricia M. Hottwick. 1992. "Cultural Value Orientations: A Comparison of Magazine Advertisements from the United States and Mexico." In *Advances in Consumer Research* 19, edited by John F. Sherry and Brian Sternthal, 34-38. Provo, UT: Association for Consumer Research.

Riesman, David. 1953. *Lonely Crowd.* New York: Doubleday Anchor. (加藤秀俊訳『孤独な群衆』みすず書房, 1965 年)

Samli, A. Coskun. 1989. *Retail Marketing Strategy.* Westport, CT: Quorum Books.

第5章

国際的消費者行動に関するモデル

　マーケティングの存在理由は消費者問題を解決し，消費者ニーズを満たすことにある。過去25年間において，アメリカの消費者行動に関する研究は無数に存在してきた。他の国々においても消費者行動に関する研究も存在してはいるが，国際的消費者モデルを構築しようという力強い試みはなかった。そのようなモデルなくしては，国際マーケティングの努力は危険を伴う恣意的なものにならざるを得ない。この点についてボドウィン（Boddewyn）は次のように述べている。

　　マーケティングや消費者行動に関するテキストを精読してみると，異文化間の比較をした研究結果を統合したものはほとんど存在しないということが分かる。……今日においてさえ，消費者行動に対して文化が与える影響力について述べた論文は次の2つの範疇を超えるものではない。すなわち，①この重要な市場細分化変数の重要性を認識すること，②外国におけるマーケティングに関する諸種の誤り，の2つである（1981, 73）。

　多くの人類学者や社会科学者は，文化と人々の性格に関して，異なった類型が存在すると主張している。これらの関係は人々の行動に対し，それを完全に形成するか，少なくとも部分的に影響を与えるものである（マクグレガー MacGregor 1983；ワディア Wadia 1975；ウォレス Wallace 1964）。それ故に世界のさまざまな国で，行動がどのようにして形成され，影響を受けるも

のであるかを理解することは極めて重要である。ここまでの章では，この点に関し何らかの解明を試みてきた。第1章で消費者行動を理解する必要性についてみてきた後，第2章においては文化をコミュニケーターとして分析した。第3章では，文化というものが，行動のすべてをふるいにかけて選り分けるものである，ということを明らかにした。そして第4章においては，文化に関する諸種の分類について論じた。本章（第5章）においては，研究をもう一歩先に進め，少なくともこれまで論じてきたものを統合しながら消費者行動モデルの構築を試みるものである。ただし，必ずしも考慮のすべてがこのモデルの中に統合されているわけではないことを理解して頂きたい。すなわちこのモデルは完全無欠の消費者行動モデルというよりは，むしろ何をすることができるかを説明したものなのである。実際，国際マーケティングの担当者は彼らが取り扱っている製品と市場に最も適した独自のモデルを構築するはずであるが，この章の狙いは，そのモデル作りに対して重要な指針を提供することにある。

消費者文化を分析する試みは，途上国と先進国間にみられる類似性を整理することに焦点が置かれていた（ヌヴァチュクとダント Nwachukwu and Dant 1990）。消費者問題を解決したり，消費者満足を強調したりする場合は，世界のさまざまな国における消費者行動に関し，類似性ではなく相違点が探究され，整理することが必要である。そうすることによってのみ，消費者が有するさまざまな独特のニーズやウォンツに対応することが可能になるのである。もっと言うと，有効で有利な国際マーケティングを展開したければ，ここに力点を置くことが必要なのである。

消費者行動モデルにおいては，類似性ではなく相違点がより重要である。なぜならこれらの相違点が，多地域マーケティング担当者のマーケティング計画の策定に役立つからである（大前 Ohmae 1983）。実際問題として，このことは多分，国際マーケティングに成功するための最も重要な焦点となるであろう。近年，旧ソビエト連邦のさまざまな共和国において，極めて強力なナショナリズムが復活しているが，この場合，類似性よりも相違点を強調することに対するニーズが強化されているのである。同様のパターンは，東ヨーロッパやいくつかのアフリカ諸国においても台頭してきている。新興国

や新興共和国においてはいずれもその文化特性を再構築しつつある。このことは国際的消費者行動における相違点を理解することが必要であることの格好の事例であろう。

　要するに，この章は多地域マーケティングの操作化を試みるものである。近年，グローバル化か現地化かの二分法が多くの注目を浴びるようになってきた。レヴィット（Levitt 1983），シェス（Sheth 1972），ジェイン（Jain 1989），ハスザー（Huszagh 1986），および他の多くの論者が国際マーケティングにおいてはグローバル化が必要であり，重要であると主張したが，ウィンド（Wind 1986），ポーター（Porter 1986），ダグラスとウィンド（Douglas and Wind 1987），ウィルズ，サムリおよびジェイコブズ（Wills, Samli, and Jacobs 1991），ならびに他の多くの学者は，国際マーケティングはグローバルというよりむしろ多地域的なものであるべきだと主張してきた。この章は，多地域化のプロセスに際しては消費者の相違点を理解し，それに対応してゆくことが必要であると主張するものである。

文化：重要な構成要素

　国際マーケティングは1970年代初期の頃以来，アメリカの豊かさにとって，特に重要なものになった。その当時以来，アメリカ経済は輸出を推進するようになったのである。国際マーケティングは輸出を行う際に不可欠の要素である。かくてそれはアメリカ経済の現場における決定的な要素となったのである（カトーラ Cateora 1990）。

　これまで，国際消費者行動を理解しようとする試みが数多くなされてきた（グリーン，カニンガムおよびカニンガム Green, Cunningham, and Cunningham 1975；ヘンリー Henry 1976；フーバー，グリーンおよびサージャート Hoover, Green and Saegert 1978）。これらすべての試みの中で，ある一点が特に重要視されてきた。それは文化の重要性である。しかしながら，これらの試みの中で，さまざまな文化圏における諸種の消費者行動モデルを構築するのに役立つ，便利な分類方法を提供するものは一つも存在しない。

　マクグレガー（1983）によると，マーケティング分野以外の学者が，他の

図表 5-1　消費者行動に関する文化の役割

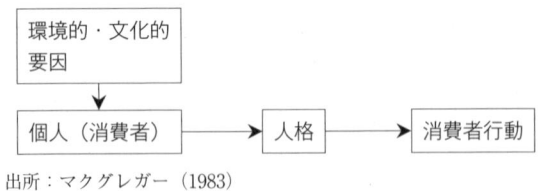

```
┌─────────────┐
│ 環境的・文化的│
│ 要因         │
└──────┬──────┘
       ↓
┌─────────────┐    ┌──────┐    ┌──────────┐
│ 個人（消費者）│ →  │ 人格 │ →  │ 消費者行動│
└─────────────┘    └──────┘    └──────────┘
```

出所：マクグレガー（1983）

文化やそこでの人々の行動パターンを理解しようとする本書に対し，価値ある考察を提供している。ダグラスとイシャーウッド（Douglas and Isherwood 1979）は，異なった文化圏の人々は，製品をコミュニケーションの一手段として用いていると指摘している。ホール（Hall 1959, 1976）は，文化のもつ意味合いに関する特性が，消費者に極めて大きな影響を与えるものであると述べている。ウィルソン（Wilson 1968）は，社会関係と社会階層における変化について分析を試みている。最後にウォレス（1964）は，基本的にみて，人格が文化の代わりになりうるという理論を発表している。この概念については先述の第1章において論述したところである。この章においては，この点についてさらに詳しく考察する。図表5-1は，著者によるウォレスの見解を示すものである。個人（消費者）の行動は人格によって条件付けられ，人格は文化によって形成されるものである。なお，ここでいう文化は，最広義で捉えられるものである。それは「社会の一員としての個人が獲得した知識，信念，芸術，道徳，法律，慣習，および他の能力や習慣を含む複合体」（ウォレス 1964, 6）であるのみならず，それは文化と極めて密接に関わるところの地球物理学的，政治的，ビジネス的，経済的な要素を包含するものである（タープストラとデイビッド Terpstra and David 1985）。

現代消費者の行動規範の基盤となるような主たる消費者行動モデルについて考察してみると，これらのモデルはいずれも，国際消費者行動に対してあまり適応できるものではないということが明らかである。これらのモデルのいずれをもってしても，異なった文化圏における消費者行動を分析することはほとんど不可能なのである。

国際的消費者行動モデル

　国際的消費者行動の研究に役立つような，比較可能な構成概念を構築するためには，基本的な国際消費者行動モデルを開発することが必要である。そのようなモデルは次の6項目の条件を満たすものでなければならない。①市場比較の基盤として，研究者が環境要因や企業を分類できるものであること，②消費者行動を集合的意味合いで取り扱うものであること，なぜならそれが市場における主要な影響力を有するからである，③質的・量的両要因のどちらも，分かりやすい形で用いていること，④質・量両面に関する第2次的データを用いていること，⑤実際にマーケティング活動に着手する前に，問題点を明らかにすべく，分析したり，他と比較したりすることができるよう，国際市場の輪郭（概要）を提供できること，⑥マーケティング担当者が，ターゲット市場の選定に当たり，複数の外国市場を直接的に比較できること。この場合においてのみ，国際企業は複数の現地化を実践できるであろう。

　図表5-2は，これらの目的を達成するために構築されたものである。この国際的消費者行動モデルは，国際市場における全般的消費者行動に関する主要な要素の相互関係に焦点を合わせて設計されたものである。国際企業は，図表5-2に示すものと類似したモデルを用いることによって，国際的消費者行動モデルが達成すべき6つの目標を達成することができるであろう。まず初めに理解しておかなければならないことがある。それは当モデルが，A国における国際的消費者と，B国等における国際的消費者を比較できるように設計されているということである。また反復することになるが，このモデルにおける9つの主要な構成要素は，部分市場間の違いを明らかにするために比較できるよう，特定の国際部分市場における類似性を特定するために起用されているということが理解されなければならない。図表5-2は，当モデルの主要構成要素を提示している。

　1. **消費者の個人的要因**　当モデルでは，消費者個々人に焦点を当てるよう設計されたものではなく，個々人の購入パターンに重要な影響を与

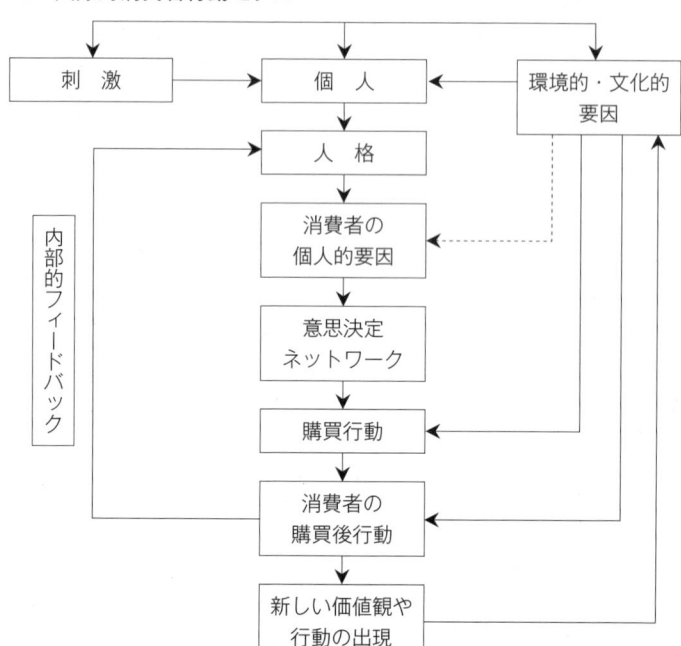

図表 5-2　国際的消費者行動モデル

```
        ┌─────────┐      ┌─────────┐      ┌──────────┐
        │ 刺　激  │ ───▶ │ 個　人  │ ◀─── │環境的・文化的│
        └─────────┘      └─────────┘      │  要因    │
                              │           └──────────┘
                              ▼
                         ┌─────────┐
                    ┌──▶ │ 人　格  │
                    │    └─────────┘
                    │         │
         内          │         ▼
         部          │    ┌─────────┐
         的          │    │ 消費者の │
         フ          │    │個人的要因│
         ィ          │    └─────────┘
         ー          │         │
         ド          │         ▼
         バ          │    ┌─────────┐
         ッ          │    │ 意思決定 │
         ク          │    │ネットワーク│
                    │    └─────────┘
                    │         │
                    │         ▼
                    │    ┌─────────┐
                    │    │ 購買行動 │ ◀───
                    │    └─────────┘
                    │         │
                    │         ▼
                    │    ┌─────────┐
                    └────│ 消費者の │────▶
                         │購買後行動│
                         └─────────┘
                              │
                              ▼
                         ┌─────────┐
                         │新しい価値観や│
                         │ 行動の出現 │
                         └─────────┘
```

える要素をリストアップしているのである。これらの要素は，いかなる購買状況においても影響を及ぼすものである。これには，認知，記憶，経験，人格，所得対応，ライフスタイル，期待，そして教育が含まれる。モデルに見られるように，これらの個人的要素は，文化や他の環境的要因によって，さらには特定の文化に縛られた人格を形成している人々によって，事前に選別され，さらに修正されるのである（ウォレス 1964）。

2. **意思決定ネットワーク**　これは，消費者要素間での相互作用による内生的結果である。これは，市場における各消費者が，それによって市場にある個々の品目，あるいはすべての品目を購入するか否かの決定をする独特のプロセスである。いわば，消費者の個人的要素と，実際の購買行動との間を取り持つ要素なのである。

3. **購買行動**　これは，購買を行う際の外部的，機械的なプロセスのことである。消費者の購買はすべてが類似しているというわけではない。それ故に，買い替え，重要性が最小の商品に対する新規の購買，重要性が高い商品に対する低コストでの購買，重要性が高い商品に対する高コストでの購買，ならびに衝動買いといった，購入パターンを開発することが必要となる。もしこれらの購入パターンに優先順位が付けられるなら，それは国際市場における全般的行動を理解するのに役立つであろう。

4. **消費者の購買後行動**　いくつかの文化圏における購買後の行動はかなり重要でありうる。ブランド・ロイヤルティが非常に高い日本においては，製品に対する不満は国際マーケティング担当者にとって現実的問題となりうるのである。これは極東の他の諸国においても同様で，購買後に返品するという慣習は存在しない。ところが西洋，とりわけ北アメリカにおいては，不必要な商品は返品されるため，購買後の行動が重要になるのである。それぞれの文化における認知的不協和（cognitive dissonance）はこのように異なった形態をとるのである。これらの差異を理解することは，将来の購買を予測したり，消費者ニーズを理解したりする場合に重要になってくる。

5. **新しい価値観や行動の出現**　これは，消費者行動レベルで変化し，結果的に当該社会の文化に組み込まれるような構成要素である。ファストフードはフランスの消費者の間で人気を得つつあり，早晩，ファストフードという概念がフランスの文化と伝統の一部になるかもしれない。同様の例が他の市場においても数多く存在する。アメリカにおけるDIYの活動は，ほとんど完全に消費者行動の伝統の一部になってきた。東欧諸国の若者は，ロックンロールの音楽とそのスターたちに慣れ親しんでいる。

6. **刺激**　これは消費者に注目させるきっかけとなるトータルなプロセスの一部分である。広告，販売促進，そして販売員活動に関するいかなる側面も，消費者に対し異なったやり方で影響を与えるものである。例えば日本の消費者は，店主から情報を得るのに対し，韓国の消費者

は情報を得るためにパンフレットや他の印刷物で研究する。中国では，消費者は商品に関する重要な情報を，家族や仕事場の同僚から得る。このように，異なった刺激が異なった国際市場において，さまざまな形で影響を与えるものなのである。

7. **環境的・文化的要因**　　これには，地球物理学的・政治的・経済的・ビジネス的要因が含まれる。この環境的・文化的要因は，個人と切り離して捉えることはできない。ウォレスの主張を引き継ぎ，ウォルターズ (Walters 1988) は，このような環境的要因が，個人が行うあらゆる意思決定の場で影響力を有すると主張している。図表5-1に示すように，環境的・文化的要因は，個人の人格に対して直接的に影響を与えるのである。さらに，個人が製品やサービスに関する意思決定を行う時，環境的要因が購買行動と購買後行動に対して直接的に影響する。このように消費者の個人的要因は，環境的・文化的要因と，同時かつ継続的に相互作用を行うものである。

　環境的要因は，すべての消費活動に対するフレームワーク（枠組み）を提供する。トルコでは朝食にオリーブを食べ，ポーランドでは水の代わりにウォッカを飲むとか，中国ではあらゆるものがリサイクルされ，アメリカではリサイクルされるものはほとんど何もない——これらのことはすべて環境的・文化的要因のなせる業である。これらは個人的および集団的に，消費者行動に対して最も重要な影響を与えるものである。またそれらは，受容できる刺激の種類に対し，制限を加えたり，影響を与えたりする。それらはさらに，購買の型を確立し，維持するとともに，消費者の購買後行動に対し，大きく差をつけるのである。このように社会環境は，異なった文化圏で消費者の購買時の選択に影響を与えるのである（ステイマンとデシュパン Stayman and Deshpande 1989）。

　しかしながら，購買行動に対して直接的・間接的に影響を与えている環境的・文化的要因は静的なものではない。いかなる意思決定に対しても，異なった一連の変数や価値観が作用しているのである。さらに，環境の違いに呼応する消費者の変化は，次に，価値観や思考のパターンが結果的に環境要

因や文化の一部になるよう，文化や環境要因に影響を与えるのである（マクグレガー　1983）。換言すると，環境的・文化的要因は時が経つにつれて変化する。なぜなら消費者行動がゆっくりとそれらを修正するからである。文化の進化はこのようにして生まれるものなのである。

当モデルの操作化

　この国際的消費者行動モデルを操作化する際の主たる方法は，国際マーケティング担当者がマーケティング戦略をうまく適合できるよう，得点方式を開発し，異なった市場の得点を比較できるようにすることである。多くの文化的・外部的変数を用いることによって，ある社会における消費者行動を予測することができるようになる。ここで用いられる変数は，①重要で，②検出でき，③少なくとも部分的に互いに排他的[1]であること，が必要である。もしこれらの変数に，何らかの文化的特性を識別する点で重要性がない場合は，それらは消費者行動を特定し，分析するのに用いることはできない。もしこれらの変数が存在するとしても，それが検出ないし推測できない場合は，それらをこのモデルに使用することはできない。最後に，変数の中には部分的に互いを補強しあうものがあるかもしれないけれど，異なった変数は文化の異なった側面を表すべきであり，その多種多様な側面を表すものであるべきである。それにより，そこで考慮されているすべての変数が一体となって，当該文化のまとまった全体像を描けるようでなければならない。さらに，類似した得点を有する市場は，国際市場を細分化する場合に，クラスター化を図ることが可能である[2]。図表5-3は，消費者行動を環境的・文化的観点から数量化する場合の予備的計測法である。もし環境的・文化的要因が，明らかに消費者行動に関する根本的な決定要因であるという前提条件が受け入れられるなら，国際マーケティングの担当者は，これらの要因を測定することにより，国際マーケティングの計画をそれに応じて企画し調整することができるであろう。図表5-3に提示された19の変数について，以下に概説することにしよう。図表5-3に示す変数は，必ずしも完全なものではないということを強調しておかなければならない[3]。他のやり方もありう

図表5-3 国際的消費者行動に関する計測法開発のための文化的要因指標

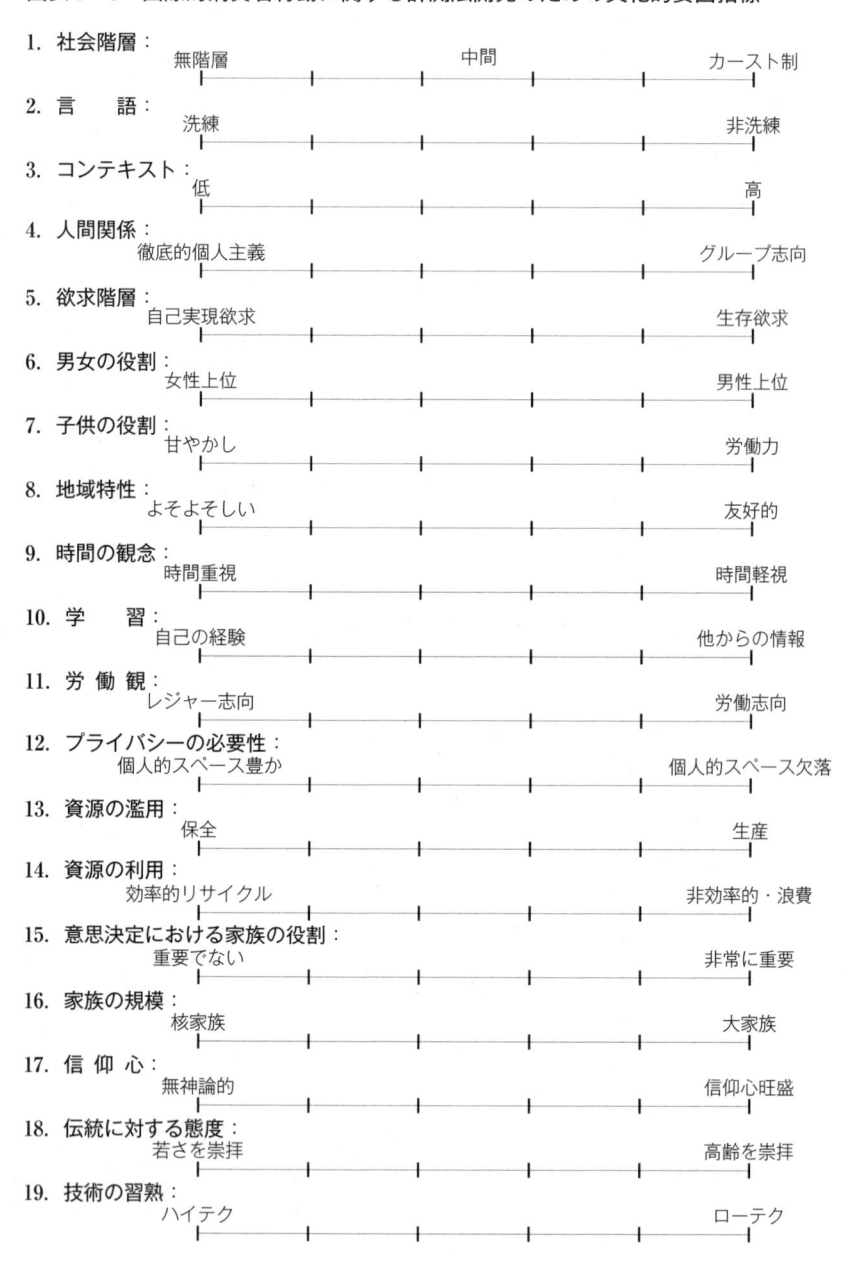

1. 社会階層： 無階層 ─── 中間 ─── カースト制
2. 言　　語： 洗練 ─────────── 非洗練
3. コンテキスト： 低 ─────────── 高
4. 人間関係： 徹底的個人主義 ─────── グループ志向
5. 欲求階層： 自己実現欲求 ─────── 生存欲求
6. 男女の役割： 女性上位 ─────── 男性上位
7. 子供の役割： 甘やかし ─────── 労働力
8. 地域特性： よそよそしい ─────── 友好的
9. 時間の観念： 時間重視 ─────── 時間軽視
10. 学　　習： 自己の経験 ─────── 他からの情報
11. 労 働 観： レジャー志向 ─────── 労働志向
12. プライバシーの必要性： 個人的スペース豊か ─── 個人的スペース欠落
13. 資源の濫用： 保全 ─────── 生産
14. 資源の利用： 効率的リサイクル ─── 非効率的・浪費
15. 意思決定における家族の役割： 重要でない ─── 非常に重要
16. 家族の規模： 核家族 ─────── 大家族
17. 信 仰 心： 無神論的 ─────── 信仰心旺盛
18. 伝統に対する態度： 若さを崇拝 ─────── 高齢を崇拝
19. 技術の習熟： ハイテク ─────── ローテク

るが，この図表は少なくともその出発点となるであろう。将来，実際に調査することにより，これらの変数すべてが，要因として必ずしも同水準にあるわけではないということ，および，変数の中には，計測の有効性を損なうことなく，省略できるものがあるということが分かるであろう。本書の中では，第3章や4章に示す要因の多くが当モデルに含まれており，それゆえにこの章でもそれらが手短かに述べられているということに気付かれるであろう。そうしたのは，これらの変数の特徴を強調するためである。

社会階層

　社会階層は，ほぼ定義どおりに捉えると，階層に応じて消費者行動パターンを区別するものである（マーティノー Martineau 1958; ワーナー Warner 1968）。このことはある程度，階層間に存在する経済的豊かさの差によるものであるが，その他に，家庭内の伝統とかグループの価値観のような影響要因も存在する（タープストラとデイビッド 1985）。もし社会が，スカンジナビア諸国や日本のように，相対的にみて社会階層が存在しない場合は，そのような社会でのマス・マーケティングはかなり実現可能となる。

言語

　言葉は社会における最も重要なコミュニケーション手段である。書き言葉や話し言葉の特性を知っていると，国際マーケティング担当者としては消費者との意思疎通を有効に展開することができるであろう。さらに，市場で用いられる言語の特性を理解していると，消費者特性と消費者行動を明確にすることができるようになる（ザルトマン Zaltman, 1965）。例えば，ルーマニアの言葉が詩的であればあるほど，そのことは当地の消費者が，ブルガリアの市民よりも親切でおとなしい集団であることを表していると，仮定することができるであろう[4]。

コンテキスト

　コンテキストの高低二分法は，ホール（1976）によって開発された。この概念は，特定の型の消費者行動を示すものである。高コンテキスト文化にお

いては，非言語コミュニケーションや，ビジネスは知り合いと行うことを好む傾向とか，取引を開始する前に行う儀式が重視され，時間はあまり気にされず，契約のような形式ばった同意書などは軽視され，非公式的で人間的な同意とか，ゆったりすることの方が，より重視されるのである。

人間関係

社会が個人志向であるか，グループ志向であるかは，消費者行動に関して重要な差異をもたらすものである。個人主義的社会においては，アメリカ市民のように他の人々と競争している個人に向けて，マーケティングが仕向けられるのに対し，グループ志向の社会では，個人はグループによって影響を受けるのである。日本や，日本に類似する他の多くの国々においては，グループの豊かさに対して最適化を図ることが，個人のそれに対するよりも大切なのである。

欲求階層

マズロー（Maslow 1964）の欲求5段階説が導入され，マーケティング学者に受け入れられて以来，消費者欲求の階層概念は広く受け入れられることとなった。しかしながらこの概念は，国際マーケティングにおいて広く起用されることはなかった。著者は，この概念は国内マーケティングよりも，国際マーケティングにとってよりうまく適用できるものであると考えている[5]。もし社会が万一，全体として自己実現段階に到達しているとするなら，収集品や，レジャー，文化的活動，さらには教育に重点を置くような，特定の行動様式を期待するようになるであろう。これらやその他の事柄を優先するため，消費行動は直接的・間接的に影響を受けるのである。同様に，生存欲求レベルの社会においては，とりわけ非耐久消費財や，食品，衣類，医薬品といった基本的欲求を満たす商品に主たる重点が置かれる。

男女の役割

社会における男女の役割は，多くの点で消費者行動や，購買パターンに影響する。もし女性が，社会でより重要な地位についているならば，彼女たち

のニーズを満たす商品があるであろう。例えば，もし専門職についている女性が多く存在するなら，出来合いの食べものや，既製服や，他の同様な商品が，専門職婦人の活動を推進するべく，もっと多く存在しているであろう。消費パターンに加え，それぞれの消費に至るまでの意思決定過程もまた，かなり異なっている。購入のための意思決定は，主として女性によってなされるであろう。しかしながら，世界の多くの国において女性は，これまでのところ支配的な機会，すなわち男性よりも支配的な機会を与えられていないのである。

子供の役割

子供は，直接的・間接的に重要な市場である。もし子供が好き勝手に振る舞うことを許されるなら，子供市場は経済社会において直接的に重要な役割を果たすことになるであろう。そのような場合，趣味，子供の娯楽，多くのさまざまな型の一時的流行，子供に特有のファッション，髪型，そして実にさまざまでユニークな玩具といった特殊市場を合計すると，一大市場となる。途上国においては，子供達は働いており，彼らのニーズはほとんど，大人のニーズの延長線上にあるのである。

地域特性

地域特性とは，人々がどのようにお互いに関わり合うか，ということであると解釈できる。世界のさまざまな国において，人々のお互いに対する関係は異なる。その相違は単純に，友好的か，よそよそしいかに二極化したスペクトルで表すことができる。リースマンと彼の同僚（Riesman and colleagues 1953）が主張するように，内面志向を奨励する文化圏においては，他人に対し，よそよそしさが生み出されるようである。家族構成が，大家族から核家族，そして単身家庭へと変化することもまた，他人と親しく関わりあうことよりも，よそよそしさを生み出すようである。ある意味でこの要素は，既に述べた対人関係と呼応している。消費パターンはこの友好・非友好の別によって，直接的・間接的に影響を受けるものである。購入される商品，ならびに購買行動は，友好を好む国から，よそよそしさを好む国へ移る場合，か

なり変化するであろう。

時間の観念

　主として先進工業国においては，時間が重要視される。他方，発展途上国の中には，時間はそれほど重要視されないところがある。実際，より原始的な社会においては，時間の観念がほとんど存在しないのである（ザルトマン 1965）。時間に関する相対的重要性は，購買行動に対するのと同様に製品の特性に対しても直接的なインパクトを有する。もし時間が重要であるなら，消費者は電動工具や電気缶切りのような時間効率の良い製品を購入するであろう。さらに，時間を意識することは，取引や消費者行動を簡単に変えてしまうであろう。小売業に関する文献の中で，（健康などには）無関心で経済観念の発達した消費者と呼ばれるのは，時間を非常に気にするタイプの消費者かもしれない。このようなタイプの消費者は，アメリカにおける最近のファストフード店の急増に対して，大きな役割を果たしてきた。もし時間があまり重要でないならば，製品には異なった特性が求められる。例えば，第三世界における農業機械は，アメリカ式の効率すなわち時間効率の概念に基づいて作られることはない。それらは，低コストで，燃費がよく，動きの遅いものであるだろう（ホール 1959；タープストラとデイビッド 1985）。

学習

　学習とは，経験的にみて，消費者個人が探索・比較・分析を通じて個別に意思決定することに興味を有すること，を意味するであろう。小売分野におけるこの行動は，「行動志向」と呼ばれる（サムリ 1989）。もし学習が指示的である場合は，消費者行動は他人からのアドバイス，提案，そして意見への依存に基づく傾向が強くなるであろう。そのことは，オピニオン・リーダーに大きく依存する傾向が強くなることを示している。

労働観

　もし仕事観が，仕事よりもレジャーに近いものであるなら，消費者の需要は，勤勉志向という価値体系とはかなり別個のものになるであろう。レ

ジャー志向は，遊び，趣味，娯楽関連の製品やサービスをもたらすであろう。それは，これらの機能（遊び，趣味，娯楽）に対して，より重視するものである。かくて，何を大きく重視しているか，いないかということは感受できるであろう。仕事志向とは，本質的要素をより重視することだけでなく，より高水準の生産性の達成を意味する。相対的に述べるなら，サービスや余暇活動は重要視されないのである。日本語の「過労死」は働きすぎて死ぬことを意味する。北アメリカの人々にとって，この独特の概念を理解することはやや困難である。

プライバシーの必要性

この概念が意味するものは，主として個人性とか，一般によく使われる用語，「プライベート・バブル」と関連している。この概念はまた，個人のスペースとか個人的距離の意味合いで論じられている（ホフステード Hofstead 1980）。個人的人間となり，プライバシーを有することは，先進国により密接に関係した概念である（ザルトマン 1965）。このような意味合いのプライバシーの下で，デオドラント，口腔洗浄液，および肌や髪の手入れ商品の出現を見ると共に，家族全員がそれぞれ個室を有し，各部屋が各自の家具・備品を備えるようになったのである。繰り返しになるが，人が個人的スペースに欠ける社会から，個人的スペースがふんだんにある社会に移った場合，その購買行動は変わることになるであろう。前者においては，消費者は他人との交流が多くなり，購入者は多くの人によって影響されるであろうが，後者においては，人々は一人で主体的に買物をすることになるであろう。

資源の濫用

何年も前になるが，ザルトマン（1965, 13）は次のように明言した。「すべての人工的素材や，素材以外の商品は，人間の，環境を物理的・心理的に濫用する能力である」。資源の濫用は，これまで西側諸国が行ってきたような生産志向一辺倒の形態をとる。しかしながら世界の先進工業国は，時には懸命に，地球環境の保全と改善の必要性について学習しつつある。環境保全を重視する社会は異なったタイプの製品を製造する。また消費者の購買行動

も，もし彼らが資源や環境に価値を置くなら，異なったものになるようである。彼らはリサイクル店や，環境に優しい製品や材料を用いる施設（事業所や会社等）によく行くのである。

新興国においては依然として，より高レベルの生産性が重視されており，そのことが次に，生産される製品や消費者の購買行動に影響を与えているのである。

資源の利用

資源の濫用とかなり密接に関わっているが，資源の利用とはリサイクリングとか，浪費の抑制のことを指す。多くの先進工業国はリサイクリングに関して熟達しつつあるが，北アメリカは依然として日本や西欧に遅れをとっている。リサイクリングを強調することは，より無駄がなく，よりリサイクルできる製品の生産を強要することになる。消費者行動には，無駄を削減する努力と，無駄のない製品を愛用することを求めることになる。

意思決定における家族の役割

西洋においては，家族は小規模で核家族化している。典型的には，家族が小規模であればあるほど，その構成員の，家族向け商品の購入に対する全般的な意思決定に対する影響力は少なくなる。第三世界や途上国の拡大家族とは異なり，西洋の小規模家族は個人主義ならびに個人による意思決定を奨励する。したがって，仲間，広告，その他のプロモーション活動のような外部からの影響力は，家族の構成員よりも影響力を有する傾向にある。他方，例えば中国においては，ものを購入する場合は，毎回，家族の中の長老の意思決定が必要になるのである。

家族の規模

家族の役割と密接に関わるが，家族の規模がどれくらいかということは，消費パターンと消費者行動に関して重要な役割を果たすのである。家族が多ければ多いほど，購買総額に対する，非耐久消費財と基本的生活必需品への集中度が，より大きくなる。このことは家族の収入と豊かさによってまちま

ちであるが，拡大家族の形態で複数の家族が暮らす場合は，家族単位ごとに冷蔵庫や，オーブンや，他の家庭単位の大型電化製品を所有することはないようである。

信仰心

宗教と信仰心は，消費パターンのみならず，購買行動や製品に対する好みに対し，強力なインパクトを有する。しかしながら，間接的なインパクトについても考慮されなければならない。非常に信仰心の強い社会においては，やや伝統志向的であるかもしれない（リースマン，グレイザーおよびデニー Riesman, Glazer, and Denny 1953）。伝統志向は製品やサービスに対する選好を制限し，旧来の問題に対する，新しくて革新的な解決策について制限を加えるようである。

伝統に対する態度

多くの伝統的社会においては，敬老の精神が広く行き渡っている。この特定要素は信仰心と密接な関係がある。よりダイナミックで発達した社会においては，老人よりも若者を重んじる。かくて，北アメリカや西欧のような工業国家に見られる消費行動や，製品に対する選好は，若さとダイナミック性を重視する。このような社会では，製品や，ファッションや，態度，そして価値観に関してさえ，新しくて異なったものを受容する傾向にある。

技術の習熟

技術の習熟とは，新技術を吸収したり，生み出したりする，その国の能力のことを言う。もしその国が新技術の進展に対して開放的でそれを取り込むことができるなら，国民も同様の行動パターンをとるであろう（サムリ 1985）。消費者はよりハイテクな製品を買おうとするだけではなく，新製品を快く試してみる傾向にある。すなわち彼らは，ローテク製品の生産国の消費者と異なり，極端な製品とか極端な概念を快く試してみるものである。

図表5-4　文化的要因行動に基づく消費者グループの3類型

第1グループ	第2グループ	第3グループ
マスメディア，特に印刷媒体と，コミュニケーションを重視	マスメディアをある程度，対人コミュニケーションもある程度起用	コミュニケーションにおける人的相互関係を重視。また，非言語コミュニケーションも重視
個性の尊重	いくつかの選ばれた集団を尊重	集団を尊重
女性と若者を特に重要視	女性と若者を重要視するが，男性と年配者を時折，もっと重視	男性と年配者を特に重視
時間をより重視	時間を時折重視	時間をさほど重視しない
経験して学ぶことを好む	経験豊かな人から学ぶことを好むが，実験することも好む	教養ある人（オピニオン・リーダー）から学ぶことを好む
突飛なレジャー製品に関心	たまに突飛な製品が面白いと思う	より控えめな商品に興味を持ち，資源の効率性を好む
ハイテクを特に尊重	ハイテクとローテクの両方を重視	ローテク製品で満足

国際的消費者行動の指標

　以上提示した19の変数に基づき，指標を構築することができる。この指標は，特定の国際的消費者行動パターンを明らかにするのに役立つものである。指標の得点は国別の文化的要因得点に基づく行動パターンを示すものである。例えば，19～30点の国は，得点が80～95点の国とはかなり異なっている。このような理由付けに基づき，3種類の国際的消費者行動パターンを描くことができる（図表5-4参照）。

図表5-5　市場としてのアメリカ，日本，トルコの評点

	アメリカ	トルコ	日本
1. 社会階層	2	4	3
2. 言語	2	3	2
3. コンテキスト	3	5	5
4. 人間関係	1	4	5
5. 欲求階層	2	4	3
6. 男女の役割	3	2	1
7. 子供の役割	1	3	1
8. 地域特性	2	3	2
9. 時間の観念	1	4	1
10. 学習	1	5	3
11. 労働観	2	3	1
12. プライバシーの必要性	1	5	4
13. 資源の濫用	4	3	1
14. 資源の利用	4	5	3
15. 意思決定における家族の役割	3	2	2
16. 家族の規模	1	3	1
17. 信仰心	2	3	2
18. 伝統に対する態度	2	3	4
19. 技術の習熟	2	4	2
	39	68	46

　この図表は，スペクトルの中の2つの極端例における行動パターンを示すだけでなく，中間に位置するパターンをも示している。中間に位置する行動パターンの得点は，およそ50～65点あたりになる。みられるように，これらの行動パターンは，特定のマーケティング・プランに対して，ほとんど直接的に照応する。換言すると，消費者行動に関して提供される情報は，有効なマーケティング・プランの開発に資するであろう。

　図表5-5は，3つの異なった国，すなわち，アメリカ，日本，トルコ，の文化的側面を用いることにより，図表5-4の試用法を描いたものである。これら3ヵ国に対する得点付けを行うに当たり，著者自身の知識と判断力を

用いたことをご理解願いたい[6]。実際は,それぞれの国に対する得点付けを行う場合,多分,体系的なデルファイ手法を用いることが必要であろう。その分析結果によると,日本(46点)は,アメリカ(39点)[7]とはかなり異なり,そのアメリカはトルコ(68点)とは大きく異なることが分かる。一般的に見て,アメリカのマーケティングの手法は,図表5-4の第1グループに密接に関係しているのに対し,日本のそれは第2グループにやや近い。トルコにおいては,マーケティングの展開は第2と,第3グループの混合型であるようだ。ただし,この演習は断定的というよりも例証的なものであることを,ここで強調しておかなければならない。

世界の市場は,ここに提示されたものと類似する技法を用いることによってグループ化を図ることができるであろう。その得点に応じて,それぞれの市場すなわち国に対する,さまざまなマーケティング戦略や,マーケティング・プログラムが存在することになるであろう。そのマーケティング戦略やプログラムは,さらなる調整を必要とするであろうが,当該国際企業は,少なくとも特定の一般的マーケティング戦略の案を用いて,それぞれの国家グループ,ないし国に参入する方法を得るであろう。かくて,ここに提示された技法は,企業が,それぞれのグループにおける消費者行動に対して,マーケティング活動を調整することを可能にするものである。もし同一得点グループに属する国々やグループが,それ以上の独特の相違点を有する場合は,これらの活動に更なる修正を加えることができる。

要　約

この章では,国際的消費者行動モデルの構築を試みた。このモデルを使用することにより,国際企業は彼らの市場がよりよく理解でき,そのマーケティング戦略をより有効に構築することができるであろう。そのように注意深く開発されたマーケティング戦略は,その市場内の消費者のみならず,当該企業に対しても,より良い結果をもたらすであろう。

この章で構築された消費者行動は,環境的・文化的要因に焦点を当て,文化が人格を形成し,そのことが次に,消費者行動を修正するというウォレス

の理論について詳しく論述したものである。このモデルを試用する方法の一案を提示した。このモデルを試してみる場合，消費者行動パターンが予測できるという便利さは重要なことである。19項目の変数が特定され，この行動モデルの有用性について論じてきたが，同じ目的のために使用できるより良い変数が他にもありうる。この分野については，更なる研究調査が必要であるだろう。

　当モデルは，国別市場の相違点をテストできるように組み立てられているが，それを地域市場の相違点を見つけ出すのに用いることも容易である。しかしながらそのような場合には，別の，あるいは追加的な要素を用いることを要するであろう。

　本章の当モデルを試用することは，環境的・文化的要素に基づく得点手法であるとして提示されているが，当モデルの試用には，別の方法がいくつか存在する。国際マーケティングの意思決定には，当モデルを別の形で試用する方が，より使い勝手がいいと考えられる。つまり，このモデルはパーソナリティのレベルで試用することができるのである。異なった地域で一般化しているパーソナリティの相違が明らかになれば，国際マーケティング担当者は，そのような相違点にうまく適合できるようになるであろう。同様に，当モデルは購買行動レベルで試用することもできる。繰り返しになるが，異なった市場での購買行動に見られる重要な相違点が明らかになれば，有効な国際競争力の構築に役立つであろう。最後に当モデルは，台頭しつつある新しい価値観や行動レベルで試用することができる。ここで示唆するものが一つある。それは文化の中には，他の文化よりも早く変化するものがあるということである。これが事実かどうかということと，文化を変遷させるものは何かということを見出すことは，とても有用なことである。もちろん，文化の変化速度および，文化の変化と消費者行動の変化の時間的ずれを見極めることが必要である。

　この章で提示されている基本モデルは，以降の章で新しい概念が加味されるにつれて，一連の校訂や改定を経るものであることを，繰り返し指摘しておくことにする。現在のところ，このモデルに関してそのような追補や改定を行うための努力は，公には行われていない。

注

著者は，私に代わって立派な調査研究を行い，その文章化に際し，ずっと著者とのやりとりを通じて，この章の粗原稿の執筆に取り掛かってくれた2人の大学院生，タミア・バッキンガム嬢（Tamia Buckingham）とポール・ムーア君（Paul Moore）に対し，感謝の意を表明したい。この章は，拙著 "Toward A Model of International Consumer Behavior: Key Considerations and Research Avenues" というタイトルで，*Journal of International Consumer Marketing* に掲載された論文に手を加えたものである。

1) ここで「部分的に」という語が使用されているのは，変動要因や，それらの影響力，およびそれらがもたらす結果を，完全に分離することは不可能であるからである。変動要因が相互に作用しあい，一体となった新たなインパクトを生み出す可能性が常に存在するのである。
2) 著者が主張したいことは，総合得点が同じである場合，異なった市場間に非常に大きな類似性があることを基本的に示すものであるということである。
3) この時点では，マーケティング担当者が，異なった市場における国際的消費者行動をより正確に評価するために，これらの変動要因に優先順位をつけることができるような調査研究は，著者が知る限り存在しない。このことは，国際的消費者行動の分野における最も重要な将来の研究方法の一つであるかもしれない。
4) 残念ながら，著者の知る限りでは，この仮説に対する検証を試みる研究は存在しない。本書における所見のほとんどは，著者が世界の多くの国々で経験してきたことに基づくものである。
5) この意見は著者がこれから研究調査を行おうとしているもののいくつかについて述べたものである。
6) しかしながら，著者の判断は，これら3種類の文化圏すべてについてかなり良く精通しているもう3人の同僚によって補強されたものである。両グループに対する判断の結果はかなり類似したものであった。図表5-5はこれら6種類の評価基準の平均値に基づくものである。
7) アメリカと日本との間における得点の相違もまた重要であると考えられる。合計46ポイントに対する7ポイントの相違は，15％以上に相当するからである。

参考文献

Boddewyn, Jean. 1981. "Comparative Marketing: The First Twenty-Five Years," *Journal of Business Studies* (Spring/Summer): 72-83.

Cateora, Philip R. 1990. *International Marketing*. Homewood, IL: Richard D. Irwin, Inc.

Claiborne, C. B., and A. Coskun Samli. 1987b. "Some Observations on Japanese Retailing Strategies." In *Development in Marketing Science* X, edited by M. Howes and G. B. Glison, 165-170. Miami: Academy of Marketing Science.

Douglas, M., and B. Isherwood. 1979. *The World of Goods*. New York: Basic Books.

Douglas, Susan P., and Yoram Wind. 1987. "The Myth of Globalization." *Columbia Journal of World Business* (Winter): 19-29.

Engel, James T., Roger D. Blackwell, and Paul W. Miniard. 1990. *Consumer Behavior*.

Hinsdale, IL : Dryden Press.
Green, R. T., I. C. M. Cunningham, and W. H. Cunningham. 1975. "The Effectiveness of Standardized Global Advertising." *Journal of Advertising* 4 (3) : 25-30.
Hall, Edward T. 1976. *Beyond Culture*. Garden City, NY : Anchor Press/Doubleday. (安西徹雄訳『文化を超えて』研究社出版, 2003 年)
―. 1959. *The Silent Language*. New York : Doubleday & Co.
Henry, W. A. 1976. "Cultural Values Do Correlate with Consumer Behavior." *Journal of Marketing Research* (May) : 121-127.
Hofstede, Geert. 1980. *Culture's Consequences : International Differences in Work-Related Issues*. Beverly Hills, CA : Sage.
Hoover, R. J., R. T. Green, and J. Saegert. 1978. "A Cross-National Study of Perceived Risk." *Journal of Marketing* (July) : 102-108.
Howard, John. 1989. *Consumer Behavior in Marketing Strategy*. Englewood Cliffs, NJ : Prentice Hall.
Huszagh, Sandra. M. 1986. "Global Marketing : An Empirical Investigation." *Columbia Journal of World Business* (November) : 31-43.
Levitt, Theodore. 1983. " The Globalization of Markets. " *Harvard Business Review* (May-June) : 7-8.
MacGregor, Robert. 1983. In *World Marketing Congress Proceedings*, edited by E. Kaynek, 270-280. Miami : Academy of Marketing Science.
Martineau, Pierre. 1958. "Social Classes and Spending Behavior." *Journal of Marketing* (October) : 118-124.
Maslow, A. H. 1964. " A Theory of Human Motivation. " In *Readings in Managerial Psychology*, edited by H. J. Leavitt and L. R. Pond, 6-25. Chicago : University of Chicago Press.
Nicosia, Francesco M. 1966. *Consumer Decision Process*. Englewood Cliffs, NJ : Free Press. (野中郁次郎・羽路駒次訳『消費者の意思決定過程』東洋経済新報社, 1979 年)
Nwachukwu, Saviour L., and Rajiv P. Dant. 1990. "Consumer Culture in Developing Economies : Is It Really So Different?" In *Developments in Marketing Science XII*, edited by B. J. Dunlap, 35-40. Miami : Academy of Marketing Science.
Ohmae, Kenichi. 1983. *The Mind of the Strategist*. New York : Penguin Books. (田口統吾・湯沢章伍訳『ストラテジック・マインド――変革期の企業戦略――』プレジデント社, 1984 年)
Porter, Michael E. 1986. "Changing Patterns of International Competition." *California Management Review* (Winter) : 10-40.
Riesman, David, Nathan, Glazer, and Reuel Denney. 1953. *The Lonely Crowd*. New York : Doubleday. (加藤秀俊訳『孤独な群衆』みすず書房, 1965 年)
Samli, A. Coskun. 1989. *Retail Marketing Strategy*. Westport, CT : Quorum Books.
―. 1985. *Technology Transfer*. Westport, CT : Quorum Books.

Samli, A. Coskun, Laurence Jacobs, and Kyung-Il Ghymn. 1990. "Diffusion of Innovation in Four Different Cultures." An unpublished position paper.

Sheth, Jagdish N. 1972. "A Conceptual Model of Long Range Multinational Marketing Planning." *Management International Review* 3, 4-5.

Stayman, Douglas M., and Rohit Deshpande. 1989. "Situational Ethnicity and Consumer Behavior." *Journal of Consumer Research* (December): 361-371.

Terpstra, Vern, and Kenneth David. 1985. *The Cultural Environment of International Business*. Cincinnati, OH: South-Western Publishing Co.

Wadia, M. S. 1975. "The Concept of Culture in the Analysis of Consumers." In *Multinational Marketing: Dimensions in Strategy*, edited by J. C. Baker and J. K. Ryns. Columbus, OH: Grid, Inc.

Wallace, A. F. C. 1964. *Culture and Personality*. New York: Random House.

Walters, Glenn. 1988. *Consumer Behavior Theory and Practice*. Homewood, IL: Richard D. Irwin, Inc.

Warner, W. L., Marcia Meeker, and Kenneth Eells. 1960. *Social Class in America*. New York: Harper & Brothers.

Wills, James R., A. Coskun Samli, and Laurence Jacobs. 1961. "Developing International Product and Marketing Strategies." *Journal of Academy of Marketing Science* (November): 1-10.

Wilson, G. 1968. *The Analysis of Social Change*. Cambridge, England: University Press.

Wind, Yoram. 1986. "The Myth of Globalization." *The Journal of Consumer Marketing* (Spring): 23-37.

Zaltman, Gerald. 1965. *Marketing: Contributions from the Behavioral Sciences*. New York: Harcourt, Brace and World. (広瀬芳弘・来住元郎訳『行動科学とマーケティング』好学社, 1971年)

第6章

消費者行動における社会階級と欲求階層

　本書のこれまでの5章で，我々は文化と個人について議論した。我々は，消費者は個人主義的になり，認知的ないし感情的な力によって影響を受け，それに応じて消費者として行動することができると主張してきた。同様に，我々はまた，集団主義的な文化の概念を紹介し，人々が，家族，村あるいは他の種類の文化的サブグループといったグループによって影響を受けるか，あるいは彼らは，社会階級や他の同様の階層を有する西洋や北アメリカの個人主義的な社会の文化によって影響を受けると述べた。このことは，個人主義的な消費者行動に影響を及ぼす社会集団が存在するという方向で述べられている。したがって，第5章で提示された消費者行動モデルは社会階級，ないし欲求階層，あるいはその両方によって修正される必要がある。サムリ，ウィルキンソンおよびムッチェラー（Samli, Wilkinson, and Mutscheller 1990）は，他の製品はグローバルになっている一方で，いくつかの製品は地域に固有なままであると述べた。彼らは，マズロー（マズロー Maslow 1987；ウェルズとビアード Wells and Beard 1973）の欲求階層理論を用いて，この現象について説明した。この試論は，マズローの階層モデルが，アメリカの現象のみではないことを示唆したものである。それは世界市場においても当てはまるかもしれない。世界市場が欲求階層の視点から分析されるならば，それが達した最高水準の階層によってそれぞれの市場を特定することが可能になるであろう。これらの市場においては，もしマズローの階層モデルが国際市場を査定する目的で系統的に利用されるならば，ある商品やサービスに対する

将来の需要を予測することが可能になるであろう。

本章では、マズローの階層モデルに基づいた欲求に関する国際的理論を展開する試みがなされる。この理論は、国際市場と近い将来に起こるであろうその変化を理解する際に重要な貢献をすることができるだろう。そのような理論を構築するために、マズローの理論がアメリカのような特定の文化に固有の現象ではないことを明確にすることが特に重要である。マズローの階層モデルのグローバルな理論化への準備段階として、まず後者について取り扱わなくてはならない。

グローバル製品 対 地域的製品

サムリら (1990) は、地域的製品がグローバルになる場合の条件について調査した。多くの製品が極めてローカルで特定のニーズを満たすために開発されている。しかしながら、そのうちに、これらの多くはグローバルになる。そのことはこれらが世界中で求められ消費されるようになることを示している。

グローバル化する製品は世界中のさまざまな国民に共通の特定のニーズにアピールするものである。しかしながら、すべての製品がグローバル化するとは限らないであろう。更に、市場は、満たされるべきユニークなニーズを有するようである。ある製品がどのようにして、なぜグローバル化するのか、一方、あるものはローカルなままでいるのかについて理解することは重要である。なぜ、そしてどのようにして、ある市場が彼らのユニークなニーズのために地域的製品を必要とするかを理解することも同様に重要である。

近年、国際マーケティングにおける重要な傾向として、世界市場がグローバル化していると考える動きがあった。もしこれが正しいとするなら、マーケターは、より一層一様になっている世界市場のニーズに応えるために、製品とマーケティング活動を標準化するであろう。この考え方はマーケティング担当者および学者の両方でかなり普及してるが、(レヴィット Levitt 1983a；レヴィット Levitt 1983b；ヌヴァチュクとダント Nwachukwu and Dant 1990)、さらに、それは同様の領域の人々の間で強い反対を引き起こした

（ウインド Wind 1986；ポーター Porter 1986）。反対者は，そのような単純かつ単一の方法で世界を見ることはできないと主張しているのである。それぞれの国はそれ自身の特性を持っている（大前 Ohmae 1983）。また，多くの国々には多種類の市場があり，それぞれはお互いに全く異なっているものである。したがって，多くの企業は，彼らの全般的なマーケティング活動をグローバル化・標準化する代わりに，大前（1983）が名付けたようにマルチローカル化（多極化）し，あらゆる市場のそれぞれの特色に応じてマーケティング活動を調節するであろう。多くの世界市場は非常に多様化し，小規模化しているので，それらの特性を理解し，それらのニーズに応えることは，多極化していることを意味するのである。したがって，多くの企業は世界市場の相違点に注意を払い，また，それらの違いに応えることによって，彼らは競争的優位性を確立しているのである。世界市場間の違いを注意深く分析し理解することは，したがって，国際マーケティング戦略の最も重大な要素となるであろう。異なる世界市場間の類似性を確立しようとする近年の多くの試みと異なり（ヌヴァチュクとダント 1990），本章は，世界市場間の違いを明らかにするための分析を提示する。この試みにおいて，マズローの欲求階層理論が重要なツールとして用いられる。その違いがいったん理解されると，国際マーケティングはこれらの特性に有効に対応することができるのである。

マズローの欲求階層理論

エイブラハム・マズローは1954年に欲求階層理論を発表した（オネドウ Onedo 1991）。特にこの理論は，マーケティング界に広く受け入れられてきた。しかしながら，それを国際的に適用する試みはたとえあったとしても，ほとんどなされてこなかった。マズローの階層モデルが，国際的な場面において該当するかどうかを理解する一般的な他の試みによって，すべての社会において，より低いレベルの欲求が満たされるにつれ，より高いレベルの欲求がより支配的になることが明らかになった。このことは社会階層のすべての段階に当てはまるのである。しかしながら，文化の相違性と，重要度に応

図表6-1　マズローの欲求階層理論

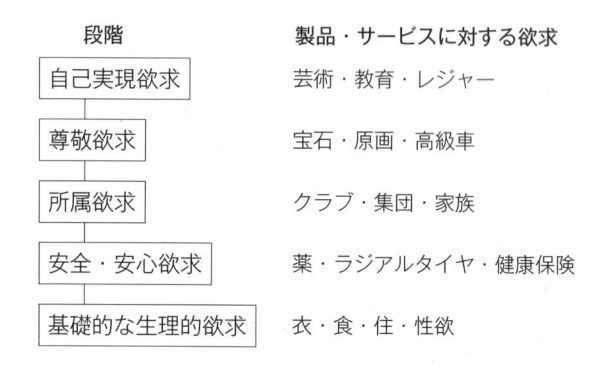

段階	製品・サービスに対する欲求
自己実現欲求	芸術・教育・レジャー
尊敬欲求	宝石・原画・高級車
所属欲求	クラブ・集団・家族
安全・安心欲求	薬・ラジアルタイヤ・健康保険
基礎的な生理的欲求	衣・食・住・性欲

じた経済の発展段階の相違はマズローの階層カテゴリーと結びついていた（オネドゥ 1991）。

　基本的に，マーケティングの観点からすると，マズローの階層モデルは文化に特有なもので，特にアメリカの文化に固有のものであると考えられてきた。その理由は，アメリカのようなほんの少数の社会のみが，マズローの階層モデルの各段階を通じて，自己実現段階に達しているからである。図表6-1は階層を示すもので，社会が階層の中のあるレベルに達するにつれ，社会が要求したり求めたりする製品をいくつか示すものである。この階層については，より多くの議論が第11章で提示される。

　階層モデルは，ある社会における経済の発展レベルや，文化および社会心理学と関係がある。確かに，あるレベルの経済発展に到達していなければ，消費者グループが高価な自動車および他の贅沢品を考慮することは可能ではない。しかしながら，いくつかの文化圏では，贅沢品に対する欲求があまり大きくないのである。「私」ではなく「私たち」を強調する文化は，あるレベルの階層で求められる製品およびサービスを変えるかもしれない（ボークとブリスリン Bhawuk and Brislin 1992）。個人主義の社会（私）では，人々は自分の欲求について決定するかもしれないが，集団主義的な社会（私たち）では，そのような決定はグループによって下されるものである。したがって，たとえ経済発展の水準が非常に類似していても，消費パターンは，社会

の2つのグループの間で顕著に異なるのである。更に，ある市場は特定のレベルの階層にとどまっているのに，別の市場はより高いレベルに速く近づくような社会心理にあることがある。私たちはそれがどの段階にあるかを知っていれば，市場が階層のなかにある特定段階にいる理由を知らなくとも，商品やサービスのための現在と短期のニーズや欲求を推測することができる。基本的に，社会がマズローの階層モデルのどの段階にあるのかが分かっていると，特定の商品・サービスに対する市場の受け入れの度合いを判断するのに役立つであろう。特定の商品・サービスに対する市場の側の受け入れの度合いを知ることは，国際マーケティングにおいては重要な第一歩である。

　世界市場にマズローの階層モデルを適用する場合における主な問題は，世界市場が，階層の段階のすべてを経験するかどうかという問題を巡って展開される。この場合における唯一の合理的な仮定は，市場がある特定の段階にある場合，やがて，次の段階に向かってそれが移動するという機会が十分あるということである。しかしながら，市場は，どれくらい速く次の段階に移るのであろうかということ，また，それが，次の段階の商品・サービスのためにどれくらい受け入れの用意ができているかということが，依然として検討される必要がある。

　特に自己実現に関する特定の分野で，マズローの階層モデルが国際市場に適用可能であるという仮定についてさらに議論する必要がある。これは本来の階層論で最も高い段階であるが，著者は自己実現が「心の状態」であると主張するものである。この概念が受け入れられ，それをその他の階層から区分することができるであろう。自己実現が心の状態として，議論されるので，いくつかの国においては自己実現は階層の初期段階で起こるかもしれない。例えば，トルコにおける，下流中層クラスの女性を考慮してみよう。彼女は，かろうじて基礎的な生理的欲求段階を越えて彼女の家族を養なっていること，および彼女の子供たちがよい境遇にいてよく教育されているのを見ることにより，自己実現を図ることができるのである。彼女は自分のためにはほとんど何も望まず，彼女の子どもたちの身代わりとして生き抜くかもしれない。しかし，このシナリオ全体は自己実現に関する一つの文化的形態なのである。

著者はいくつかの文化圏においては，基礎的な生理的欲求が満たされた直後に自己実現が来る場合があると主張するものである。他の文化圏では，いったん安全・安定の欲求が満たされれば，自己実現が始まったりするのである。しかし，別の状況下では，帰属意識と社会的ニーズが満たされた後に，自己実現が起こる。最後に，他の文化圏では，もし尊敬欲求が満たされなければ，自己実現は実現しない。

したがって，国際市場を分析する際に，マズローの階層モデルにおける自己実現の側面だけは順序からはずれるようである。階層中の段階というよりは心の状態を表すものなので，それはすべての段階において起こりうるものなのである。マズローの階層モデルの他のすべての段階はすべての社会の中に存在するだろう。しかしながら，これらの階層レベルに該当する人口の相対的なサイズは全く異なる。さらに，アメリカの社会では，かなりの割合の人々が尊敬欲求を満たそうとしているが，このグループはパキスタンにおいてかなり小さいようである。

国際市場の類型化

世界市場を分類する多くの試みがあった（サムリ 1991；サムリとハッサン Samli and Hassan 1992）。これらの試みは，ほとんどが経済開発の段階に沿っていた。しかしながら，それらは，経済基盤で国々をグループ化する際に，欲求との関連づけを試みたものではなかった。ここではニーズが，文化的インパクトおよび消費者行動を明らかにするものであるので，重要な意味をもっている。経済発展のレベルが同じであるのに，文化が異なることによって消費者が完全に違った行動をするのを見ることができる。例えば，文化Aは同じ経済水準の文化Bよりも，住宅および家計支出に大きな重点を置いているかもしれない。当の文化Bでは，消費者は主として外観および交通手段を重視しているかもしれない。したがって文化Bでは，文化Aの人々より高価な自動車や衣服を買っているのである。一国家の市場は均一ではないので，世界市場の経済分類はそれらが特定の欲求とつながりがある場合のみ，国際マーケティング担当者にとって本当に意味のあるものとなる。このよう

図表6-2 世界市場と階層

ニーズ	国別グループ
尊敬欲求	先進国
所属欲求と社会的欲求	新興産業国
安全・安定欲求	発展途上国
生理的欲求	低開発国

に，さまざまな国の市場はその中の一部分だけがともに関連づけられるのである。本章では，著者は，経済的な状況とマズローの階層モデルとの結びつきを基盤として世界市場を分類するという伝統的な手法を採用するものである。もちろん，ここで，いったい何が階層の異なる段階の消費者に動機を与えるのか，そして，これらの動機がどのようにして商品とサービスに対する需要の具体的形態に変容してゆくのかを探求することは重要である（バトロー Batrow 1991）。図表6-2で見られるように，類型は4つのグループからなる。最低の経済状況から最も高いところへ向けての，最初のグループは低開発国である。これらはエチオピアのようなアフリカのいくつかの国々である。この国々のグループはビジネスや経済努力に関してあまり活発ではない。経済進歩の視点から判断した場合，このグループの能力は疑わしく，その国々はやや停滞している。第2のグループは発展途上国から成る。これらは，なんらかの経済的活力を示し，上方に向けて移行している国々である。インド，パキスタンおよびトルコはこれらの中に含まれるといえるだろう。新興産業国（NICs）が3番目のグループである。これらの国々は著しい進歩を見せており，自分達と他の先進国との間のギャップを急速に縮めている。シンガポール，香港，韓国および台湾はこのグループ中の主要国である。最後に，4番目のグループは先進国である。北アメリカと西ヨーロッパの工業国はこれらに属する。これらの国々は，かなり長い間先進経済を維持しており，高度なステータスを継続している。

　図表6-2はマズローの欲求階層段階と国際市場のさまざまなグループとの関係を説明したものである。低開発国は，彼らの基礎的な生理的欲求を満

たすことに主たる関心を持っている。彼らの衣・食・住および性欲に対するあからさまな欲求は，これらの製品に対する当然の市場となっている。

図表6-2では，発展途上国は安全・安心欲求に関わり合いをもっている。このことは，これらの国々は，医療，ラジアルタイヤ，健康保険，および安全と安心と関係する他の製品に特別な興味を持つだろうということを意味している。

図表6-2によれば，NICsは，階層における所属欲求と社会的欲求の段階に達している。そのため，彼らは，クラブや，ある種の行動グループないし家族に関係のある製品に対して特に開かれているだろう。さらに，このレベルでは，人々は，マーケティング活動に関するより多くの情報を持っている。最も影響力のある仲間集団あるいは準拠集団を通じて消費者と意思疎通を図るには，異なるタイプの広告やコミュニケーション過程が必要となるであろう。

最後に，先進国は，尊敬欲求のレベルに達している。したがって，彼らは他のレベルにある前段階の製品のすべてに開かれており，さらに，宝石，絵画，高価な自動車および多くの同様の製品に興味を持っている。

先述したように，自己実現は，経済的状況と文化的価値観に基づいたいかなる段階においても起こりうるものである。自己実現は基礎的な生理的な欲求の直後に生じることもありうるのである。しかしながら，これは，それらの状況下では，安全・安心欲求と関係する製品が，必ずしも真っ先に望まれたり，消費されたりしないことを意味するものではない。オリジナルの階層モデルの中に特有の，自己実現用の商品・サービスが，依然として求められることは十分ありうることである。このことは，ある社会が自己実現段階に達するためにすべての段階を経験したかもしれないし，経験しなかったかもしれないことを意味している。

国別グループが，マズローの階層モデルにおける異なった欲求レベルを示す市場としてリストアップされているが，それはすべての国が階層のすべての段階に属するグループを有していることを意味するものではない。更に，より重要なことには，階層の異なる段階に属するグループのサイズは，国によって著しく異なる。この相異の一部分はその国の経済的豊かさによるもの

であるが，他の部分は文化的なものである。例えば，スウェーデンにおいては帰属的・社会的ニーズを有する人口のグループが非常に大きいが，イラクでは，それは比較的小さい（総人口に比例して）。この相異は，一部はスウェーデンがイラクより経済的に裕福であるという事実から生じるが，一部は文化的相違によるものである。イラク人は，非常に強力な家族の絆と伝統のために，社会的・帰属意識に対し強い欲求を有してはいないだろう。彼らは，主として拡大家族の中で生活しており，そのことは社会的・帰属意識に代わるものなのである。拡大家族の中で暮らしている人々は，自分たちは社会階級やグループというよりはむしろその家族に属していると思っているのである。

異なった国における混合体

それぞれの国が全く均質であるわけではないことが強調されなければならない。スカンジナビア諸国や日本（いずれも相対的に均質である）のような少数の例外を除き，世界の国々は混合的ないし複数の経済的・文化的サブグループを有している。すべての国において，マズローの階層モデルにおける各段階に人々がいる，という仮説が提唱できるかもしれない。エチオピアのような低開発国においては，基礎的な生理的欲求や，所属欲求あるいは尊敬欲求を越えた欲求が存在するのである。諸種のレベルの中で，エチオピア人の中にも自己実現している者がいるかもしれない。しかしながら，これらのグループのすべてがその国の代表的なもので，それぞれのサイズはそれなりに小さく，階層の段階を上がるにつれ，さらにより小さくなるであろう。

国家が階層上のより高い段階にあれば，階層のより高い段階に属する人口は，低開発国における場合よりも社会全体に占める割合が相対的に大きいということは十分ありうる。例えば，韓国のような新興工業国においては，帰属的・社会的欲求の段階や尊敬欲求の段階にいる人々の割合は，トルコのような途上国における場合よりも大きいであろう。

まず，はじめにその国がマズローの階層モデルのどの段階にあるかを理解し，次にその国の経済的異質性を理解することによって，その国の市場を評

価することができるし，世界の他の市場と区別することができるのである。

　経済的異質性の概念は，階層上の異なる段階に位置するメンバーとして分類される人口の相対的サイズと関係している。階層におけるこれらの階級グループの相対的な位置を知ることは，各種の商品やサービスに対する市場全体の欲求を決定するのに役立つだろう。図表6-2は，マズローの階層モデルが経済発展のレベルと関係があることを示している。すべての欲求はすべての社会において，それぞれ異なった割合で存在するものであるということを繰り返し指摘しておく必要がある。したがって，発展した社会では，低開発国においてよりも，尊敬欲求を持った人々のグループがはるかに大きいのである。欲求階層に加えて，経済的富裕性または社会階級の階層も存在する。

消費パターンの基盤としての社会階級

　ワーナー，ミーカーおよびエゼルス（Warner, Meeker, and Ezells 1960）は，アメリカ社会における社会階級について調査している。彼らは6つの階級について論じている。それは，上流上層階級，下流上層階級，上流中層階級，下流中層階級，上流下層階級および下流下層階級である。彼らは，この社会階級分類は経済的富裕性だけでなく，教育，家族の背景および職業のような，他の要因にも関係するものであると主張している。ここでの我々の目的の重要な要素は，消費パターンと消費者行動が社会階級間においてよりも，社会階級内で，より均一であるということである。階級格差が明白な社会では，個人個人の行動や人格が階級格差によって修正されるものであるということを繰り返して述べる必要がある。したがって，階級または消費の影響力を理解することが重要である。

　西洋と北アメリカのような個人主義的社会では，社会階級の影響力および欲求階層の両方が広く普及しており，消費者行動に対する非常に重要な影響要因になっている。しかしながら，集団主義的な社会や伝統的社会では，それらは，伝統（あるいは少なくとも，部分的に感情的影響），グループの価値，グループ・リーダーの（あるいは年長者の）説得，および他のより人的

図表6-3 社会階級と両極の文化圏における欲求の階層

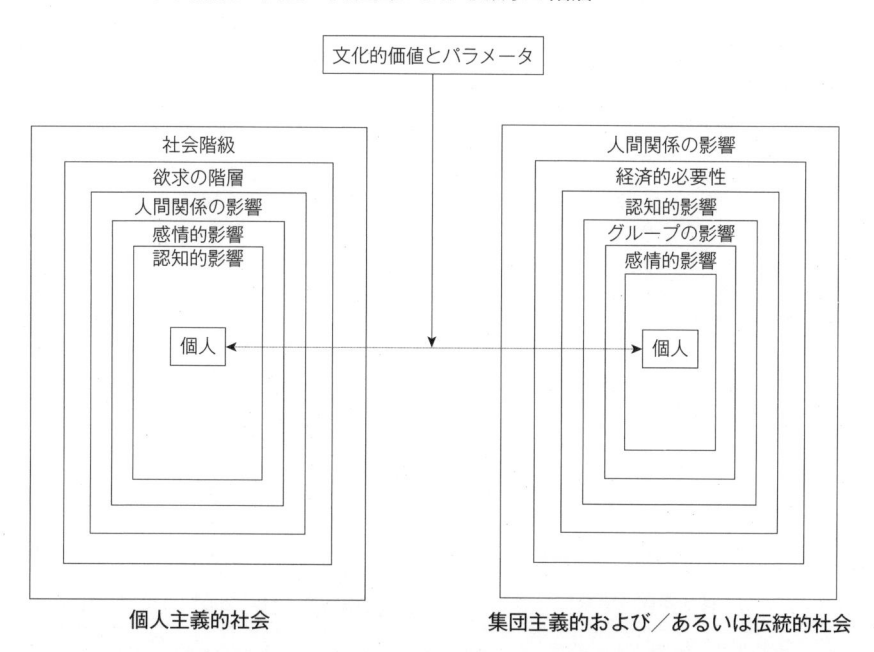

```
                    ┌──────────────────┐
                    │ 文化的価値とパラメータ │
                    └──────────────────┘
                             │
     ┌──────────────────┐         ┌──────────────────┐
     │    社会階級       │         │   人間関係の影響    │
     │  ┌────────────┐  │         │  ┌────────────┐  │
     │  │  欲求の階層  │  │         │  │ 経済的必要性 │  │
     │  │ ┌────────┐ │  │         │  │ ┌────────┐ │  │
     │  │ │人間関係の影響│ │  │         │  │ │ 認知的影響 │ │  │
     │  │ │ ┌──────┐ │ │  │         │  │ │ ┌──────┐ │ │  │
     │  │ │ │感情的影響│ │ │  │         │  │ │ │グループの影響│ │ │  │
     │  │ │ │┌────┐│ │ │  │         │  │ │ │┌────┐│ │ │  │
     │  │ │ ││認知的影響││ │ │  │         │  │ │ ││感情的影響││ │ │  │
     │  │ │ │└────┘│ │ │  │         │  │ │ │└────┘│ │ │  │
     │  │ │ │ [個人]←┼─┼─┼─────────┼──┼─┼─┼→[個人] │ │ │  │
     └──────────────────┘         └──────────────────┘
        個人主義的社会                 集団主義的および/あるいは伝統的社会
```

な誘引といったものほどは重要な変数ではないのである。

すべての社会において、欲求階層があるが、ある集団主義的ないし伝統的社会では、これらの欲求は基礎的な経済的必需品の範疇を超えるものではないのである。

集団主義的ないし伝統的社会よりも個人主義的社会においては、人々は異なった段階における異なった要因によって影響を受けることは十分あり得ることである。図表6-3は、これらの2つの極における人々の違いを示している。社会階級と欲求階層の点からみると、個人主義的社会の消費者は、集団主義的ないし伝統的社会の人々より、これらの要因によってもっと容易に影響を受ける。このことは、これらの要因がこれらの集団主義的ないし伝統的社会に存在しないことを意味するものではない。それらは単に個人主義的社会の中ほどの大きな役割を果たすものではないということである。

図表6-3では、個人に最も近い要素が、最も重要な影響要因であること

図表6-4　欲求の社会階級と欲求階層の概要

個人主義的社会	集団主義的および／あるいは伝統的社会
すべての消費者情報および行動は，広く個人によって解釈された社会階級の考慮に基づく。	すべての消費者行動と情報はグループ・メンバーからの人間関係的影響を受けて大きく条件づけられる。
↑	↑
個人は，階層中のニーズの次のレベルまで行くように圧迫される。	経済的必要性は，社会階級のわずかに全面的な態度に影響を与えると感じられる。
↑	↑
個人は他人から追加的なアイデアを受け取り，他人からの影響によって意思決定する	個人は，外部の情報を得て，条件付けに基づいて，それを修正する。
↑	↑
個人は，文化的価値観に基づいた情報を修正する。	グループ・メンバーと，またはリーダーが外部情報を与える。
↑	↑
個々は，外部の発信元から情報を得る。	消費者行動を形成するものとして，個人は，すでに広く行き渡っている前提条件や価値観を使用する
↑	↑
個人	個人

に留意しなくてはならない。われわれが内部から外部の層に移るにつれて，要素の重要性は多少衰えるものである。個人主義的社会において，図表に見られるように，認知的影響が最も重要であると考えられる。社会階級は5つの層に分かれている。個人主義的社会における場合と異なり，集団主義的社会（あるいは伝統的社会）では，感情的影響がもっとも重要な要素であると考えられる。社会階級は重要な要素としては現れないのである（図表6-3）。欲求階層は，さまざまな段階の経済的必需品として現れるようである。

　図表6-3は，繰り返しになるが，著者によって構築された概念図であることに留意していただきたい。要素の順序は完全でないかもしれない。しかし，これらの要素が異なる社会で異なる役割を果たすことを理解することは，国際市場で成功するためには極めて重要である。マーケティング計画はこれらの要素ならびに個人の消費パターンに対してそれらが与える影響を考慮することによって準備することができる。

もう一度述べるが，文化的価値観と媒介変数は，図表6-3に示される要素に直接的影響をもたらすばかりでなく，どの要素が個人に影響を及ぼすのにより重要かということに関して影響力を有するものである。
　図表6-4は，図表6-3に示された概念を操作化するものである。図表では，個人は別個の存在として見なされるとともに，個人に対する影響が明らかにされている。これらは図表6-3に示される要素に照応するものである。しつこいようだがこれは仮説的なものであり，実際の行動パターンはこんなに明確なものではない。同時に，ある社会における特定の行動パターンがグループ化され，グループ全体を反映するこれらの行動パターンが，図表6-4の事例に提示されている行動のどれかに近いものであることは明らかである。
　個人主義的社会がアメリカで，集団主義的社会が中国であると仮定しよう。またそれぞれの国のプロフィールを一つだけ抽出しようとすることは，やや極端すぎるであろうが，論点は明らかになる。個人主義的社会における個人は，マスメディアや他の外部からの情報源を利用するようである。個人は，新しいテレビに対する欲求の存在を認識するために，この情報を利用する。そして多分，最も広告されたテレビがゼニス社製のテレビであり，したがって，それが非常に良いに違いない，あるいは，より高く値付けされたテレビの方が間違いなく良い，というように特定の文化的価値観が一定の役割を演じることになるだろう。さらなる考えが他人からももたらされる。すなわち個人は特定のオピニオン・リーダーによって影響を受ける。恐らく，その人はその特定のテレビによって尊敬欲求を満たすことになるだろう。したがって，それは特定の特徴を有することが必ず必要になるのである。そのような消費者は，また上流中層階級に位置し，さらにこの階級の消費者は今日，娯楽購買の中心層となっているのである。このようにして，消費者の価値観，行動および態度の基本が確立されるのである。
　さて，他方では，中国の消費者が，拡大家族のためにテレビを買って欲しいという依頼を受けるとしよう。その個人はさらなる指示を待つだろう。彼は，ものごとを決定する場合，家族の年長者の決定に従うものだということを理解している。

さらなる追加情報がグループ・メンバーやグループ・リーダーからもたらされるかもしれない。このような情報は，何が求められているかを理解する方向に導くものである。カタログや，店主やその製品を有する他の人々といった外部の情報源が，追加情報を提供するであろう。日本のようないくつかの文化圏では，店主の提供する情報は，消費者を条件付けるという点で他の情報よりも重要な意味を持つ。個人は，経済状況（必要性）によって選択が1つか2つの型式に制限されることを理解するようになる。国またはグループがちょうど基礎的な生理的欲求を満たし終え，今やそれはマズローの階層モデルのより高い段階に進んでいるということが十分にありうる。しかしながら，中国のこの特定の家族は，かなり十分に裕福な農民グループに属し，テレビを購入する人は，彼が信頼する特定の人からより多くの提供情報を受け入れ，また，彼らの支援によって決心する。マーケティング視点からすると，個人主義的社会では，メーカーは，商品比較のための個別情報と，オピニオン・リーダーや，社会階級や，個人の特定の欲求を満たすために仕向けられたマスコミによるコミュニケーションを重視するであろう。集団主義的社会では，メーカーは店主に特別の情報を提供し，注意深くデザインされたパンフレットを準備し，ダイレクト・メールかマスメディアのいずれかによって特定の経済団体とコミュニケートしようとするだろう。特に家族の年長者と（恐らくダイレクト・メールまたは口コミを通じて）コミュニケートするべく特別の試みがなされるだろう。国際マーケティング担当者による消費者に対するメッセージの特性はかなり異なったものとなる。個人主義的社会では，個人はこのような上手な購買をしたことで自分自身をほめるであろうが，集団主義的な文化圏では，消費者は文化的な伝統規制の枠内でグループ全体の幸福に力を入れているのである。これらの基礎的なしがらみの中で広告やプロモーションのメッセージを構築することは，非常に重要であるだけに注意深い対処が必要である。

要　　約

　国際マーケティング担当者が国際的な市場を明確に区別することを可能に

させるアプローチは，どれも重要である。国際市場における特定の特性が識別できれば国際的競争力を改善できるだろう。この論文では，国際マーケティング担当者が市場をより有効に評価することを可能にするための特別な方法が提案されている。国際市場の分析に適用可能なものとして，マズローによる人間の欲求階層が提案されている。さまざまな国は経済の発展，文化および社会心理学を基盤とし，その階層上のそれぞれの段階に位置している。一般的な図式では，各国はそれぞれ，階層すべてに該当するいくつかのグループの層を有している。しかしながら，これらのグループの割合は国によって異なるものである。

特定の国が全体として階層中のどこに該当しており，そのサブグループのサイズはどれくらいかということが決定できたなら，さまざまな商品・サービスに対するその市場の受け入れの度合いが決定されるであろうということが提示されている。非常に重要な2つのポイントが研究課題として強調されている。一つは，国または市場が階層上のどの位置にあるのか明確にすることができるように，マズローの階層モデルを操作化することである。この研究を進めていくにはその目的のために使用されるかもしれない経済的・文化的および社会心理学的な基準を明確にすることが必要となるであろう。2つ目は，階層上のそれぞれの段階と密接に関係のある製品やサービスのカテゴリーを決定することである。もし，これらの2つの研究領域が，真剣に展開されるなら，商品・サービスに対するさまざまな世界市場における受け入れの度合いを決定する点で大きな成果をもたらすことができるであろう。更に，このアプローチは，特定の商品・サービスに対応するそれぞれの市場のサイズがどれくらいか判定する際に，一つのアイデアを提供してくれるものであるだろう。

参考文献

Batrow, Edwin E. 1991. "Reps and Recognition: Understanding What Motivates." *Sales and Marketing Management* (September): 82-86.

Bhawuk, D. P. S., and Richard Brislin. 1992. "The Measurement of Intercultural Sensitivity Using the Concepts of Individualism and Collectivism." *International Journal of Intercultural Relations* 16: 413-436.

Levitt, Theodore. 1983a. "The Globalization of Markets." *Harvard Business Review* (May-June): 7-8.
Levitt, Theodore. 1983b. *The Marketing Imagination*. New York: The Free Press.
Maslow, Abraham H. 1987. *Motivation and Personality*. New York: Harper & Row. (小口忠彦監訳『人間性の心理学』産業能率短大出版部, 1971 年)
Nwachukwu, Saviour L., and Rajiv P. Dant. 1990. "Consumer Culture in Developing Economies: Is It Really So Different?" In *Developments in Marketing Science XII*, edited by B. J. Dunlap, 35-40. Miami: Academy of Marketing Science.
Ohmae, Kenichi. 1983. The Mind of the Strategist. New York; Penguin Books. (田口統吾・湯沢章伍訳「ストラテジック マインド――変革期の企業戦略――」プレジデント社, 1984 年)
Onedo, A. E. Ojuka. 1991. "The Motivation and Need Satisfaction of New Guinea Managers." *Asia Pacific Journal of Management* (April): 121-129.
Porter, Michael E. 1986. "Changing Patterns of International Competition." *California Management Review* (Winter): 10-40.
Samli, A. Coskun. 1991. "Improving International Market Segmentation Process." In *Developments in Marketing Science XIV*, edited by R. L. King, 86-90. Miami: Academy of Marketing Science.
Samli, A. Coskun, and Salah Hassan. 1992. "International Segmentation Options: Getting Away From Conventional Wisdom." In *Proceedings of Academy of Marketing Science Annual Conference*, 184-189. Miami: Academy of Marketing Science.
Samli, A. Coskun, William C. Wilkinson, and Peter M. Mutscheller. 1990. "Successful Globalization of Parochial Products." In *Developments in Marketing Science XII*, edited by B. J. Dunlap, 203-207. Miami: Academy of Marketing Science.
Warner, W. L., Marchia Meeker, and Kenneth Ezells. 1960. *Social Class in America*. New York: Harper & Brothers.
Wells, William D., and Arthur D. Beard. 1973. "Personality and Consumer Behavior." In Consumer Behavior: *Theoretical Sources*, edited by S. Ward and T. Robertson, 141-199. Englewood Cliffs, NJ: Prentice Hall.
Wind, Yoram. 1986. "The Myth of Globalization." *The Journal of Consumer Marketing* (Spring): 23-27.

第7章

「和」(Wa), 「人の和」(Inhwa), 「関係」(Quanxi)およびその他の協調関係

　第3章と第6章, そして本書のいたる所で, 個人間の影響は消費者行動の重要な決定要素であることを指摘した。また (低コンテキスト文化に対立するものとしての) 高コンテキスト文化では対人関係の影響は重要な役割を演じることも強調した。同様に, 集団主義社会では, おそらくある家族の年長者またはオピニオン・リーダーは, 個人主義社会のそれよりも重要な役割を演じるであろう。

　しかしすべての社会において, 個人の購買行動に影響を与える特別なグループがある。集団主義社会における「関係」(Quanxi), 「和」(Wa), そして「人の和」(Inhwa) と, 個人主義社会における企業文化が, 消費者行動に関連して付加的で洗練された影響を与えるであろう。これらは部分的にフォーマルであるが, ある基準ではたいていはインフォーマルであり, 個人の構成員にとっての消費者行動を規定する。これらの一員であることは, ほとんど明らかにその個人の側で, あるくっきりとした行動パターンをとることを意味する。したがって, 国際マーケティング担当者は, これらの組織の本質を理解し, 彼らを相手に働くことを学ばなければならない。この短い章では, これらの組織の, そしてそのほかのインフォーマルな集団の影響によって, いかに消費者行動が洗練されたものになるかについての議論を述べる。この章の短さは, 西側諸国でのこれらの問題についての知識の欠乏を証明するものである。

「関係」(Quanxi)

　「関係」は中国の文化に染み込んだ伝統的な家族制度である。西洋の同業者組合の考え方に非常に漠然と似ているけれども，実際は同業者組合とは明らかに相違する。中国人は社会における一人の存在は，第1にそのほかの人との関係によって影響されると考える。人々は，社会で生き残り，昇進するために，彼ら自身可能な限り多くの友人と結びつかなければならない。これらの友人は社会の災難に対して支援したり守ったりしてくれるであろう。諸個人は「関係」に加わることによってこれを達成できる。諸個人は「関係」を通じて政治的，社会的，そしてビジネスの目的を果たすことができる。実際，中国人たちによれば，「関係」は個人が加わることができる最も重要なインフォーマルな組織である（フォックス Fox 1987）。

　基本的に「関係」ネットワークの仲間は，西洋世界のものと明らかに似ているけれども，すべての関係した人々の側のより緊密な結びつきと義務を表す。タイ（Tai 1988, 8）が主張しているように，「中国でビジネスに成功する鍵となるのは，個人的なつながり（「関係」）である」。正しいつながりは，安価で安定的な材料供給，減税，国内または輸出のために製品を売る認可，そして問題が起こったときの援助対策をもたらすことができる。したがって，個人的なつながりは，ある人の生活の多くの局面で重要な役割を演じる。

　「関係」の発展のための多くの基盤がある。これらは地域性，教師と生徒，親類関係，仕事仲間，上下関係，政治がらみ，クラスメイトと友情である。しかしながら，最も重要な基礎は経済的なものである。それゆえに，典型的にすべての「関係」に経済的基礎がある。この経済的基礎に基づいて（テリー Terry 1984），「関係」における「親密さ」と，仲間を心理的な依存へと導くところの情緒的な依存関係が評価される。

　やり方によっては「関係」はいくぶん西洋世界の同業者組合に類似している。いずれにしても2人またはそれ以上の人がある共通の目的を成し遂げるためにつながりあう。親密なつながりのために，構成員はお互いの尊敬を高め，彼らは同業者組合の構成員の最もよい利益を考えて行動する。しかしな

がら，いくつかの重要な相違点がある。第1に，「関係」では強い互恵的で義務的な関係がある。全構成員側での依存への意識がある。第2に，「関係」では構成員間の「親密さ」の取扱い方が等しくない。全構成員が平等ではない。第3に「関係」の構成員はより密接に結び付けられている。組織関係は「関係」では洗練されており，人々が既存の官僚政治をはぐらかし，物事を行うことを可能にしている。この組織は際限のない好意の交換（タイ 1988）と，「関係」の仲間の行動変化へと導いている（アルストン Alston 1989）。

「関係」は直接・間接の影響を消費者に与えている。直接の影響は，互酬の責任，贈り物を贈る行動，消費者としてある一定の様式で行動するように個人に要請する価値観に関係している。図表7-1はこの点を図示している。しかしながら，直接の影響に加えて間接の影響もまたある。間接の影響は，消費者がインフォーマルなビジネス関係の組織の部分になるように消費者を導く，「関係」の消費者への影響として現れる。したがって，「関係」の一人の構成員として，人々はビジネスの結びつきを発展させる。これらの結びつきは，直接的または間接的に人々が一定の方式をもって行動し消費することに影響する。典型的に，面談の前に起こる上品なやり取りは，対決に対するものとしての中国人好みの連帯感と和解を意味し，そしてそれは「関係」のつながりを通じての巧妙な力の行使という普及した習慣と結びついている（テリー 1984）。

系　列

系列は，「関係」に対立するものとして，主としてビジネスのつながりをいう。それらは長い間現存していたインフォーマルな戦略上の協調関係である。系列の構成員は協調して働く。彼らはお互いに守り助け合う。系列の構成員である企業は，結局，ある系列に特有なある種の行動を展開する。系列を通じて構築された協調関係に基づいて，日本人は「和」（Wa）と呼ばれるコンセプトを持つ。このコンセプトはグループの忠誠やコンセンサスに重点を置く価値観と関係する。基本的にそれは相互協力の存在の追求を意味するのであり，それによってグループの構成員は，グループの目的を成し遂げる

図表 7-1　組織の影響

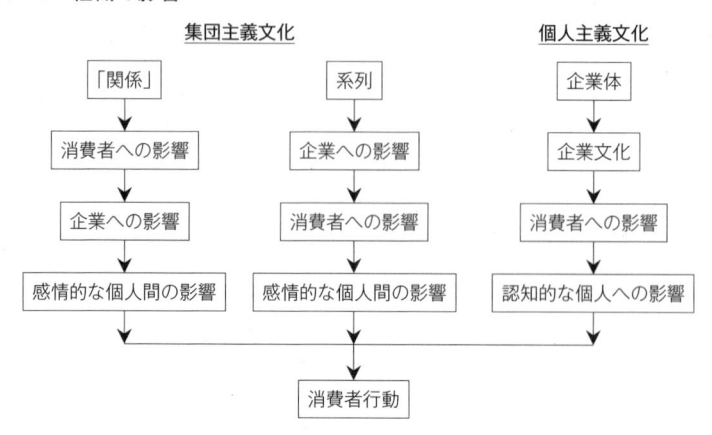

集団主義文化　　　　　　　　個人主義文化

```
    「関係」              系列              企業体
      ↓                   ↓                 ↓
  消費者への影響      企業への影響         企業文化
      ↓                   ↓                 ↓
   企業への影響      消費者への影響     消費者への影響
      ↓                   ↓                 ↓
 感情的な個人間の影響  感情的な個人間の影響  認知的な個人への影響
      ↓                   ↓                 ↓
              　　　　消費者行動
```

ことに全エネルギーを差し出すことができるのである。「和」は日本で非常に普及し，影響力がある。それゆえに日本人はそれを好み，すべてのビジネス商取引関係は友人の間で起こるとさえ主張される（アルストン　1989）。日本人は見知らぬ人と取引するのを好まない。

「和」の一側面は仕事仲間との密接な友情を打ち立てることに関係している。このような場合にのみ，あるグループのメンバーがコンセンサスを通してすべての契約を達成する。この状況は一定の議論と妥協へと導く。これらの議論は「和」が要求する親しい雰囲気で行われる必要がある（アルストン　1989）。

「和」にとって特徴的なことは特有の時間の要素を持っていることである。集団の生存と成功は長期的な観点で調整されている。したがって，人々は，一度承諾されると死ぬまで構成員になる。系列は「和」の出現と強化へと導くとともに，今度は，一定の消費価値観と行動パターンを生み出す。例えば，接待は日本人の間では非常に重要と考えられている。多くの時間のまじめな議論が接待という形をとることができる（アルストン　1989）。

「関係」とは違って，系列と「和」はより企業に関係したものである。それらは直接的に個人消費者に影響する。「関係」が直接に消費者に影響し，ついで企業に影響を与える一方で，系列の影響はまったく反対である（図表

7-1)。系列と「和」の間には，後者はたとえ系列から始まったものであったとしても，より人間的である。「和」はより人間的で，それゆえに消費者行動を理解する上でより重要である。この概念は実質的には西洋では知られていない。おそらく，これはなぜアメリカのビジネスが日本で成功しないかのひとつの理由であろう。

その他の協調関係

　韓国のビジネス行動の主要な原則は「人の和」(Inhwa) である。「人の和」は，「和」の場合と同じく調和として定義される。しかしながら，この韓国の言葉は，「和」が強調しているほどに，グループの要素を強調していない。(アルストン 1989)。そのかわり，「人の和」は，平等でない人の間の調和を強調する。身分・地位においてだけでなく名声や権力においてもまた平等でない人たちを結び付ける（ドメンテ DeMente 1988）。「人の和」のもとでは，部下は上役に忠実でなければならず，上役は部下の福利に関心を持つ必要がある。したがって，「人の和」は，ちょうど家族の結びつきと同じように第1級の忠誠を生み出す。人間的関係の重要性は，ビジネスが友人の間の関係を必要とし，少なくとも人間的関係を基礎とすべきであることを意味している。この観点から，日本の「和」と韓国の「人の和」の間には類似点がある。しかしながら，「人の和」の場合，その関係は2人またはそれ以上の人たちを結びつけるが，その人たちは典型的に身分・地位が違うし，組織上のまたはその他のグループの一員ではない人々である。これはおそらく「和」と「人の和」の最も重要な相違であろう。またその関係は本質的には長期の時間がかかる，発展させ洗練させるのに忍耐がいるものである（アルストン 1989）。これらの関係は，一度確立されると，継続的に維持・強化していかなければならない。「人の和」の関係は基本的に平等でない仲間のものだけれども，「人の和」における人間的関係は，ある程度の平等性を意味する。たとえば，韓国人は同じ身分であり名声もある外国人でない限り交渉しないであろう。「人の和」の関係の場合，ほかのメンバーをだめにしようと考える人はいない。

多くの発展途上国で普及している協調関係のそのほかの類型として，特に中東で，同じ集落の仲間意識がある。特徴的な面を考えると，それぞれの集落にインフォーマルな文化がある。このインフォーマルな文化は，消費者行動や消費パターンに影響する。これらの行動と消費パターンのいくつかは，その集落の競い合っている人々の間である程度の共通性を持っているし，一貫したものである。加えて，その集落の出身者で，社会でのある種の名声を得た人は，同じ集落の若い人を守る。彼らは同じ集落の若い人がその社会においてより多くのものを達成し，高い地位に着くように支援するであろう。そのようなものとして，これらの仲間意識の表れと結びついたそれ以外の追加的な消費パターンも存在している。

　最後に，企業文化は消費者行動を修正するものとして考えられている。「関係」，「和」，そして「人の和」は集団主義文化において最も主要な影響力を持つものだが（第3章で議論）一方，企業文化は西側諸国や北アメリカの個人主義社会においてより容易に利用できるコンセプトである。

　すべての企業は，ある種の価値観，ある種の行動規制，そして明らかに予期される行動パターンをもつ（タープストラとデイビッド Terpstra and David 1985）。長い間，IBMの社員はどこででも見分けがつくと言われてきた。企業は企業文化を人々に染み込ませることができるが，それは直接的に彼らを教育し，その企業の価値観を彼らに課することによってである。同様に，他の企業は，社員が社会的な過程を通じて，直接的に企業文化を学ぶよう考えている。企業文化は明らかに個人の消費者行動に影響を与える。これは図表7-1に描かれている。特に個人主義社会において，企業文化はおそらく消費者行動を修正するように消費者に影響を与えるであろう。これは「関係」，「和」，と「人の和」に対する西側からの解答である。

　西洋で普及している付加的な要素として消費者協同組合がある。消費者協同組合は，非営利的で，構成員が所有し，運営する消費者組織である。これらの組織の一員であることが，消費者行動を修正することは明らかである。協同組合はその構成員のために情報や製品を提供する。彼らの消費パターン，選好，価値観，それはすべて協同組合が提供する情報や製品によってある程度修正される。しかしながら，小売業部門が，より競争的になると，こ

れら協同組合はあまり重要でなくなっている（ブックとイルモネン Book and Ilmonen 1989）。何を買い，どこで買うかに関して協同組合によって影響されるのに加えて，構成員はコミュニケーション・プロセス，価値観などに関して影響される。時には，協同組合は新製品を迅速に効果的に導入する（フィナン，ラングワーシーおよびフォックス Finan, Langworthy, and Fox 1990）。

　国際マーケティング担当者は，自分自身の「関係」をつくらなければならない。それには個人的なレベルで活動を始めて，時間をかけて意義のある関係を作る必要があり，それは彼らが企業活動での取引関係を打ち立てることを可能にするであろう。しかしながら，日本では系列を通じて，国際マーケティング担当者は「和」を経験することができるであろう。いくぶん似た状況が韓国にもまた当てはまる。これらの関係と複雑なコミュニケーション・プロセスを理解することなしに，これらの市場で成功することは難しいであろう。

　個人主義社会では，マーケティング担当者は人々とコミュニケートすることを試みるが，一方，集団主義社会では「関係」，「和」，そして「人の和」と適切なコンタクトを樹立することによって，国際マーケティング担当者はこれらの集団の構成員ともまた効果的にコミュニケートすることができる。

要　約

　対人関係およびその他の認知的，感情的影響に加えて，消費者行動をある程度かたち作り，修正する多くの協調関係がある。集団主義社会では，中国の「関係」，日本の（「和」へと導く）系列，そして韓国の「人の和」のような制度がそのような影響を作り出す。これらの影響は人々に，ある一定の行動パターンを要請し，その行動パターンは消費者行動を修正する。

　個人主義社会では，企業文化および，ある程度まで消費者協同組合もまた，「関係」，「系列」，「和」そして「人の和」と同じ影響力を持つ。これらすべての協調関係が消費者行動に明白な影響を与える。国際マーケティング担当者は，成功するためには，これら協調関係を理解し，それらの協調関係とともに仕事をしなければならない。

参考文献

Alston, Jon P. 1989. "Wa, Quanxi and Inhwa ; Managerial Principles on Japan, China and Korea." *Business Horizons* (March-April) : 26-32.

Book, Sven Ake, and Kaj Ilmonen. 1989. "Problems of Contemporary Cooperatives : Consumer Cooperatives in Sweden and Finland 1960-80." *Economic and Industrial Democracy* 10 : 499-515.

DeMente Boye. 1988. *Korean Etiquette and Ethics in Business*. Lincolnwood, IL : NTC Books.

Finan, Timothy, Mark W. Langworthy, and Roger W. Fox. 1990. "Institutional Change and Smallholder Innovation : An Example from The Portuguese Dairy Sector." *Economic Development and Cultural Change* (July) : 699-712.

Fox, Maggie. 1987. "In China, Quanxi is Everything." *Advertising Age* (November 2) : 6-10.

Tai, Lwarence. 1988. "Doing Business on the People's Republic of China." *Management International Review* 8-12.

Terpstra, Vern, and Kenneth David. 1985. *The Cultural Environment of International Business*. Cincinatti, OH : South-Western Publishing Co.

Terry, Edith. 1984. The *Executive Guide to China*. NewYork : John Wiley and Sons.

第8章

異文化におけるイノベーションの普及

　イノベーションの普及にこんなにも関心が寄せられるのはなぜだろうか。その理由の一つは，新しい考えを取り入れるには，たとえそこに明らかな利点が認められたとしても，かなりの困難を伴うことが多いという点にある。単に頭でわかっているのと実際に使用するのとでは，いろんな面で雲泥の差があるものだ。イノベーションの多くは，それが実際に世に出てから，広く普及するまでに長期間を要し，それは時に数年に及ぶこともある。そのため，イノベーションの普及速度をいかに速めるかが，多くの個人や組織にとって共通の課題となっている。
　　　　　　　　　　　　　　　　　　　　（ロジャース Rogers 1983, 1）

　普及過程とは，新製品やサービスが異文化において，いかに受け入れられていくのかを示すものである。人々がどのように財やサービスを受け入れるかは，文化ひいてはその文化地域の消費者行動とも密接な関係がある。
　本章では，普及過程は文化ごとに異なるという立場をとる。一般的な普及過程とともに，異文化間の普及過程ごとの違いを詳細に理解すれば，国際マーケティングの担当者は効果的な新製品の導入や消費者ニーズの充足が容易に行えるようになるだろう。
　本章では，中国，韓国，日本，アメリカという4つの異文化間において普及過程の対比を試みる。新製品の普及を成功させるには，異文化間の相違を踏まえた上で，それぞれの国に適したマーケティング戦略をとる必要がある，との指摘がある（タープストラ Terpstra 1987）。

以下，そうした戦略について述べることにしたい。

国際的なイノベーションの態様と普及

　国際的な市場で新製品の普及を成功させるには，ある程度，国ごとにイノベーションの態様を明らかにしておくことが肝要である。各市場の，イノベーションを受け入れる傾向を理解することによってのみ，製品の販売方法や販売すべきか否かを決めることができるからだ。それぞれの文化（つまり，各国の市場）ごとにイノベーションの普及曲線が描ければ，その国のイノベーションの態様を評価することができる。

　普及過程に関する研究では，社会での新製品の受け入れ状況は正規曲線で表すことができると想定しているものがほとんどである（ロバートソン Robertson 1971；ロジャース 1976, 1983）。一般に，普及過程の研究では，2つの基本的なアプローチが用いられる。すなわち，長期経過研究とクロスセクショナル（横断面）研究である。長期経過研究は，新製品の導入から市場が飽和状態になるまでの時間的な経過をテーマとする。この飽和に至る動きと製品の購入者を分析すれば，普及過程の分析は可能ではある。しかし市場への製品の導入という点に関しては，こうした研究結果が利用できない場合もある。そこで，ある一定の時期に市場のさまざまなセグメントにおける製品の浸透度についてクロスセクショナル分析が行われる。そうすれば，普及過程の評価（少なくとも推定）が可能となるからだ。

正規曲線

　普及分野に関する研究のすべてにおいて，時間の経過とともに製品普及は正規曲線を描くとされている。正規曲線は対象市場内の製品採用率がトータルで100％になることを示している。市場全体は，革新者（全市場の2.5％），初期受容者（13.5％），初期大衆（34.0％），後期大衆（34.0％），遅延者（16.0％）の5つに分けられる。この「イノベーションの普及」という概念は，アメリカの農村社会学者らが考案したもので，各グループは基本

的に標準偏差で分けられる（カンディフとヒルガー Cundiff and Hilger 1988 ; ロバートソン 1971 ; ロジャース 1983）。イノベーションの普及に対する正規曲線アプローチは，新製品の受け入れ状況や市場のポテンシャルに関して各国市場を分析する上では，またおそらくはマーケティング計画を策定する上でも，極めて重要だと思われる。だが，このアプローチは，国際マーケティングの担当者が，異文化において新製品がどのように受け入れられ，またどのような普及過程がとられうるかを判断して，それに応じたマーケティング計画を策定するという点では，有効なツールとはなりえない。

正規曲線では，2標準偏差（±2SD）が，母集団（総人口）の2.5％を示し，その社会の残りの部分は，そのプラス1あるいはマイナス1を超えたところに分布する。ほとんどの普及の研究では，消費者集団を革新者とそうでないグループとに区分する基準は設けている（リー Lee 1990）が，文化的な区別はまったく行っていない。なぜ国ごとに新製品の採用に遅速の差があるか，という問題に取り組む研究は極めて少ないのだ（ボドウィン Boddewyn 1981 ; リー 1990）。だが，市場間において文化的な違いがあるならば，また新製品の採用過程に遅速の差があるならば，国際マーケティングの担当者がそれを知ることは極めて重要である。国際マーケティングの担当者がさまざまな国で新製品の普及を成功させたいなら，それらの国々で普及過程がどのように機能するかを知る必要があるだろう。本章では，普及過程は市場ごとに異なっているため，正規曲線では説明できないという立場に立っている。一国一文化地域における普及過程の解明は，むしろ人々が市場で製品を採用し受け入れる過程（製品採用過程）を解明することによって推定されるべきである。普及過程とは，マクロ的視点での市場行動を指すもので，これを測定するのは非常に難しい。むしろ，採用過程（ミクロ的な測定基準）などの代理変数で普及過程に接近していくほうが，その概念を適切に操作することができると思われる。

普及理論の活用

普及理論を国際マーケティングの分野で有効活用するには，この理論を別

の視座から捉える必要がある。普及過程に関するマクロ的な研究方法には，2種類ある。1つは，普及過程に対するクロスセクショナル（横断面）研究で，例えば，A国はB国よりも新製品を購入する傾向が強いなどと評価するものである。もう1つは，普及研究においては伝統的に行われてきた長期経過研究で，新製品が採用された後，そして市場が飽和状態またはほぼ飽和状態になった後に行われるものである（リー 1990）。ただし繰り返すが，長期経過研究では標準偏差は得られるものの，国際マーケティングの担当者に示唆に富む情報は提供できない。本章での基本的な主張は，ある長期経過研究から得られた，革新者が2.5％で，初期受容者が13.5％という推定値が，すべての国あるいはすべての文化に妥当するわけではない，ということである。調査する時期や社会によって，革新者と初期受容者の割合がこの推定値よりも高く出ることもあれば，低く出ることもあるからだ。仮に革新者と初期受容者の割合がB国よりもA国の方が高いとすれば，A国の普及曲線は正規曲線より左にずれるだろう。同様に，伝統的な社会であればあるほど，後期大衆や遅延者の割合が高くなるかもしれない。そうすると，普及曲線は右にずれることになる。定義上，最初の2.5％と13.5％の採用者達をそれぞれ革新者及び初期受容者とする仮定を受け入れるとしても，なお，正規曲線を描くとは限らないだろう。採用過程が同じ速度で進まない場合には，普及過程が進展するにつれて，革新者と初期受容者の動きは，異文化においては，他の社会の場合よりも早く，あるいはより遅くなる可能性がある。何らかの理由により，現時点で革新者がこれまで以上に製品の採用に躍起になれば，普及曲線にずれが生じることがある。例えば，アメリカでの普及過程を反映した曲線，すなわちアメリカの普及曲線が正規曲線であると仮定すれば，日本の普及曲線はアメリカの普及曲線より左に，またクウェートの普及曲線は右にずれるだろう。

　ロジャース（1983, 1962）によれば，アメリカ社会における普及過程は，イランやサウジアラビア，クウェートといった伝統的な社会よりも，よりきれいな正規分布を示すようだ。しかしおそらく，アメリカの普及曲線は，物の購買の急増を経験しているダイナミックな社会よりも右側に位置づけられるだろう。武田とジェイン（Takeda and Jain 1991）は，このような普及曲線

の違いを「カントリー効果」と呼び,新製品の受け入れに関する国ごとの違いを説明する重要なファクターとして捉えている。

日本で革新的な消費財の受け入れが急ピッチで進むのは,普及過程が加速化していることを示す(大前 Ohmae 1985)。このことは普及曲線の形状で端的に表すことができる。つまり,日本の普及曲線はアメリカのものより左にずれているのだ。同様に,クウェートのような非常に伝統的な国では,後期受容者や遅延者が主流となる。伝統を重んじる反面,新しいものには懐疑的だからだ。そのため,このような国の普及曲線は,アメリカのそれより右にずれる傾向が強い。

文化だけではなく,物質主義や工業化,そして大胆な経済改革といった経済的な力も,普及曲線の形状に影響を与えうる。これら3つの概念については,次項で取り上げることになる(カトーラ Cateora 1987)。

物質主義変容のインパクト

物質主義とは,消費者が世俗的な物の所有を重視することだ(ガーとベルク Ger and Belk 1990)。物質主義が昂じれば,物の所有が個人生活の中核を占め,満足ばかりか,不満足を引き起こす最大の原因ともなりかねない(ベルク 1985)。

物質主義,つまり消費することで幸福を求めるという生き方は,一般に,工業化および脱工業化社会での生活で高みに上り詰めた西洋の特徴とみなされている(ゲアとベルク 1990, 1986)。

こうした西洋の現象は,東洋にも移行してきている。ガーとベルク(1990)は,トルコ人のほうが欧米人より物質主義的であるという研究結果を発表した。もしトルコにおいて物質主義の程度が高まっているとすれば,伝統的な普及過程の5つのグループ(革新者,初期受容者,初期大衆,後期大衆,遅延者)の間で,物の所有の増加は均等には起こりにくい(ロジャース 1983)。物質主義は,他のグループよりも,革新者や初期受容者の物欲を刺激するだろう。このような状況では,革新者が2.5%を超え,初期受容者が13.5%を上回ることは想像に難くない。それゆえ,物質主義の程度が高

図表 8-1　3つの普及曲線（Ⅰ，Ⅱ，Ⅲ）

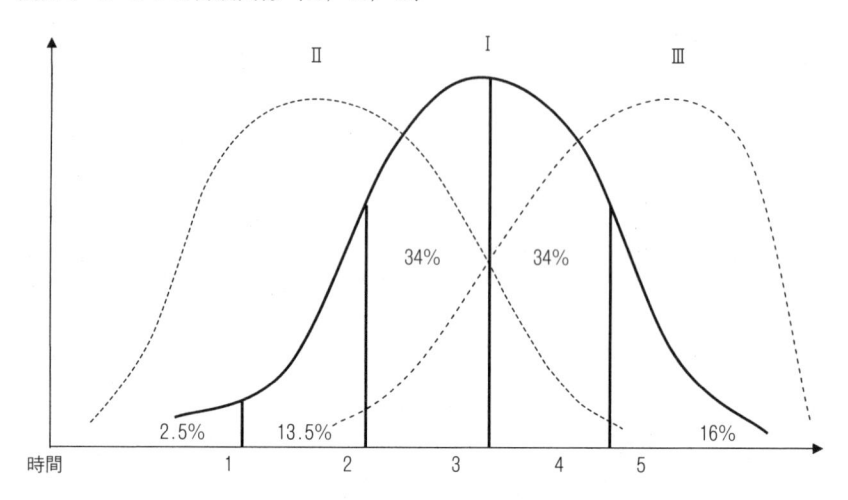

時間　1．革新者　2．初期受容者　3．初期大衆　4．後期大衆　5．遅延者

まると，その社会の普及曲線はますます左寄りになるといってよい。また，物質主義の高まりは，ある程度，伝統的社会の工業化と関係がある（ハーシュマン Hirschman 1980；ホフステード Hofstede 1983）。

工 業 化

　過去20年以上の間，新興工業国（NICs）の仲間入りを果たしてきた国は多い。その中には，いわゆる「4頭の虎」，すなわち韓国，台湾，シンガポール，香港も含まれている。これらの地域は，全般的な経済的恩恵をもたらすような産業集中の特定の分野に専念してきた。工業化の進展とその結果増大した所得が，物に対する欲求を増加させるといわれている。そのため，これらの地域では，あらゆる財やサービスに対する需要が増大しているのだ。しかし，他の地域同様，これらの地域にも革新者，初期受容者，初期大衆，後期大衆，遅延者がいる。工業化の進展に応じて，普及曲線全体が均等に変化するとは限らない。むしろ，工業化の進展とそれにより生み出された

物質主義が，革新者や初期受容者の割合を高め，普及曲線を左にずらすといえるだろう。

経済における重大な変化

　何らかの理由で，ある国の所得配分が大幅に変化したら，その普及曲線は左右どちらかにずれる可能性が高い。仮に，低所得層が多数を占めるような所得配分になれば，普及曲線は右にずれるだろう。というのは，低所得の人々は後期大衆や遅延者になりやすいからだ。一方，大衆の所得があまり減らない中で，ある集団が非常にリッチになれば，普及曲線は左にずれることになるだろう。

　みられるように，普及過程は正規曲線だけではなく，左または右にずれた曲線として描くこともできるのだ。図表8-1は，この状況を示している。図の曲線Ⅲが閉鎖的な文化や伝統志向的な社会を示すのに対して，曲線Ⅱは開放的な文化と，世界的なハイテク競争を勝ち抜けるような現代的な社会を表している。曲線Ⅰは正規曲線を示し，西ヨーロッパや北アメリカを表すことになるだろう。この型はロジャースのオリジナルモデルとも符合する［訳者注：図表8-1には原書には見られないⅠ，Ⅱ，Ⅲを付け加えた］。

普及過程の操作化：効果の階層性

　本章で特に主張したい点は，文化が一国の一般的な普及過程を変化させる大きな要因になるということである。文化次第で，普及曲線が左寄りになったり，あるいは正規曲線となったり，あるいは右寄りになったりするのである。普及過程それ自体を評価して，ある国がⅠ型かⅡ型，あるいはⅢ型であると断定することは難しい。それゆえ，その代わりに，測定しやすい代理変数や概念を利用する必要がある。ここでは，市場におけるより優れたマーケティングの実務活動を考えることよりも，カントリー効果（武田とジェイン 1991）として知られる，その国ごとの新製品採用の反応に重点を置く。

　普及状況を分析するために採用する測定対象は採用過程である。採用過程

とは，マクロ概念である普及過程のミクロ概念版である。採用過程は個人を対象とし，個人がいかに新製品を採用するかを分析する。このやり方で進める場合，一つの社会における普及過程の独自性を明らかにするには，人々がどのように新製品を受け入れるのかを究明する必要がある。それが製品採用の意味するところだ。採用過程を操作化するための試みとしての1950年代半ばの研究（ホフランド，ジョニスおよびケリー Hovland, Jonis, and Kelley 1953）および1960年代の研究（ラビッジとシュタイナー Lavidge and Steiner 1961；パルダ Palda 1966）において，効果の階層性というモデルが確立された（ロバートソン1971）。そしてこの採用モデルには，長年にわたって改良が加えられてきた（アンドレアスン Andreasen 1965；ハワードとシェス Howard and Sheth 1968；ニコシア Nicosia 1966；スミスとスウィンヤード Smith and Swinyard 1983；ウォルターズとベルジール Walters and Bergiel 1989）。これに関しては，重要な論点が2つある。一つは，採用過程は，ある社会で普及がどのように起きるのかをミクロ的視点で説明する，という点であり，もう一つはすべての採用モデルには，①認知的段階，②感情的段階，③行動段階という3つの段階がある，という点である（コトラー Kotler 1990；ロバートソン 1971）。

　認知的段階とは，消費者が情報を取得して処理し，財やサービスを評価する段階を意味する。本書の第1～4章で論じたとおり，この種の消費者行動はおそらく個人主義的な西洋文化において，より顕著にみられるだろう。この場合，情報の伝達，すなわち消費者に情報を伝えるプロモーション活動が，マーケティング計画を立てる際に重要となる。

　感情的段階は，消費者の態度の情緒的な側面に関わっている。この場合，その社会の文化に由来する伝統的価値観が消費者に浸透している。与えられた一定の価値観や行動が，認知の影響を凌駕し，それを変えていく（第3章）。集団主義的社会では，感情の影響がより強く働きそうである（第1～4章）。それとは裏腹に，個人主義的社会では認知の影響がより強く働くと考えられる。

　最後の行動段階は，行動の性向に関係するものである（バークマンとギルソン Berkman and Gilson 1986；コトラー 1990）。しかしながら，本章では，こ

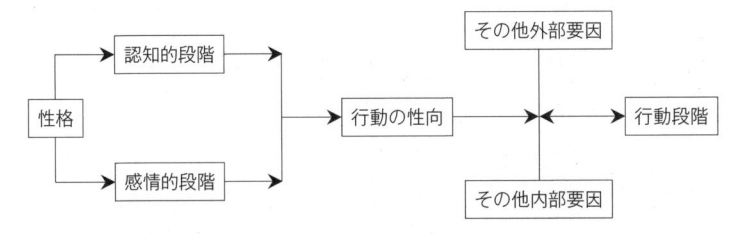

図表8-2　消費者の採用行動

```
                認知的段階
         ┌─────────────┐       その他外部要因
         │             ↓              ↓
  性格                           行動の性向 ────→ 行動段階
         │             ↑              ↑
         └─────────────┘       その他内部要因
                感情的段階
```

　れら3つの段階を同レベルで捉える既存の文献（コトラー 1990）とは異なり，認知的段階と感情的段階の両方を行動段階の前に位置づけ，何らかの形で行動の性向の形成に関わっているものとして捉えている。ウォレス（Wallace）の理論によれば，性格（第1, 3章）は，認知的段階や感情的段階，その後に続く行動段階よりも前に形成されることを再確認しなければならない。それゆえ，マーケティング戦略の観点からは，採用過程は非常に使い勝手がよく，行動段階に関係している。国際マーケティングの担当者は，検討中（認知的段階）の個人に影響を与えたいと望むかもしれないし，あるいは既に形成された態度（感情的段階）に影響を与えて一定の行動（行動段階）をとらせようとするかもしれない。また，認知的段階や感情的段階を通じて行動段階に影響を与えることに，より重点を置く国際マーケティングの担当者もいるだろう（詳細は本章後半に記述）。

　採用過程に関する理論の全体像は，図表8-2のように示すことができる。ここで，2つの特別な概念について敷衍する必要があろう。行動の性向と実際の行動段階との間には，「その他外部要因」と「その他内部要因」が介在する。これらは行動の性向を変え，したがってまた行動段階を変える付加的な力である。外部要因とは，例えば，その文化に広まっている環境に対する考え方やそれを受け入れる個々の消費者の傾向という言葉で，また内部要因とは，例えば，個人の性格や文化を通して浸透した個人の価値観という言葉で表現できよう。非常に高価な靴を買って長く使用したい人もいれば，逆に安い靴を買って頻繁に買い替えるのが好きな人もいるだろう。この種の消費者の採用行動の特徴は，反応階層モデルを用いれば，より実践的に究明する

ことが可能だ。反応階層モデルを用いれば，消費者がいかに認知，感情，行動の各段階を経ていくかを構造的に特定できる。ここ数十年来，非常に多くの反応階層モデルが登場してきた。それは，AIDA モデル（ストロング Strong 1925）を皮切りに，効果の階層モデル（ラビッジとシュタイナー Lavidge and Steiner 1961），そしてロジャース（1962, 1976）のイノベーションと採用モデルへと続き，最後にコトラー（1990）が提唱したコミュニケーション・モデルへと至る。反応階層モデルの提示は，消費者がさまざまな形で製品の導入を知覚し，それを採用することを示すものである。

階層研究（ラビッジとシュタイナー 1961；パルダ Palda 1966；ロバートソン 1968, 1971）の多くは，コミュニケーションを全採用過程の要として位置づけている。しかしここでは，情報探索（認知的段階），製品への興味や信頼の発達（感情的段階），そして最後の実際の購入（行動段階）を比較して研究できれば，採用過程の操作化が可能になると主張する。それができれば，社会全体の普及過程を評価することも可能になるだろう。われわれは，普及と採用および採用と反応階層の間の相互関係を示すために，一つの研究を行った。4つの文化地域から回答者を選出し，それぞれの社会における製品の採用について説明を求めた。実験には，比較的高価な消費財を用いた。普及曲線の特質は新製品が回答者の文化地域で受け入れられると感じられる速度，すなわち知覚速度という代理基準を用いて評価した。

データ

本研究*のデータは，文化的な特性が明らかに異なる4つの国（日本，中国，アメリカ，韓国）の経営学部に在籍する学生から収集した。回答者は学部生（高学年）または修士課程に入ったばかりの学生で，ほぼ全員がアルバイトやフルタイムで働いていた。その多くは中間管理職か管理職見習いである。上記4つの文化地域からデータを集めることが極めて重要で，そのデー

---

* 本節は A. コスカン・サムリ（北フロリダ大学），ローレンス・W. ジェイコブズ（Laurence W. Jacobs ハワイ大学），キュング・イル・ジム（Kyung-Il Ghymn ネバダ州立大学リノ校）が執筆。

タは比較可能なものである必要があった。そのため，各文化地域内のできるだけ同様のグループからデータを集めるよう，特別な工夫を凝らした。

　成熟したビジネス専攻の学生を便宜的標本として選んだのは，彼らが実業界に関わりが深く，ビジネス問題にも敏感なので，回答の協力が得やすいと考えたからだ。4ヵ国中3ヵ国（日本，韓国，アメリカ）に，少なくとも2つの異なる標本があった。カイ二乗検定を用いて2つの標本を比較したが，人口統計学的背景や彼らが経験した採用過程の説明にはなんらの有意差も見出せなかった（波形分析）。

　波形分析によりデータの信頼性が増した。アメリカ留学中のアジア系の学生とアメリカのセミナーに出席中のアジア系の経営管理者らを通じて，この研究方法の信頼性について事前テストを行った。アンケートは3つの言語に訳され，それぞれ英語に訳し戻された。訳文は原文と同一内容とし，4つの文化地域における消費者が同様の意思疎通ができるようにした。

　それぞれの普及曲線の違いを見極めるためには，異文化間において，ライフサイクルの段階が同じである製品の普及過程を研究することが必要である。つまり，これらの異なる市場で研究される製品は，ライフサイクル上の位置がほぼ同一の段階にあることが求められるわけだ。そうでなければ，正当な比較はできなかったと思われる。例えば，製品Aが市場Xではよく普及しているが，市場Yでは導入されたばかりだったとしたら，この製品Aは，異国間の普及の比較研究に適している製品とはいえないだろう。この種の研究活動においては，イノベーション前の偏向，一過性のはやりや流行，選択に強制力が働くような偏りがある物は，普及過程に重大な影響を与えるとみられるので，避けることが重要である（アブラハムソン Abrahamson 1991；カマクラとバラサブラマニアン Kamakura and Balasubramanian 1988）。

　日本では2種類，計87の標本が，同様に韓国では2種類，計128の標本が，また中国では1種類，計37の標本が，そして最後にアメリカでは3種類，計101の標本がそれぞれ収集された。消費財に対する選好の存在という点で，各社会の発展段階が相対的に異なっているため，本研究では異なる製品を用いる必要があった。アメリカと韓国における比較的新しいビデオデッキ（VTR）が，日本におけるCDプレーヤー，そして中国におけるテレビ

図表8-3　新製品の採用速度　　　　　　　　　　　　　（単位：%）

	日本	中国	アメリカ	韓国
非常に早い	82.0	60.0	46.9	43.0
非常に遅い	13.1	22.9	31.3	54.5
中間	4.9	17.1	21.9	2.4

新製品に関する知識が非常に多い場合における購入時の用心深さ

	日本	中国	アメリカ	韓国
用心深くなる	75.3	41.7	43.8	54.9
即購入しがち	23.7	58.3	56.3	45.1

顧客の製品試行回数

	日本	中国	アメリカ	韓国
多数回	34.4	60.0	—	18.6
2,3回	52.5	22.9	40.0	70.0
試さない	13.1	17.1	59.4	10.7

とほぼ同等であると判断した。研究用に選んだ製品は，4ヵ国間で比較できる評価基準を示すことができるものとした。標本は比較可能であり，各国用に選ばれた製品は4ヵ国すべてを通じて同一レベルにあると考えられるが，それでもやはり少ない標本を用いた予備研究であることを繰り返し強調しておく。本研究の目的は，異文化における新製品のマーケティング計画を立てるために採用過程がどのように役立つかを例証することにある。

4つの文化地域における普及

　日本は相対的に同質社会で新製品の受け入れが速い国だ。日本人回答者の約82％がCDプレーヤー等のハイテク製品は非常に迅速に受け入れられるだろうと感じていた（図表8-3）。
　本章の前半で示したように，アメリカ社会が平均的な普及速度の文化地域であるとすれば，日本と中国はアメリカの普及曲線より左寄りになり，一方

韓国はそれより右寄りになることが図表8-3で示されている。韓国人回答者の半数以上（54.5％）がビデオデッキなどの新製品は非常にゆっくり採用されていくだろうと感じていた。全回答が.05の統計的な有意水準にある。おそらく韓国は日本ほど工業化されておらず，したがって物質主義も同程度には至っていないのだろう。

　一見して奇異に思えることは，普及は日本で最も速く進むが，日本人はまた，新たなハイテク製品の購入には最も慎重でもあるということだ（図表8-3）。日本人は新製品の実態が明らかになるまでは用心深いようである。おそらく日本では自由な返品条件が整備されていないためだろう。それゆえに当初は躊躇するが，その後は急速に製品イノベーションを受け入れるのだ。中国人は，研究を行った4つの文化地域中，最も用心深くない（41.7％）。中国では，テレビのような新しい消費財に関心が高いからだろう。

　その上，テレビは購入に際して若い世代に影響を与える家族の年長者の間で既に広く知られている。最後に，中国人が新製品の購入に関して用心深くないのは，おそらく調査を行ったどの文化地域の購買者よりも，画期的な新製品を試す機会が少ないからだろう。

　アメリカ人は新製品に対して最も高い信頼をおいているようだ。一般的に用心深くない（「用心深くなる」が，わずか43.8％，図表8-3）だけでなく，通常，新製品を試すこともしない。アメリカ人回答者は，ビデオデッキのような新製品を購入前に2，3回以上試す人はごくわずかだろうと感じていた（図表8-3）。

　図表8-4は，新たなハイテク製品を試したいと考えている消費者の文化的対比を補足的に示したものである。とりわけ日本人と韓国人にとっては，比較的高価で新たに普及した製品への信頼をもたらす最も重要な要素がブランド名となっている（各々38.9％，39.9％，図表8-4）。日本人の場合，ハイテク製品を購入する店が購買意思決定上大きな役割を果たす（14.8％）。日本では店主と消費者の間に強い結びつきがある。この種の結びつきは，世代から世代へ継承されるといわれている。そのため，店主の世代と消費者の世代とが相互に連動しているのだ（クレイボーンとサムリ Claiborne and Samli 1987a, 1987b）。

図表 8-4　顧客が製品を試す理由

	日本	中国	アメリカ	韓国
製品を返品できる	13.0	5.9	21.9	15.8
ブランドが優れている	38.9	29.4	12.5	39.9
店を非常に信頼している	14.8	2.9	6.3	7.2
試用期間がある	11.1	17.6	3.1	19.1
上記すべて該当	16.7	41.2	43.8	19.7
その他	5.7	2.9	12.5	3.3

　試用期間は，初めて製品にトライしようとする人々に安心感を与えることから，韓国では非常に重要な意味を持つようだ。韓国は，本研究中2番目に用心深い文化地域なので，この研究結果は特に重要だ。このような文化地域でマーケティングを成功させるには，マーケティング計画の一部として魅力的な試用期間を盛り込むことが必要である。同様に，「最も用心深くない」というアメリカ人の特徴は，新製品に満足できない場合には簡単に返品できるという実情に起因するものである（図表8-4）。

　一般に普及する前に，このような画期的な新製品を初めて買おうとするのはどのような人だろうか。図表8-5は，その文化的特徴を示している。日本と韓国では，革新者と初期受容者は主として所得が平均以上の人々である（各々23.7％，21.2％）。中国では，オープンマインドといわれる人が最も新製品にトライしているようだ（27.1％）。アメリカでは，高い教養と平均以上の所得というのが，革新者と初期受容者の主な特徴である。これは，先行研究（マイヤースとロバートソン Myers and Robertson 1972, ロバートソンとマイヤース 1969；スージャン Sujan 1985）とも一致しており，今回の研究結果の正当性を裏付けている。

　最後に，多様な社会で生活する人々は，比較的高価なハイテク製品を含む新製品に関してさまざまな情報源を持っている（図表8-6）。日本では，類似製品について知る人が情報源になる（19.3％）。また，日本では回答者の多く（20.7％）が，製品の特徴を比較するために多様な店舗に足を運ぶと回答している。このことが，店主との関係をより緊密なものにする。

第8章 異文化におけるイノベーションの普及　　　131

図表8-5　新製品を最初に試す人の特徴

特徴	日本	中国	アメリカ	韓国
冒険好き	7.2	14.0	5.4	5.0
国際人	5.3	—	7.6	3.8
社会的に流動的	6.6	4.7	5.4	8.3
自分に自信がある	10.5	11.2	7.6	9.0
オープンマインド	9.2	27.1	16.3	11.7
教養がある	12.5	14.0	18.5	6.0
リスクテイカー	5.9	6.5	14.1	5.0
所得が平均以上	23.7	14.0	18.5	21.2
円熟している	2.6	0.9	—	1.7
体制に順応しない人	1.3	0.9	2.2	13.1
オピニオン・リーダー	3.9	0.9	4.4	1.9
現代的	11.8	3.7	6.5	11.4
その他	1.3	1.8	2.2	1.0

図表8-6　消費者はどこに情報を求めるか

	日本	中国	アメリカ	韓国
友人	18.5	—	20.3	5.7
親	0.7	6.0	1.7	1.1
家族	6.7	17.9	5.1	4.0
職場の同僚	9.6	26.2	3.4	9.7
類似製品を知る人	19.3	15.4	8.4	23.0
図書館で製品について読む	—	1.2	1.7	1.1
店長や店員	3.0	1.2	8.4	5.1
製品の特徴を比較しに複数店舗に出向く	20.7	17.9	32.2	15.5
パンフレット，販売資料，広告を読む	18.5	14.3	18.6	35.1
その他	3.0	—	—	—

　一方，中国では，新製品に関する情報を家族や職場の同僚から得ている（各々17.9％，26.2％）。中国では店も消費者への情報提供に重要な役割を担っている。中国では非常に所得が低いので，家族がお金を出し合ってテレビのような高価な新製品を購入することがある。そのため中国では，資金を

図表 8-7　4つの文化地域における反応階層モデル

	日本	中国	アメリカ	韓国
認知的段階	友人や有識者から情報を入手。パンフレットや販売資料を読む。	家族や職場の同僚，有識者から情報を入手。	友人やパンフレット，販売資料から情報を入手。	有識者から情報を入手。パンフレットや販売資料を読む。
感情的段階	ブランドが非常に強力なので，製品への興味や信頼を増す。	ブランドが非常に強力で試用期間があるので，製品への興味や信頼を増す。	製品を返品できるので製品への興味や信頼を増す。	ブランドが非常に強力で試用期間があるので，製品への興味や信頼を増す。
行動段階	所得が平均以上の人や教養のある人が製品を2，3回試用してすぐに購入する。	オープンマインドな人が製品を何回も試用してすぐに購入する。	所得が平均以上で教養があり，オープンマインドのリスクテイカーが，製品を試用せずにやや急いで購入する。	所得が平均以上で内部志向型の人が，製品を2，3回試用してゆっくりと購入する。

出し合う家族で意思決定するのが一般的である。アメリカ人は，本研究で取り扱うすべての文化地域の中で最も製品の特徴を比較する（32.2％）。また情報は友人から得る。韓国人は他の国よりもパンフレットや販売資料，広告を読むのが好きだったり（35.1％），製品について知る人の所へ出向いたりする傾向が強い（23.0％）。特に図表8-4，8-6は，これら4つの社会に存在する反応の階層性の違いを示している。これらの階層の多様性に基づいて，多様なマーケティング計画を立てることがこれらの市場での成功のカギとなるだろう。

採用過程の比較

集計データに基づき，各国用の採用モデルを作成した。図表8-7は，4

つの採用モデルを示している。これらは反応階層モデルに基づき，4つのそれぞれの文化地域に最近普及した比較的高価なハイテク製品への反応を示している。

　3段階分析（認知的段階，感情的段階，行動段階）を用いて，限定的ながら，使い勝手のよい採用モデルを図表8-7で示している。認知的段階では，中国人は家族や職場の同僚から多くの情報を得るようだ。4ヵ国中3ヵ国で，パンフレットや販売資料を大いに活用している。日本とアメリカでは，友人も重要な役割を演じている。韓国人が最も販売資料を読んだり，オピニオン・リーダーに意見を求めたりする。このように，反応階層の性格は4つの文化地域で全く異なっている。

　感情的段階では，4つのうち3つの文化地域で強力なブランドや知名度の高いブランドが有力のようである。それゆえ，このような文化地域では，新たに導入された製品が強力なブランドあるいは知名度の高いブランド品であれば，消費者の反応が前向きになる可能性が高い。アメリカの採用過程に影響を与える主因は，製品の返品条件である。同様に，中国と韓国では試用期間が重要な役割を果たす。

　最後に行動段階において，アメリカ人は一般的に購入前に製品を試すことはしない。一方，日本人は2, 3回試し，中国人や韓国人は何度も試す。日本人が2, 3回しか試さないという事実は，非常に大きな意味を持つとみられる。これは知名度の高いメーカーやブランドに対する日本人の信頼やロイヤルティを示すものだからだ。同様に，このことが日本人の買い急ぎの傾向を強めているのかもしれない。中国でも製品の購入が早いという事実は，中国人の製品への関心の高さを示すが，いったん購入を決めてから購入するまでの速さは，家族の長老やリーダー次第である。製品の購入はアメリカではややゆっくりで，韓国ではさらに遅くなる。

普及に基づくマーケティング計画

　新たなイノベーション過程やそれを踏まえた反応階層モデルを採用することにより，研究対象のような新しいハイテク製品を売り出すための戦略を導

図表 8-8　4つの文化地域における新製品のマーケティング

日本	中国	アメリカ	韓国
新製品は説得力のあるパンフレットと販売資料を伴い，広範囲に宣伝する必要がある。	職場や家族の相談役を通して製品を宣伝する。	新製品は人々の相互関係を刺激しながら幅広く宣伝する必要がある。説得力のあるパンフレットと販売資料が必要。	有識者への宣伝の他に，説得力のあるパンフレットと販売資料を使って製品を宣伝する。
有名なブランド名で製品を導入する。	有名なブランド名で製品を導入し，試用期間を充実させる。	必ず製品を返品可能にする。	説得力のあるパンフレットと販売資料が必要。
製品を試せる機会を提供する。	何回でも製品を試せる機会を必ず提供する。	製品の市場への適用範囲を広くする。	有名なブランド名で製品を導入し，試用期間を提供する。
プロモーションは高所得で高い教養のある人に的を絞る。	プロモーションはオープンマインドな人に訴えかけながらメディアに的を絞る。	プロモーションは高所得で教養がありオープンマインドのリスクテイカーに的を絞る。	時間をかけて製品を導入する。プロモーションは所得が平均以上の内部志向型の人に的を絞る。

き出すことができる。図表8-8は，4つの社会のそれぞれで成功する可能性が高いマーケティング計画の主な特徴を示している。革新者や初期受容者が新製品を早く採用すると想定される場合には，広範囲に新製品の導入を宣伝する必要がある。しかし，この宣伝は各文化地域にあわせて展開されなければならない。説得力のあるパンフレットや販売資料が日本や韓国，アメリカでは必須となる。一方中国では，職場や家族の相談役を通して宣伝することが必要だ。また，韓国や日本では製品を有識者の間に宣伝すべきだ。

　特に日本ではハイテク製品は知名度の高いブランドで導入すべきである

が，それは中国，韓国でも同じである。中国では試用期間の設定が必須であるし，アメリカでは自由な返品条件が非常に重要である。日本や中国の人々は新製品を試すことが必要だ。アメリカでは，事前に試用期間を設ける必要はないので，製品の導入が遅れてはならず，製品を大々的に売り出すことが必要である。日本では，新製品が非常に早く購入されていくので，できるだけ早く流通させることが必要だ。ただし，製品に関する適切な情報が効果的に広められた後にはじめて製品の購入が早まるだろう。

　日本では，イノベーションに関するプロモーションは高所得かつ教養のある人に的を絞って行うべきだ。中国では，オープンマインドの人が対象となる。アメリカでは，画期的な新製品は比較的高所得で教養があり，オープンマインドなリスクテイカーを対象にプロモーション活動を行うべきだ。最後に，韓国では，製品のイノベーションはよりゆっくり導入し，所得が平均以上の内部志向型の人を対象にプロモーション活動を行う必要がある。今一度，これらのマーケティング戦略は限られた標本にもとづいていることを理解されたい。これらの文化地域の一つで大型のイノベーションが普及しそうな時は，より包括的なデータベースが必要となろう。しかし，今回の研究結果は，異文化における普及，採用，および階層化の過程が，効果的なマーケティング戦略に結びつく可能性があることを示唆している。

要　　約

　本章では，異文化においていかに新製品が普及するかについて論及している。本章では，伝統的な普及分析法とは異なり，普及曲線は常に正規曲線になるとは限らないと主張する。ある社会では，おそらく物質主義の蔓延や工業化の加速により，普及曲線が左にずれるかもしれない。左にずれるということは，新製品がより早く採用される傾向があることを意味する。革新者や初期受容者の割合がかなり高くなっているからである。同様に，集団主義的な社会，あるいは伝統的な社会では，普及曲線は右にずれる可能性が高い。そのような社会では新製品を購入する傾向がかなり緩やかだからだ。これは基本的に社会人口の大部分を後期大衆や遅延者が占めていることを意味して

いる。

　普及過程とは，新製品採用と社会の密接な関係をマクロの図式で表したものである。この概念の分析や測定を操作しやすくするために，採用過程を使うことを提案している。採用過程とは，社会において人々がどのようにして新製品を採用するかを示すものである。これには認知，感情，行動という3つの段階がある。これまでの常識とは異なり，本章では，認知的段階，感情的段階が行動段階をもたらし，その形成に関与すると主張する。さらに，認知的，感情的段階が行動の性質を形成する際には，消費者行動にさらなる影響を与えるその他外部要因と内部要因があるとも主張する。外部要因としては，一つの概念が取り上げられる，すなわち原産国効果がそれである。これについては第9章で論じる。内部要因では，2つの概念が重要である。関与と学習がそれである。この2つの概念については，第11章，第12章でそれぞれ取り上げる。

　採用過程の具体化には，異文化間における効果の階層性の影響を分析することが求められる。この一般的なモデルに基づき，普及過程を日本，韓国，中国，アメリカという4つの文化地域で調査した。その結果を踏まえて，比較的高価なハイテク新製品が，いかに売り出され，普及していくのかについて実証的に考察した。

参考文献

Abrahamson, Eric. 1991. "Managerial Fads and Fashions : The Diffusion and Rejection of Innovations." *Academy of Management Review Reciw* 16 (3) : 586-612.

Andreasen, Alan R. 1965. "Attitudes and Consumer Behavior : A Decision Model." In *New Research in Marketing*, edited by Lee E. Preston, 1-16. Berkeley, CA : University of California.

Belk, Russel W. 1985. "Materialism : Trait Aspects of Living in the Material World." *Journal of Consumer Research* (December) : 265-279.

Berkman, Harold W., and Christopher Gilson. 1986. *Consumer Behavior-Concepts and Strategies*. Boston : Kent Publishing Company.

Bhawuk, D. P. S., and Richard Brislin. 1992. "The Measurement of Intercultural Sensitivity Using The Concept of Individualism and Collectivism." *International Journal of Intercultural Relations* 16 : 413-436.

Boddewyn, Jean J. 1981. "Comparative Marketing : The First Twenty-Five Years."

Journal of International Business Studies (Spring/Summer) : 61-80.
Cateora, Philp R. 1987. *International Marketing*. Homewood, IL : Richard D. Irwin, Inc.
Clairborne, C. B., and A. Coskun Samli. 1987a. "Some Insights into International Retailing : A Theory of Balanced Markets and The Entrepreneurial Spirit." In *Proceedings of World Marketing Congress*, edited by K. O. Bahn and M. Joseph Sirgy, 81-84. Miami : Academy of Marketing Science.
—————. 1987b. " Some observations on Japanese Retailing Strategies : Lessons for Eastern Europe and America." *Proceedings of The Academy of Marketing Science*.
Cundiff, Edward W., and Marye T. Hilger. 1988. *Marketing In The International Environment*. Englewood Cliffs, NJ : Prentice-Hall, Inc.
Gatignon, Hubert, and Thomas S. Robertson. 1985. "A Propositional Inventory for New Diffusion Research." *Journal of Consumer Research* (March) : 849-867.
—————.1989. "Technology Diffusion : An Empirical Test of Competitive Effects." *Journal of Marketing* (January) : 35-49.
Ger, Guliz. 1992. " The Positive and Negative Effects of Marketing on Socioeconomic Development : The Turkish Case." *Journal of Consumer Policy* 15 (3) : 229-253.
Ger, Guliz, and Russell W. Belk. 1990. "Measuring and Comparing Materialism Cross-Culturally." In G. Gorn, M. Goldberg & R. Pollan (eds). *Advances in Consumer Research* 17, 186-192. Provo, UT : Association for Consumer Research.
Hall, Edward T. 1976. *Beyond Culture*. New York : Anchor Press/Doubleday.（安西徹雄訳『文化を超えて』研究社出版，2003年）
Hirschman, E. C. 1980. " Innovativeness, Novelty Seeking and Consumer Creativity." *Journal of Consumer Research* 7 : 283-295.
Hofstede, Geert. 1983. " The Cultural Relativity of Organizational Practices and Theories." *Journal of International Business Studies* (Fall) : 75-89.
Hovland, Carl I., Irving L. Jonis, and Harold H. Kelley. 1953. Communication and Persuasion. New Haven, CT : Yale University Press.
Howard, John A., and Jagdish N. Sheth. 1968. " A Theory of Buyer Behavior." In *Perspectives in Consumer Behavior*, edited by Kassarjian and Robertson, 467-487. Greenview, IL : Scott Foresman and Company.
Kamakura, Wagner A., and Siva K. Balasubramanian. 1988. "Long Term View of the Diffusion of Durables. " *International Journal of Research in Marketing* (January) : 1-13.
Kotler, Philip. 1990. *Marketing Management*. Englewood Cliffs, NJ : Prentice Hall, Inc. （恩蔵直人監修，月谷真紀訳『コトラーのマーケティング・マネジメント，ミレニアム・エディション』ピアソン・エデュケーション，2001年）
Lavidge, Robert, and Gary A . Steiner. 1961. "A Model for Predictive Measurements of Advertising Effectiveness." *Journal Marketing* (October) : 59-62.
Lee, Chol. 1990. "Determinants of National Innovativeness and International Market

Segmentation." *International Marketing Review* 7 (5): 39-49.
Myers, James H., and Thomas S. Robertson. 1972. "Dimensions of Opinion Leadership." *Journal of Marketing Research* (February): 40-46.
Nicosia, Francesco M. 1966. *Consumer Decision Process.* Englewood Cliffs, NJ: Prentice-Hall, Inc.(野中郁二郎・羽路駒次訳『消費者の意思決定過程』東洋経済新報社, 1979 年)
Ohmae, Kenichi. 1985. *Triad Power.* New York: The Free Press.(『トライアド・パワー ——三大戦略地域を制す——』講談社, 1985 年)
Ostland, Lyman E. 1974. " Perceived Innovation Attributes As Predictors of Innovativeness." *Journal of Consumer Research* (June): 23-29.
Palda, Kristian S. 1966. "The Hypothesis of a Hierarchy of Effects: A Partial Evaluation." *Journal of Marketing Research* (February): 13-24.
Riesman, David. 1950. *The Lonely Crowd.* New Haven, CT: Yale University Press.(加藤秀俊訳『孤独な群衆』みすず書房, 1965 年)
Robertson, Thomas S. 1968. " Purchase Sequence Responses: Innovators vs. Non-Innovators." *Journal of Advertising Research* (March): 47-52.
———. 1971. *Innovative Behavior and Communication.* New York: Holt, Rinehart & Winston.
Robertson, Thomas S., and James H. Myers. 1969. "Personality Correlates of Innovative Behavior." *Journal of Marketing Research* (May): 164-168.
Rogers, Everett M. 1962. *Diffusion of Innovation.* New York: Free Press.
———. 1976. "New Product Adoption and Diffusion." *Journal of Consumer Research* (March): 290-301.
———. 1983. *Diffusion of Innovation.* New York: The Free Press.(藤竹暁訳『技術革新, 普及過程』培風館, 1986 年)
Smith, Robert E., and William R. Swinyard. 1983. "Attitude Behavior Consistency: The Impact of Product Trial Versus Advertising." *Journal of Marketing Research* (August): 257-267.
Strong, E. K. 1925. *The Psychology of Selling.* New York: McGraw Hill.
Sujan, Mita. 1985. "Consumer Knowledge: Effects on Evaluation Strategies Mediating Consumer Judgments." *Journal of Consumer Research* (June): 31-46.
Takada, Hirokazu, and Dipak Jain. 1991. " Cross-National Analysis of Diffusion of Consumer Durable Goods in Pacific Rim Countries" *Journal of Marketing* (April): 48-54.
Terpstra, Vern. 1987. *The Cultural Environment of International Business.* Cincinnati, OH: South-Western Publishing Company.
Walters, C. Glenn, and Blaise J. Bergiel. 1989. *Consumer Behavior.* Cincinnati, OH: South-Western Publishing Company.

第9章

原産地コンセプトと文化

　人々が個人主義的か集団主義的な社会に属するかどうか，人々が認知的か感情的な力によって影響を受けるかどうか，それとも，人々が個人を通じてか人と人との間の活動によって情報を得るかどうかにかかわらず，人々は，製品に関するある選好を持っている。これらの選好は，実際の製品それ自身，それが識別されるブランド，製品を作る会社，およびそれが作られた国と関係がある。ある自動車，自家用飛行機あるいは猟具は，ただ賞賛されるだけのものかもしれないし，それらの特定の特徴をベースとして認識されるかもしれない。たまたま製品を作る会社の名前と同じ製品ブランドが識別されることがさらにありそうである。レクサス自動車，フォード自動車およびIBM製品は，すべてこのグループに属する。近年，研究者は，製品が作られる国が非常に重要であることを知った。この原産地コンセプトは，異なる世界市場で製品を受け入れさせる上で大きな役割を果たす重要な製品情報想起である。本章は，第8章で議論され図表8-2で例証されたような，国際的消費者の行動する性向と行動段階の間の外部影響として，どのように原産地想起が利用されるかについての議論を示す。ここの議論は主として1つの製品グループであるアパレルを中心に考察をめぐらす。しかし，議論の多くは，世界の至る所で市場に出される他の多くの製品に適用可能である。

製品情報想起の重要性

オルソンとジャコビィ（Olson and Jacoby 1972）は内因性と外因性という2つのカテゴリーに製品情報想起を分類した。内因性の想起は物理的に変更されないかぎり変化しない製品想起である。他方、外因性の想起は、物理的な変更なしで変更することができる。製品の原産地は特に国際マーケティング（サムリ、グリューワルおよびエリクセン Samli, Grewal, and Ericksen 1994）の中で、最も重要な外部想起のうちの1つである。実際、サムリとその同僚たち（Samli and colleagues 1993）は4つの製品特性のうちの1つとしてこの想起を分類した。すなわち、物的生産物、パッケージ、サービスおよび原産地の中の1つである。

他の3つの特性と同様に、原産地想起は、様々な形で消費者の製品評価に影響する。ヤング、サウアーおよびウナバ（Young, Sauer, and Unnava 1994）は、原産地が個人の心理に影響する、3つの別個の方法を示唆している：①ハロー（後光）・プロセス、②製品の属性に関する信念、および③購入意思。

ハロー・プロセス（後光プロセス）

たとえ消費者が製品の特徴を好きかもしれなくても、この製品がよいクオリティ製品の生産者であるという好評を得ていない国で作られる場合、消費者は評価を見直し、低下させるかもしれない。したがって、製品が作られた国に関して持っている消費者の感覚が、問題の製品の総括的評価に直接的に転換される。この場合、国の名前はプラスまたはマイナス感情を引き起こす想起である。一方、国名は、国の特定の評判あるいは技術を考えない場合でさえもプラスまたはマイナス感情を引き起こす特定の想起として働く。それがその国に対する特有の感情によって条件付けられるので、国に対するそのような潜在している感情は長い間持続するであろう。これらの感情、新情報あるいは条件付けは、製品に関する否定的か、肯定的なハロー（後光）効果を生みだすだろう。この状況は図表9-1に描かれている。

図表で見られるように、認知、感情、また行動段階が示されている。ある

図表 9-1　原産地想起のハロー効果

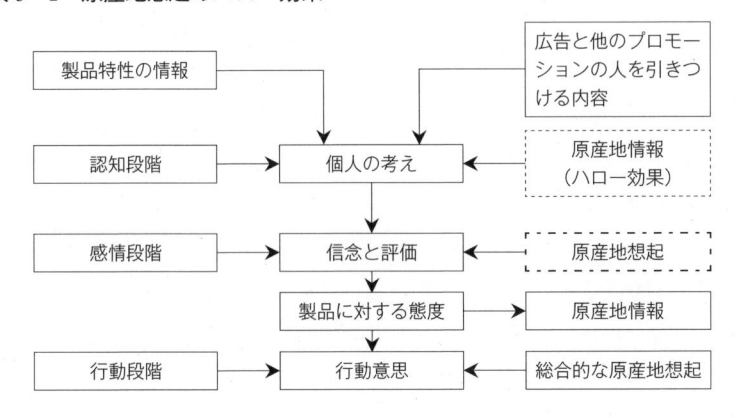

```
                    ┌─────────────┐              ┌──────────────┐
                    │ 製品特性の情報 │              │広告と他のプロモー│
                    └──────┬──────┘              │ションの人を引きつ│
                           │                     │ける内容        │
                           │                     └──────┬───────┘
                           ▼                            ▼
  ┌─────────┐      ┌─────────────┐            ┌──────────────┐
  │ 認知段階 │─────▶│  個人の考え  │◀──────────│  原産地情報   │
  └─────────┘      └──────┬──────┘            │ （ハロー効果）│
                           │                   └──────────────┘
                           ▼
  ┌─────────┐      ┌─────────────┐            ┌──────────────┐
  │ 感情段階 │─────▶│  信念と評価  │◀──────────│   原産地想起  │
  └─────────┘      └──────┬──────┘            └──────────────┘
                           ▼
                  ┌─────────────┐              ┌──────────────┐
                  │製品に対する態度│─────────────▶│  原産地情報   │
                  └──────┬──────┘              └──────────────┘
                           ▼
  ┌─────────┐      ┌─────────────┐            ┌──────────────┐
  │ 行動段階 │─────▶│   行動意思   │◀──────────│ 総合的な原産地想起│
  └─────────┘      └─────────────┘            └──────────────┘
```

説明：------ 原産地（ハロー効果）が消費者行動プロセスにいつ入り込むかに関する第1の選択肢（認知的仲介）
　　　 --- 原産地が消費者行動プロセスにいつ入り込むかに関する第2の選択肢（組み合わせ効果）
出所：ヤング，サウアーおよびウナバ（1994）から採用され改訂された。

場合には，原産地想起は認知の段階でハロー効果を創造する。もし，個人がユーゴスラビアのコマーシャルに注意を払い，いい製品の特色を気に入った場合には，そういった身近な製品情報が製品を評価したことになる。彼らはハロー効果によって影響を受けるかもしれない。図表9-1はこの点で，個人にはユーゴスラビアに関する潜在的な考えがあったのか，あるいは広く行きわたっている国内の混乱と過去の評判で，この国がすべての製品で最高のものを本当に生産するというわけではないかもしれないと意識的に理解したことをあらわしている。したがって，個人の製品についての全体的な評価を修正した否定的なハロー効果が創造されている。ある人にとっては，このハローが最初に発生し，そして，製品の完全な評価プロセスが心の中で一連の原産地想起とともに行われた。物的生産物，パッケージおよびサービス・コンポーネントに加えての4番目の製品特徴（サムリ，スティルおよびヒル Samli, Still, and Hill 1993）として，それは個人の考え（認知段階）で査定され，製品評価の過程において重大な役割を果たしてきた。原産地はこの場合，第3章で示された文化による選別に続くものである。それは，評価プロ

セスの進行に影響を及ぼす重要な力であることを示唆している。本質的には，それはトータル・プロダクト評価プロセスを修正するという意味で，非常に重要な力である。しかしながら，感情的段階における製品属性に関する信念は，原産地想起として同じ影響力をもつわけではないのである。

製品の属性に関する信念

原産地想起がどのように個人の購買行動に影響を及ぼすかに関する第2の選択理論も図表9-1に示されている。この選択肢は，認知仲介プロセス（エリクソン，ヨハンソンおよびチャオ Erickson, Johansson, and Chao 1984；ヨハンソン，ダグラスおよび野中 Johansson, Douglas, and Nonaka 1985；ハン Han 1989）として知られている。それは，製品の特徴あるいは属性に関する信念が製品の原産地情報によって直接影響を受けるという議論に基づく。これらの影響を受けた信念は，製品に対する姿勢の変化を仲介する。製品特質に関する信念のこの変化は，認知段階（図表9-1）で受け取られた原産地情報によって仲介されている。この理論は，原産地想起が認知段階（図表9-1）で思考過程に入ると主張する。それは，製品特質についての信念の変化を仲介する。ヤング，サウアーおよびウナバ（1994）と異なり，ここでは原産地想起のインパクトが感情段階において消費者の全面的な思考過程へ入ることが主張され，また，それゆえに，それは情報よりも感情や信念との結びつきが強いということになる。

購入意思

原産地想起が消費者行動に影響を及ぼす，3番目のありうるべき様式は，行動への直接効果によるものである。これは選択肢として図表9-1に示される。この3番目の選択肢について，ヤング，サウアーおよびウナバ（1994）は次のように述べる。

「原産地情報は行動に影響を与える……製品特質または態度への仲介的影響なしの行動への直接効果によって」。したがって，原産地想起は行動段階の直前に，あるいはその段階で受容される。著者は「アメリカ製品を買おう」キャンペーンにさらされた後に自分たちの考えを変える，日本車の購買

見込み客の例を挙げる。しかし，本書では，消費者心理への原産地想起の影響の最も適切な説明は，むしろ累積的なものであると主張する。これらの想起は，行動段階だけでなく認知・感情の段階のすべてを通じて存在するし，認められるのである。想起が認知段階で受け取られる場合，それらは製品特質に影響を及ぼす。感情の段階で受け取られれば，それらは信念に影響を及ぼすであろう。最後に，行動段階で受け取られる場合，それらは，製品特性と信念を補填したり，あるいは否定したりする可能性がある。補強結果がある場合，全面的な原産地効果は直接・間接の全体的累積効果のためにさらに大きいかもしれない。

原産地想起の戦略的利用

　戦略的に言って，原産地想起は1つの国の製品を他の国でプロモーションするために使用される。日本は，その製品が第二次世界大戦の後にアメリカで持たれていた貧弱なイメージを克服するために，アメリカで文字通り数十億ドルを費やした。日本の成功のすべては原産地想起の成功した結果であると考えることはたぶんできないけれども，それらは確かに重要な役割を果たした。実際，これらの想起またはそれらの変化は，依然として日本のアメリカの市場における成功に重大な役割を果たしている。

　原産地想起の戦略的利用は認知段階，感情段階あるいは行動段階に向けることができる。同じようなかたちで，3つすべてにそれを行うことができるかもしれない。図表9-2は，原産地想起が戦略の目的にどのように使用されるかを示している。標的市場が個人主義的で，産業化された低コンテキスト社会（第3章と第4章を参照）である場合，原産地想起情報を利用し，消費者行動の認識の段階にそれらを向けることは意味をもつ。これらの社会では，このことはより多くのマスメディア・コミュニケーションを意味している。

　標的市場が集団主義的で，伝統的，高いコンテキストの国々であると考えられる場合，原産地想起はより感情的なタイプかもしれないし，消費者行動の感情の段階に向けられるかもしれない。感情的な原産地想起は人と人との

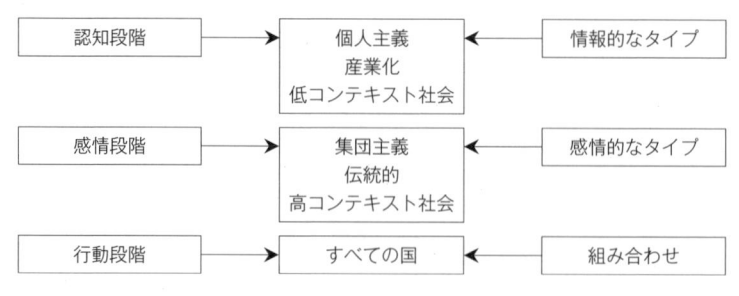

図表9-2 原産地想起の戦略的利用

認知段階	→	個人主義 産業化 低コンテキスト社会	←	情報的なタイプ
感情段階	→	集団主義 伝統的 高コンテキスト社会	←	感情的なタイプ
行動段階	→	すべての国	←	組み合わせ

間のコミュニケーションを通じて伝達されるだろう。

　最後に，原産地想起の組み合わせは，行動段階ですべての国々で使用することができる。当然，マスメディアおよび人と人との間のコミュニケーションのコンビネーションは，良い肯定的な結果をもたらすために使用されるであろう。

複合 対 単一製品想起

　本章の初めのところで，製品情報想起が内因性と外因性という2つのグループへ分類されると述べた。原産国は重要な外因性想起のうちの1つである。研究は，原産地想起が価格およびブランド情報（ウォール，リーフェルトおよびヘスロップ Wall, Liefeld, and Heslop 1991）よりも，消費者の製品品質評価への影響においてより重要なことを示した。しかしながら，これは，原産地想起（外因性想起）が明らかに内因性製品情報想起より重要であると必ずしも言っているわけではない。むしろそれは，外因性と内因性の想起のコンビネーションが有効に相乗的に働くことを意味する。したがって，ここでは他の製品想起と結びついた原産地想起がとても有効であると主張される。それらは他の製品想起と共に使用されねばならない。原産地想起が他の多くの製品想起より重要なことを知ることによって，国際マーケティング担当者は，彼らのマーケティング・プログラムで原産地想起を適度に強調することにより，彼らの標的市場とより有効にコミュニケートすることができる。

コーデル（Cordell 1991）によれば，原産地製品想起は，より裕福な消費市場と同様に，製品カテゴリー内のより平均水準以上の製品にとっても，よりよい競争上の手段である。内因性製品特質想起はタイミングを考えて予想購買者に伝えられる。このコミュニケーション活動のタイミングは重要である。ホンとワイヤー（Hong and Wyer 1990）は，原産地情報が市場へ十分に早く伝えられる場合，これらの想起が消費者製品評価の中でより影響力を高めると主張している。これは，原産地情報想起が累積された場合もっとも有効であるという本章中の先に述べたポイントを補強するものである。

戦略的意味合い

　原産地想起を戦略的目的に使用するためには，国際的な消費者行動へのインパクトと，これらの想起とを関連づけることが必要である。本章はこれまで，どのように，また，いつ原産地想起が国際的な消費者行動に対応するのかについて議論した。さて，戦略の展望にこの知識を加えることが必要である。本章の残りは，これを遂行することを試みる。

　サムリ，グリューワルおよびエリクセン（1994）は，アパレル産業用のマーケティング計画の制約要因によって原産地想起を操作できるようにするモデルを提示する。図表9-3は，このモデルの改訂版を示している。このモデルがアパレルのために構築されたものであることは繰り返して述べておく必要がある。原産地想起がすべての製品向けであるかどうかは疑わしい。それらが国に特有で，製品グループに特有であると私は確信する。

　モデルは6つのキー・ステップからなる：

1. **参入障壁**　これに該当する製品グループでは，様々な国々へのありうるべき参入障壁の考慮は重要である。アメリカのアパレル輸出には少なくとも2つのタイプの障害がある。「①割当と関税のような伝統的障壁，②以下の3つのグループからの競争（フランスおよびイタリアからの最新ファッションと高価なアパレル，東南アジアからの安いアパレル，およびターゲット国自身のアパレル産業）」（サムリ，グ

リューワルおよびエリクセン 1994, 241)。国際市場が参入不可能な場合，他の選択肢が調査されねばならない。

2. **細分化**　　消費者行動が国々の様々なセグメントにおいて異なるので，原産地想起は各国ごとに特殊的である（少なくとも，そうあるべきである）。他の製品情報想起に加えて原産地想起を注意深くコミュニケートすることができるように，この国ごとの特異性は注意深い細分化を必要とする。アメリカのアパレルの場合には，ケールとサダールシャン（Kale and Sudharshan 1987）によって提案された方法で，国際市場の選択された特定の小地域（ポケット）を分析しさらに結びつける必要がある。彼らは戦略的に等価な細分化（SES，第10章参照）の技術を明確にした。

3. **原産国想起がどのように見られているか評価すること**　　原産地（この場合，「メイドイン USA」）情報想起は，肯定的にかあるいは否定的に見られているかどうかを確認することが必要である。アメリカ製品はイランで肯定的に見られないかもしれない。しかし，それらはメキシコにおいて非常にポピュラーである。「アメリカン・メイド」が肯定的に認められていれば，これらの市場が追求されるべきである。それが対立的な場合，国際市場に食い込もうとすることはほとんど役に立たない。長い目でみれば，多くの手法の中で，価格促進，担保，保証，有名な小売店によるマーケティングおよび有名ブランドの使用によって否定的な見方を緩和する試みがあるかもしれない。

4. **製品特徴**　　調査研究に基づいたサムリ，グリューワルおよびエリクセン（1994）は，アメリカのアパレル製品の主要な特徴が国際的な消費者にどのように見られているかを究明した。これらの製品特徴は，アパレル産業が世界中の市場獲得のためにその努力を置くべき標的市場になる可能性が最も高い。国際的な消費者の目によって重要な内因性製品想起を識別することによって，この産業は製品想起および原産地想起の中で最も適切な結合連携を準備することができる。サムリ，グリューワルおよびエリクセン（1994）は，内因性と外因性の製品想起間のバランスが国際市場における成功に必要であると主張している。

5. **ポジショニング（位置づけ）**　アパレルの場合のポジショニングは，異なる世界市場に向けての製品情報想起および原産地想起の連携（コンビネーション）を選択して使用することである。製品は，原産地想起（デブリン Doeblin 1982）に関連した心理的価値を利用する方法で位置づける必要がある。産業は一律のやり方ですべての市場に参入する試みによってではなく，特定の国際市場での原産地想起と製品の想起の選択された連携（コンビネーション）によって競争することができるだろう。これらの市場のどのような構成が本当に有望なものかを識別することなしに，内因性と外因性の製品想起を強力に利用することはできない。言いかえれば，もし適切なポジショニングが有効でなければ，この産業は国際的な舞台においてあまり進歩することができない。

6. **プロモーション**　上記のすべての5つのステップに基づいて，アメリカのアパレル産業はその製品を販売促進する必要がある。図表9-2の議論に基づいた図表9-3は，プロモーションが情報的，感情的，あるいはある種の重要なコンビネーションのどれかであることを示している。本章の初めに議論されたように，消費者行動の認知段階は，特に個人主義の文化および産業化され，低いコンテキスト文化の中では，情報的な原産地想起を受容しがちである。ここで，良い結果を得るためには，マスメディアによって選び出された製品とアメリカについての事実を組み合わせる必要がある。範囲（スペクトラム）のもう1つの端においては，集団主義的で，伝統的，高コンテキスト社会が，消費者行動の感情の段階で，情緒的な原産地想起を受け入れるであろう。ここで，情緒的な原産地想起は，人々や小売店およびより多くの人々が関連するコミュニケーション手段によって遂行されるであろう。

すべての国々が個人主義 対 集団主義的な二分法に陥るとは限らないことは明白である。したがって，これらの国々へ訴える原産地想起の組み合わせを考える必要がある。ここで，すべての国々の行動段階を念頭においた連携メッセージが最良の結果をもたらすことができることが示されている。しか

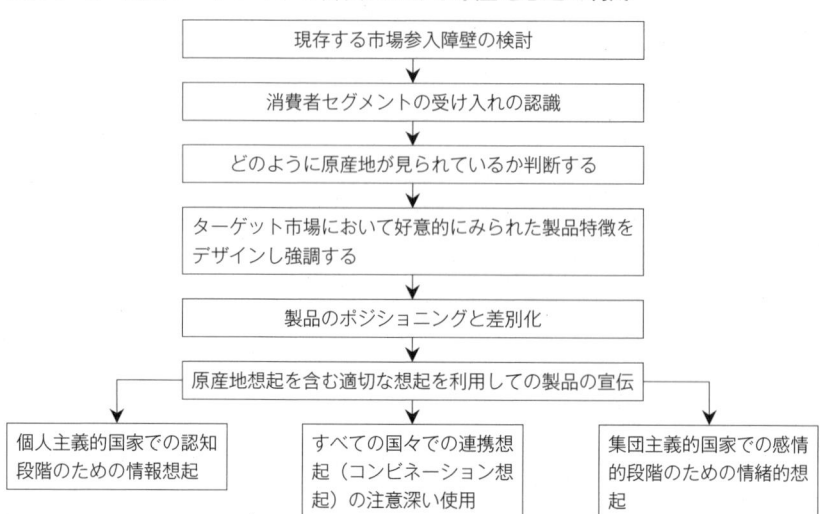

図表 9-3　国際マーケティング計画における原産地想起の利用

```
現存する市場参入障壁の検討
        ↓
消費者セグメントの受け入れの認識
        ↓
どのように原産地が見られているか判断する
        ↓
ターゲット市場において好意的にみられた製品特徴を
デザインし強調する
        ↓
製品のポジショニングと差別化
        ↓
原産地想起を含む適切な想起を利用しての製品の宣伝
    ↙       ↓       ↘
個人主義的国家   すべての国々での   集団主義的国家での
での認知段階の   連携想起（コンビ   感情的段階のため
ための情報想起   ネーション想起）   の情緒的想起
              の注意深い使用
```

出所：サムリ，グリューワルおよびエリクセン（1994）から加筆および再検討

しながら，いくつかの社会，特に全く個人主義でないか，全く集団主義的でないものでは，行動の3つの段階がすべて原産地想起の効果的な実現のために使用されてもよいであろうことは理にかなっている。特にアメリカのアパレルに対して前向きな姿勢を持っていない国々（あるいは市場）で，最大の累積効果を達成するためのこのトータルなアプローチは，最良であるということを示すことになろう。

　図表9-3に示されたモデルがもっぱらアパレル産業向けであることは本章の中で指摘されている。しかしながら，このモデルの他のバリエーションを様々な産業のために開発することができる。したがって，原産地想起は同じ製品カテゴリーの多くの製品にハロー効果を提供するかもしれないが，それらはその国によって作られた製品のすべてに波及しないであろう。言いかえれば，アメリカのアパレル産業によって利用される原産地想起は，アパレル・ラインのグループのすべての製品にハロー効果を提供するかもしれないが，しかし，それらは自動車のような他のアメリカ製品のためのハロー効果を創造しないであろう。

国際ブランド

　ブランドは製品の最も最初の明白な識別要因である。製品がどこで作られるかに関する情報に加えて，ブランドはさらに重要な原産地想起でもある。世界中の最も有名なブランドはそれらがどこに起源をもつかに関して知られている。

　ブランドは他の原産地想起と相互に作用し，恐らく他のそれを強化する。しかしながら，さらに，それらは国際的な消費者行動に関して特別の役割を持っている。製品を識別可能にし，他の原産地想起を強化することに加えて，国際的なブランドは，製品のための市場支配力を確立し，一層の製品ロイヤルティを刺激する。ブランド・ロイヤルティが1ヵ国において強い場合，および同じ条件を再生することができる場合，そのとき製品は重要な競争的優位を享受することができる。

　シンガー，ロールスロイス，バイエル・アスピリンはすべて世界の至る所での有名ブランドである。一方では，テンダー・ヴィッテルス，ボーデン，メリタのような多くのブランドは世界中でよく知られているわけではない。

製品特性

　多くの製品はローカルな欲求に対応することを元来目指したが，そのうちに，それらは国際的な水準を開発し，グローバルになった。シンガーとリーバイスのブルージーンズはその例である。何がローカルな製品をグローバルにし，そしてそのブランドをグローバルにするのか。

　サムリ，スティルおよびヒル（1993）は，欲求階層を単純化すると，それは存在欲求（グローバルな），関連欲求（局地化された）および個人的成長欲求（グローバルで，局地化された）を取り扱うことになると論じている。彼らは，ある存在欲求に訴える製品が恐らくグローバルになる最良の機会を得ていると主張している。コカコーラおよびバイエル・アスピリンの両方はこのカテゴリーである。それらは最も基礎的な存在欲求に訴えた。そのうち

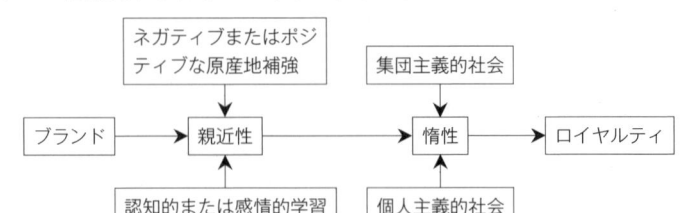

図表9-4 国際的ブランド・ロイヤルティモデル

```
                ネガティブまたはポジ        集団主義的社会
                ティブな原産地補強
                       ↓                      ↓
  ブランド ──→ 親近性 ──→ 惰性 ──→ ロイヤルティ
                       ↑                      ↑
               認知的または感情的学習      個人主義的社会
```

に、それらはグローバルになった。したがって、その製品の性質がブランドの国際化を演じる役割を持っているのだ。ある種の製品（従ってそれらのブランド）はグローバルに認識されるようになることがより自然である。

しかしながら、この仮定のもとでは、多くの製品が、他のものとは違って一層よく国際的に知られるようになる。国際的に知られるようになることは重要だが、国際市場のブランド・ロイヤルティの開発は、消費財のマーケティング担当者にとって決定的に重要である。ブランド・ロイヤルティは、どのように国際市場の中で生み出されるのだろうか。図表9-4は、この現象について説明するモデルを提案する。

国際的なブランド・ロイヤルティの形成

図表9-4は、多くの（あるいはすべての）世界市場において利用可能な製品のブランドネームが存在している地点から始まっている。製品が現在利用可能なすべての市場、および、それが利用可能になるかもしれない他の市場で、ある程度のブランドに対する親近性が存在する。これは製品自体についての親近性から区別されるかもしれないし、区別されないかもしれない。従って、ブランド親近性は製品親近性に関連付けられて考察される。このブランド親近性は、1つの方向からすると、原産地想起（第9章）によって強化されるか、弱められるかするのである。

別の方向からすると、ブランド親近性が現れて、認知的か感情的な学習によって強化される。個別的な学習（認知）を通じてか、あるいはある情緒的

な理由（感情）によって影響を受けるかして，ブランド親近性が強められる。同じブランドが必ずしも購入されるとは限らないがそれは，消費者はそれに忠実ではあるが，しかし消費者惰性があるためだ（エンゲルら Engel et al. 1990）と述べられている。惰性はまさに受動的で習慣的な購入を意味する。それはブランド・ロイヤリティほど強くなく，実行性もない。より伝統的かまたは集団主義的な社会において，惰性への傾向があるかもしれないことが推測される。これらの社会のマーケティング実行者は，それらの販売促進努力で家族年長者や他の伝統的な意思決定者を対象とすることにより，ブランドへの人と人との間の相互作用を刺激し，この惰性を活性化する必要がある。一方では，この著者は次のように考えている。より個人的な努力による認知学習が優勢なより個人主義的な社会では，人々は惰性段階を越え，活動的に，ブランド・ロイヤルティの開発に深く関わり合っているだろう，と。

より伝統的な社会では，ブランド品は少なく，また，これはそれ自体が惰性を強調するかもしれないことも示している。同じ理由で，より個人主義の社会での新製品の出現によって絶えずブランドが変化することは，マスメディアによって情報を与え，さらに認知的学習にかかわりが強い人々に訴えることによって，ブランド・ロイヤルティを勝ち取ることをマーケティング実行者に強いるだろう。

要　約

　本章は，国際的な消費者行動への外部からの影響者としてのインパクトを与える戦略的なツールとして，原産地想起を解明している。主として消費者の行動の意図と実際の行動の間で，この外部的な影響が頭角を現すことが主張される。

　消費者行動の3つの異なる段階（認知，感情，行動）に対して，多くの世界市場と共通性をもつ市場に向けて，さまざまな原産地想起が送付される。原産地想起が消費者行動の異なる諸段階で送られる場合，そこでは想起上に強力な累積効果がみられるだろう。

本章は，個人主義の，低コンテキスト社会では，マスメディアが消費者行動の認知の段階で原産地想起の情報をもたらすかもしれないということを主張する。集団主義的な社会では，人と人との間のメディアが消費者行動の感情の段階で，より情緒的な原産地想起をもたらすかもしれない。最後に，複合的と考えられる他の文化については，両方のコンビネーションが消費者行動段階で利用されるかもしれない。すべての場合において，原産地想起が他の内因性製品想起と共に結びついて，より強力になることがここで主張される。

最後に，6ステップのモデルは，長期計画に向けてこれらの概念を操作できるようにしている。以下のステップがそれである。①参入障壁，②細分化，③原産地想起，④製品特徴，⑤ポジショニングおよび⑥プロモーション。

参考文献

Cordell, Victor V. 1991. "Competitive Context and Price as Moderators of Country of Origin Preferences." *Journal of the Academy of Marketing Science* (Spring): 123-128.

Doeblin, J. 1982. "The Image of Made In Labels in Japan as a Criterion for Market Segmentation." In *Past, Present and Future, 25th Annual Conference*, 367-376. London: The Market Research Society.

Engel, James F, Roger D. Blackwell, Paul W. Milliard (1990). *Consumer Behavior*. Chicago: The Dryden Press.

Erickson, G. M., J. K. Johansson, and P. Chao. 1984. "Image Variables in Multi-Attribute Product Evaluations: Country-of-Origin Effects." *Journal of Consumer Research* (September): 694-699.

Han, C. M. 1989. "Country Image: Halo or Summary Construct?" *Journal of Marketing Research* (May): 222-229.

Hong, Sung-Tai, and Robert S. Wyer, Jr. 1990. "Determinants of Product Evaluation: Effects of the Time Interval Between Knowledge of a Product's Country of Origin and Information About Its Specific Attributes." *Journal of Consumer Research* (December): 277-288.

Johansson, J. K., S. P. Douglas, and I. Nonaka. 1985. "Assessing the Impact of Country of Origin on Product Evaluations: A New Methodological Perspective." *Journal of Marketing Research* (November): 388-396.

Kale, S. H., and D. Sudharshan. 1987. " A Strategic Approach to International

Segmentation." *International Marketing Review* (Summer): 60-70.
Olson, J. C, and J. Jacoby. 1972. "Cue Utilization in the Quality Perception Process." In *Proceedings*, in N. Venkatesan, (ed.), 167-179. Ann Arbor, MI: Association for Consumer Research.
Samli, A. Coskun, Dhruv Grewal, and Mary K. Ericksen. 1994. "Importance of Product Information Cues to Global Marketing." In *Global Marketing*, edited by S. S. Hassan and R. D. Blackwell, 230-249. Fort Worth, TX: The Dryden Press.
Samli, A. Coskun, Richard R. Still, and John Hill. 1993. *International Marketing : Planning and Practice*. New York: MacMillan.
Wall, Marjorie, John Liefeld, and Louise A. Heslop. 1991. "Impact of Country-of-Origin Cues on Consumer Judgements in Multi-Cue Situations: A Covariance Analysis." *Journal of the Academy of Marketing Science* (Spring): 105-113.
Young, Murray A., Paul L. Sauer, and H. Rao Unnava. 1994. "Country-of-Origin Issues." In *Global Marketing*, edited by S. S. Hassan and R. D. Blackwell. Fort Worth, TX: The Dryden Press.

第10章

国際市場細分化と消費者行動

　スピルボーゲル（Spielvogel 1989）はグローバル市場細分化は国境線を越えなければならないと主張する。このことは国際市場が同質ではないからである。しかしながら，国際的市場セグメントの分析において，体系的秩序をもったタイプのものはほとんど提供されていない。経済的知識の影響のもとで，初期の研究は経済発展という観点から世界市場を分析し，経済的発展のレベルによって世界市場をクラスター化することを試みる。この伝統的考え方のタイプは世界市場セグメントを分析する際によく用いられている。これらのセグメントが理解され，セグメント間を慎重に区別しない限りは消費者ニーズを十分に満足させることは不可能である。もちろん，消費者ニーズの十分な満足はまた国際マーケティング担当者に対して，利益機会を意味する。この章では，国際市場細分化の特定の諸側面が探求される。もっとも強調する点は国際的消費者行動である。ここでは，国際市場は消費者行動を基礎として細分化できることを主張する。

伝統的考え方に対する挑戦

　図表10−1は国際市場細分化の努力に関して伝統的考え方がいかに非効果的であるかを提示している。
　第1に伝統的考え方は国家間のみの異質性を仮定している。しかしながら，北イタリアと南フランスでは実際には異質的というよりも同質的である

図表 10-1　伝統的考え方 対 新しい考え方

伝統的考え方	新しい考え方
1. 国家間の異質性を仮定する。	1. 国境を越えたセグメントの出現を仮定する。
2. いかなる国もその国内は同質的である。	2. 国内での差異の存在を認める。
3. 市場細分化のマクロ基準を基礎としている（例：地政学的，社会経済的，人口統計的，文化的など）。	3. 「ハイブリッド」（複合性）あるいは市場細分化における特異な基準に焦点をあてる。この章でいえば消費者行動のある種の特異性。
4. 文化的差異に対して重点的に焦点を当てるが，それも単に極めてマクロレベルにおいてである。	4. ミクロレベルでの価値観や消費パターンなどに関する共通性と同様に差異性を重要視する。
5. 市場細分化の方法は国内市場のクラスター化を基礎としている。	5. 市場細分化の方法は国内あるいは国家間におけるミクロ市場のグループ化またはクラスター化を基礎としている。
6. ミクロセグメントすなわち国内市場のセグメントはあまり重要視されていない。	6. 消費者行動を基礎とするミクロセグメントに最重要ポイントがおかれている。
7. 全国レベルでの市場に対する考察がもっとも重要視される。	7. 全国レベルでの市場の考察はあまり重要ではない。
8. 主要な強調点は類似性である。	8. 主要な強調点は差異性である。

出所：ハッサンとサムリ（Hassan and Samli 1994）から採用され，改訂された。

ことがよくある。新しい考え方は，異なった国々に位置しているけれども，類似性をもった多くのセグメントが出現していることを主張するだろう。例えば，国際的なヤッピーやあるいは国際的なスポーツマン達はこの状況下にある。まさにほぼすべての国において，これら2つのグループに属する消費

者の小集団（ポケット）が存在する。

　伝統的考え方は，いかなる国においても国内は同質的であると考えているが，この事実は極めて重要性をもっている。歴史上では，この仮説は初期の国際市場が経済発展を基礎としてのみ評価されていたので，妥当性があった。たぶん，そのような社会の残余の部分すなわち資力をもたない部分市場は，とにかくモノがあまり買えないということもまた議論されたことであろう。しかしながら，現代的考え方はその正反対を重要視する。つまり，一国内における国際市場セグメントは大きく異なっており，これらのすべての部分市場が製品やサービスに対して潜在的可能性を有しているのだ。

　国際マーケティングの知識がある一定の発展レベルに整備される前には，市場細分化の目的に対して常にある一定のマクロ基準を用いる傾向があった。私の主張はこれらマクロ的基準に価値がないということではなく，これらのマクロ基準は市場セグメントの質的・量的特性を理解するには不十分であるということである。ハッサンとサムリ（1994）は市場細分化に対してある一定の複合的基準すなわち特殊な基準を提案してきた。この章の後半部分で国際市場細分化を行う際の基礎として，文化に関する特定の側面を提示することにする。文化はこれまでにも国際市場細分化に対して用いられてきたが，それは主としてマクロレベルにおいてであった。事実このタイプの方向性は以下のような間違った一般論化をもたらした。

- フランス人は3人中1人しか歯を磨かない。
- 5人のドイツ人のうち4人は1週間に1度だけしかワイシャツをかえない。（ディヒター Dichter 113）

　新しい考え方のもとでは価値観，消費パターンや消費態度に関する共通性と同様に差異性を重視する（あるいは少なくとも重視すべきである）。差異性は市場セグメントがお互いにどのように異なっているかを示すものである。その一方で類似性はセグメントがどのような行動をとるのかを示す。

　伝統的考え方はクラスターという観点から国家市場を細分化する一方で，ケールとサダールシャン（Kale and Sudharshan 1987）ならびにハッサンとサ

ムリ (1994) は，国際市場細分化は一国内あるいは国家間でミクロ市場をグループ化することを基盤にすべきであると指摘する。同様に伝統的考え方は国家市場をクラスター化しただけでなく，ミクロセグメントをほとんど重要視しなかった。現代の国際市場細分化の考え方はまさに正反対の提案をする。この最後の指摘は前にすでになされた指摘と関係している。すなわち，伝統的考え方は主として，国家市場を重要視してきた。しかしながら，新しい考え方は次のように主張する。国家市場は，その全市場の一部が，特定でき測定可能で，重要で接近性があり行動力のある部分市場となるよう，細かく分けて精査されなければならないとする（コトラー Kotler 1994）。これらは重要なセグメントである。これらのいくつかは所与の市場セグメントにおける消費者行動を理解することによって，特定化されて把握することができる。

　国際市場細分化における伝統的考え方は主として，類似性に焦点を当てる傾向にあった。多くの論者は世界の市場とりわけ先進国と発展途上国の市場における類似性をみつけようと試みた。（ヌヴァチュクとダント Nwachukwu and Dant 1990)。しかしながら，国際マーケティングにおいて重要な要素は差異性である。我々が世界市場間における違いを理解すればするほど，価値を提供するマーケティングの手法が向上するのである。つまり，市場比較における微妙な差異（ニュアンス）は，それら市場の特異性であり，国際マーケティング担当者は，そのような特別なニーズや好みに対して対応することにより本当に成功することができるだろう。

国際市場細分化における新しい考え方

　バッカー・スピルボーゲル・ベイツ（Backer Spielvogel Bates, BSB）のワールドワイド社（Worldwide Inc.）は18ヵ国を結んでの市場細分化に際してライフスタイル概念の適応を試みた。このような包括的なライフスタイル細分化のリサーチはグローバル・スキャンと呼ばれる。それは消費者活動，興味，意見，価値観，製品の使用状況や消費購買行動を測定し，分析することを基礎としている。これら18ヵ国の成人の中に主たるセグメントが5点

認められた。以下がその5点である。

1. **努力家**（総人口の24％）　31歳を中心とする若い人である。彼らは忙しいスケジュールで，きついルーティンワークに追われている。彼らは将来の成功を獲得するために一生懸命働いている。彼らは強いストレスと時間のプレッシャーを経験している。彼らはちょうど家庭を持ちはじめているが，まだ築いてはいない。彼らは彼らのライフスタイルを即，反映する製品を求めている。
2. **達成者**（20％）　アメリカのベビーブーム世代に酷似している。彼らは高額所得層で，専門職ないし管理職である。彼らは努力家が達成を目指していることの大半を達成している。しかしながら，彼らは相変わらず何かに取り組んでいる。健康，栄養，そしてフィットネスが重要なのである。彼らはカルフォルニア・ワインであろうとドイツ車であろうと高品質で洗練されたものを好む。
3. **抑圧層**（16％）　この層は主としてすべての年齢にまたがる女性層で，彼女たちは相対的に困難な状態におかれている。彼女たちは女性としての役割，経済問題，家庭崩壊，加齢などから，生活することにプレッシャーを感じている。彼女たちはあまり幸せではない。栄養は彼女たちにとって重要である。また最寄品が彼女たちの生活に欠かせないものとなっている。
4. **伝統派**（19％）　保守的な人々である。変化を受け入れることはよしとしない。彼らは古い考え方，食事の仕方，生活の仕方に関しこれまでの古風なやり方を重要視する。このグループでは男性が中心であり，女性は家庭にいて，すべての物事に居場所がある。彼らはそれぞれの国や文化のもっとも古い価値を象徴している。
5. **適応者**（19％）　彼らは物事に容易に適応する年配の消費者である。彼らは彼ら自身の伝統的見方を拒否することなく，現代的価値を受け入れる。彼らは老後を豊かにする行動や製品に挑戦する。

『ヨーロッパの消費者』によると，スピルボーゲル（1989）はフランス人

の36％は努力家であり，スペイン人の場合は10人中ほぼ6人は努力家か達成者であり，年配でより裕福なドイツ人の半分以上は適応者か伝統派であると指摘する。彼はまた以下のような比較を行っている（p.39）。「態度と価値観という観点からみると，スペイン人とフランス人の2人の努力家は，どちらかの1人が伝統派である同国人以上に互いに共通点を有している」。それ故，スペインとフランスの努力家をターゲットにすることは妥当な戦略であるだろう。同様に，例えば製品が適応者や伝統派に対して強い訴求力をもつならば，ドイツ市場がとても重要であり，国際マーケティング担当者はこの市場に対してより大きく注力することによって，成功するだろう。

　ハッサンとカツァニス（Hassan and Katsanis 1994）は彼らがグローバル・エリートと呼ぶ層に対し，その特徴について精査を試みた。彼らは高学歴でトップエグゼクティブの裕福な人々である。グローバル・エリートは広範囲に旅行し，グローバルなコミュニケーションの技術の必要性にさらされており，富と社会的地位を持っている。高品質のグローバルネーム・ブランドはこのグループにとってなじみがある。上流階級向けの雑誌や社会的に選ばれたチャネルないしダイレクト・マーケティングのやり方がこのグループに対し消費者情報をもたらす。彼らは高品質や社会的地位に対して喜んでプレミアム価格を支払うのである。

　消費者行動を基礎とした国際市場セグメントは単にエリートだけに関係するものではない。多くの他のグループが存在し，国際マーケティングがそれらのニーズを充たすことに成功するには，それらのグループを特定化することが大切である。

図表10-2　国際市場セグメントを開発する新しいアプローチ

	伝統的	創造的
マクロ	人口統計学的にみた経済発展レベル	国際的エリート
ミクロ	人格やライフ・スタイル	国際的エアロビクス熱狂者 国際的ヨーグルト愛好人間

図表 10-3 セグメント化に対するマクロレベルとミクロレベルの基準の説明図

基準レベル	測定方法	例
マクロレベル		
経済	経済発展のレベル	1人当たり所得
人口統計	人口特性	年配あるいは若者の数
技術	技術進歩の程度	汎用コンピュータあるいは個人向けコンピュータの数
産業構造	ビジネス組織の特徴	既存の小売商と卸売商の数と種類
地理的立地	どこに市場が存在するか	サウジアラビアにおけるエアコンに対する特別なニーズ
政治	中央政権の権力の程度	小売業者への法的規制
ミクロレベル		
パーソナリティ	人々の一般的気質	値切りの傾向
文化的特徴	主婦の役割	スイス人主婦の家事に対する専念
ライフスタイル	食の消費慣習	スパイシー・フードを食べる傾向
態度,味覚,体質	ステイタス・シンボル	アメリカ人の好む西部劇のヒーローとの一体感

出所：ハッサンとサムリ（1994）

　国際市場セグメントを特定化するために，より創造的なアプローチが開発されなければならない。図表10-2はミクロ，マクロの両観点から，国際市場細分化に対するより創造的なアプローチを重要視したものである。ハッサンとサムリ（1994）は，国際市場細分化の目的で用いられてきた（用いるこ

とができる）多数の伝統的・従来的なミクロとマクロの基準を明らかにしてきた。しかしながら，それらの基準は求められている国際市場細分化の創造的で新しいアプローチを十分には提供してくれない。それらは国家間と同様に一国内でも見られる複合的なセグメントという新しい考え方に適合しないのである。図表10-3はハッサンとサムリの考え方（1994）を示すものである。その変数と事例をみれば説明は不要であろう。この図表の議論はここでは試みないことにする。これらの事項に関するより多くの情報を求めようと思う読者はハッサンとサムリ（1994）を参照してほしい。

　本書の図表6-4では，いかに社会階級あるいはニーズの階層性が人々に影響を与えるのかという流れに沿って，個人的および集団的社会の特色が，明らかにされた。創造的な国際的マクロ市場細分化は国際的エリートを含むだけではなく，新興諸国において特に広く普及しているところの所属ニーズや社会的ニーズをも重要視するだろう（図表6-2）。

　同様に，すべての低開発諸国では物質的ニーズを満足させる製品に対して大規模なマクロ的市場基盤をもつ。これらについての創造的マクロアプローチは十分ではない。国内や国家間でのセグメント化を有効に行うために，マクロ基準に続いて国際的なミクロ的創造的基準が求められている。このプロセスがうまく行われる時に初めてミクロ市場間での差異を本当に理解することになるだろう。そのような考え方は国際的消費者のニーズを満足させ，マーケティング担当者にとって利益機会の改善をもたらすであろう。

戦略的等質的細分化

　ケールとサダールシャン（1987）は国際市場セグメント化に対する「戦略的等質的細分化（SES: strategically equivalent segmentation，以下SESと略称）」という手法を創り出した。この手法の核心は，多くの異なった国々において類似した消費者の小集団の存在，あるいは類似した特性を有する明確な市場セグメントが存在するということである。これらの市場セグメントを突き止め，それらの市場セグメントにおいて類似のマーケティング活動が有効になるよう，それらをいくつか結合することは戦略的に望ましいことであ

図表 10-4　戦略的等質的細分化 (SES) の展開ステップ

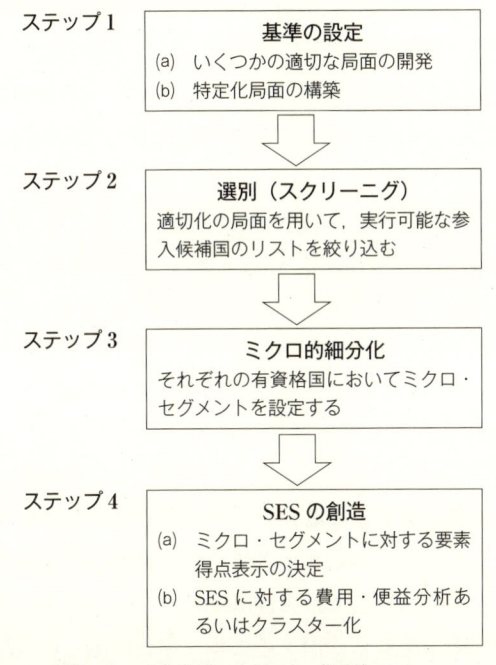

ステップ 1　　**基準の設定**
(a) いくつかの適切な局面の開発
(b) 特定化局面の構築

ステップ 2　　**選別 (スクリーニグ)**
適切化の局面を用いて，実行可能な参入候補国のリストを絞り込む

ステップ 3　　**ミクロ的細分化**
それぞれの有資格国においてミクロ・セグメントを設定する

ステップ 4　　**SES の創造**
(a) ミクロ・セグメントに対する要素得点表示の決定
(b) SES に対する費用・便益分析あるいはクラスター化

出所：ケールとサダールシャン (1987)

る。同じカテゴリーにある他のセグメントは同一戦略手法に合わないかもしれない。なぜなら，それらは，消費者行動の発生要因からあまりにもかけ離れているかもしれないし，それらがわずかに異なっているため，異なったマーケティング計画を必要とするかもしれないからである。これらのセグメントに対して，あまりにも新しいマーケティング計画を展開することは，市場細分化の全般的目的に対して，戦略的にみて不適切なものになるかもしれない。このような場合には費用が利益を超えることになるだろう。

　図表 10-4 は SES に用いられる 4 つのステップの手順を示している。国際市場セグメント (図表 10-2) の設定にあたり，創造的基準を用いることは伝統的考え方を単純に用いるよりもより重要であるとここでは主張する。

　ステップ 1 は基準の設定である。おそらくマズローの階層理論 (第 6 章)

は創造的マクロ細分化基準として用いることができるであろう。これを基礎として，一定レベルの工業化，教育，1人当たりの所得を適切な局面として認めることができるかもしれない（図表10-4）。それに加え，国々を適切なものとして認めるうえで役立つ創造的基準がいくつかあるかもしれない。それらの中には電力の1人当たりの使用量や輸入された産業財や産業財の輸出などがある。

ひとたび多くの変数が適切な基準として設定されるとその中のどれが国際的SESにおいて最も効果的に用いることができるかを決定することが必要となる。どのようにこれらのデータがどれくらいうまく識別されるかとか，それらの間でどれくらい共通性があるかとか，それらをどの程度利用できるかといった特定の評価基準に基づいて特定化局面を設定することができる。

SESの手順の第2ステップは選別である。ステップ1で設定された基準を用いることによって，適切な局面を国際的SESへの候補国の選別に用いることができる。繰り返しになるが，このプロセスがここでストップするようなことがあるならば，そのことは創造的マクロ基準だけを使用したことになるだろう。これらの国々を1つの国際的セグメントとしてグループ化することは有益ではない。それらの国々のグループ化に際し創造的な基準を用いながらも，伝統的であるとすればそれは全く非生産的なことである。それぞれの適切な国でミクロ・セグメントを分析することが必要なのである。

第3ステップはミクロ的細分化である。市場が一国市場内で同質ではないと仮定し，市場内の様々な集団（諸種の小さなセグメント）を特定することが大切である。例えば，インドとクウェートは国としては適切であるかもしれない。しかし，インド人のなかでクウェート人のカテゴリーに属するものは5％しかいない。しかしながらもし，インドの人口のこの特定の5％の存在が認識され，それが大規模で，接触可能であり，行動を起こすことが可能であると判明したならば大規模なミクロ・セグメントとなるだろう。インドの総人口はクウェートの人口の700倍あるので，人口ベースでいくと，インド市場はより魅力的であると考えられる。それ故，IBM，東芝，ゼニスやメルセデスベンツはインドでは選択的にマーケティングを行うことが有益だろう。ミクロ的市場細分化の局面は，人口統計，社会経済，パーソナリティ，

あるいはライフ・スタイル変数のような伝統的基準を超えたものでなければならないだろう。IBM，東芝，ゼニスあるいはメルセデスベンツの場合におけるミクロ・セグメントは，これらのグループがどのように，どこで，どのようなタイプの情報を受け取るのかを基盤としているだろう。ある国際雑誌の読者や，ある専門的テレビ番組の視聴者は，これらのミクロ・セグメントによりぴったり合致しているかもしれない。彼らが相互に影響しあうグループは，ミクロ的市場細分化に際してさらに重要な基準であるかもしれない（図表6-4参照）。もし，インドが集団主義的な国に近いならば，消費者行動や消費者が受け取る情報は極めて対人関係的なものとなり，そのため異なったマーケティングを企画することが必要となるだろう（これらのポイントのいくつかは第6章で議論されている）。

最後にSES手順の第4ステップはSESの創造である（図表10-4）。このステップには2つの内容がある。まず第1にミクロ・セグメントの多様な国際的クラスターを形成しながら，様々なミクロ・セグメントが結びつけられている。この点で国際マーケティング担当者は，第3ステップでなされた分析の後で考察されるであろうこれらの国々でのミクロ・セグメント間の類似性（差異性ではない）に注目しなければならない。可能性のあるミクロ・セグメントのグループの類似性は，特定の戦略的行動に対して期待される反応，企業のマーケティング計画の適用可能性の視点からみた地理的地域，さらにある種の複合的な因子分析技術（この技術の詳細な議論はサムリとヒル Samli and Hill 1993を参照）を基礎として評価される。ミクロ・セグメントの因子分析評価は，例えばインド，パキスタン，イラン，バングラデシュ，スリランカ，ネパールにおける，あるセグメントが同じ具合にテレビのマーケティングに反応するかもしれないということを示している（ハッサンとサムリ 1994）。彼らはみんな年配者から他のグループ・メンバーへのアドバイスをもとに製品の特徴を評価するだろう。彼らは主として対人間コミュニケーションに反応するだろう。彼らはみんな家族の満足を考え，その観点に立って物事の決定をするだろう。

この時点で第4ステップの第2局面についての考察が必要となる。得点化されたミクロ・セグメントのクラスターに基づくと，たとえ多くの国がもと

もと適切であり，国際市場に含まれるのに適した特定のグループの小集団を有しているとしても，それらのすべてが必ずしも同じクラスターに属するわけではないと結論づけられるかもしれない。ハッサンとサムリ（1994）は，スリランカ，ネパールやイランにおけるミクロ・セグメントは基本的に好ましいもので，テレビの市場クラスターにおいて他の国々と同じクラスターに属する資格を有しているけれど，費用・便益分析の理由でそれらを排除したほうがよさそうだと述べている。この結論は，それらの国々の市場サイズが実際の数量としてとても小さく，また，この製品を効率的に流通するのに必要な流通システムが整備されていないという事実に基づくものであるだろう。

事　例

　家庭用セキュリティ監視システム（Home Security Monitoring System，以下HSMSと呼ぶ。仮空の企業）は国際市場への進出機会を考慮してきた。HSMS社はマズローの欲求階層理論（第6章）を全く文字どおりに理解し，安全欲求をもつグループをターゲットにしようと考えている。多くの国々は欲求の階層においてこのレベルの集団を狙う傾向がある。このようなケースの場合，おそらく発展途上国が図表6-2に示すように，最も明白なマクロ市場であるようだ。
　すべての国とは言わないまでもほとんどの国がSES（戦略的等質的細分化）分析に適しているだろう。住宅保有に対するトレンドが実在し，犯罪が発生しつつある国だけがHSMS社の候補国になると考えられる。これらの資格基準を用いると適する国は約25ヵ国に減少する。住宅保有や犯罪に加えて，蓄積されてきた耐久消費財の価値を持つ中間所得層が存在する国々は，より実現性のある市場セグメントになるようである。これらのセグメントにおいては特定の社会集団のメンバーであったり，特定の雑誌の読者であるような人々は，この会社にとって特に重要であろう。
　さてここで，ミクロ・セグメントを特定し，次にそれを得点化しなければならない。最終グループ化によって仮に8ヵ国（A～H）が選ばれ，それぞ

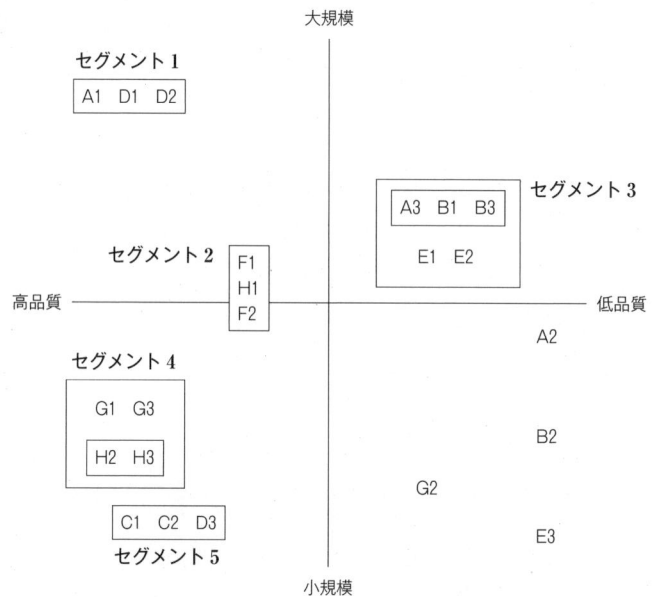

図表10-5　家庭用セキュリティ監視システム（HSMS）に対するSESの仮説上の結果

```
                        大規模
        セグメント1        │
       ┌──────────┐      │
       │ A1 D1 D2 │      │
       └──────────┘      │
                         │            ┌──────────────┐  セグメント3
                         │            │ A3  B1  B3  │
                         │            │   E1  E2    │
      セグメント2  ┌────┐ │            └──────────────┘
                  │ F1 │ │
                  │ H1 │ │
高品質 ────────── │ F2 │ ┼────────────────────────── 低品質
                  └────┘ │
                         │                    A2
      セグメント4         │
      ┌──────────┐       │                    B2
      │ G1  G3   │       │
      │┌────────┐│       │            G2
      ││ H2  H3 ││       │
      │└────────┘│       │                    E3
      └──────────┘       │
         ┌──────────┐    │
         │ C1 C2 D3 │    │
         └──────────┘    │
         セグメント5     小規模
```

れに3つのミクロ・セグメントが存在するとしよう。このグループにはあまり安全でないと感じている人々，あるいは初期受容者のカテゴリーに属する人々や，ハイテク製品を好む人々などが含まれるだろう。この過程によって図表10-5に示すように，22のミクロ・セグメントがもたらされた。次にこれらのミクロ・セグメントは，メディアへの接触や買物習慣や新製品に対する親近感や情報探索習慣などのような，一連の消費者行動変数を基礎として評価付けがなされる。これらの変数と評価は，次に現地のマーケティング・コンサルタント，国々の経営者たち，消費者のフォーカス・グループとの議論や現地調査を含んだ過去の経験に基づいて分析される。これらの評価は因子分析のような技術を用いて統計的に綿密に精査されるだろう（ハッサンとサムリ 1994）。

　これらの評価の結果が，市場の規模と質，すなわちその規模でミクロ・セグメントに入る適格性のある人々（ないし家庭）を示し，他方，市場の質と

いう点では，懸案の製品に対してミクロ・セグメントでの行動が期待されると仮定しよう。それ故，クラスター化のプロセスは2つの重要な基準，すなわち大規模—小規模の局面と高品質—低品質の局面に応じてなされる（図表10-5）。

図表10-5にみられるように，セグメント1は最も重要であり，セグメント5はあまり重要ではない。それぞれのクラスターの費用・便益分析をもとに，企業はセグメント1，2，3が実現性があり，かつ収益性が高いようだと判断するであろう。しかし，セグメント（あるいはクラスター）4，5はあまり収益性がありそうではない。それ故HSMS社は前者のクラスターのみに参入し，特定の地域でその製品をマーケティングすることになる。この企業がA1，D1，D2というミクロ市場をひとつのクラスターとしてグループ化し，最初にそこで彼らの製品のマーケティングを行うことが戦略的に極めて望ましいことである（等質的細分化）。同様の分析が他の製品や世界市場の他の地域に対してもなされることが必要である。

要　約

この章では国際市場は同質なものではないというケースを取り扱った。単にそれだけにとどまらず，国際市場が市場内と同様に市場間の双方において同質ではないということが伝統的考え方と大きく異なる点でもある。この章は国際市場セグメントの差異のすべてを抽出し，対応することが国際マーケティングの成功を導くという見解に立脚するものである。この考え方を容易にするために，この章は国際的ミクロ的細分化を開発する新しい方法を提案している。

新しい国際的ミクロ的細分化を議論するにあたっては，5つのグループが特定され，その概要が議論された。つまり，①努力家，②達成者，③抑圧層，④伝統派，⑤適応者である。国際市場細分化の他の創造的方法も必要であり，国際的競争優位を構築するために効果的に用いられなければならないと述べた。市場細分化に対するこれらの他のアプローチは国際的消費者行動の多様性に基づくものであろう。

国際マーケティングにおける新しい市場細分化の例として戦略的等質的細分化（SES）を紹介した。この技法は次の4つの特定のステップを基礎としている。つまり，①基準の設定，②選別，③ミクロ的細分化，④SESの創造である。この技法は国際市場および国内市場での様々な消費者小集団を，実行可能な国際市場のセグメント・クラスターに結びつける目的で利用することができる。

参考文献

Backer Spielvogel Bates Worldwide, Inc. 1991. (August) *Global Scan : What It Is*. New York.

Dichter, Ernest. 1962. "The World Customer." *Harvard Business Review* (July-August): 119-121.

Hassan Salah S., and A. Coskun Samli. 1994. "New Frontiers of Intermarket Segmentation." In *Global Marketing*, edited by S. S. Hassan and Roger D. Blackwell, 76-100. New York : The Dryden Press.

Hassan Salah S., and L. P. Katsansis. 1994. "Global Market Segmentation Strategies and Trends." In *Globalization of Consumer Markets : Structures and Strategies*, edited by S. Hassan and E. Kaynak. Binghamtion, NY : The Howarth Press, 47-62.

Kate, S. H., and D. Sudharshan. 1987. " A Strategic Approach to International Segmentation." *International Marketing Review* (Summer) : 60-70.

Kotler, Philip. 1994. *Marketing Management*. Englewood Cliffs, NJ : Prentice-Hall.（恩蔵直人監修，月谷真紀訳『コトラーのマーケティング・マネジメント ミレニアム・エディション』ピアソン・エデュケーション，2001年）

Nwachukwu, Saviour L., and Rajiv P. Dnt. 1990. "Consumer Culture in Developing Economies : Is It Really So Different ?" In *Developments in Marketing Science* XII, edited by B. J. Dunlap, 35-40. Miami : Academy of Marketing Science.

Samli, A. Coskun, Richard Still and John S. Hill. 1993. *International Marketing : Planning and Practice*. New York : Macmillan Publishing Co., Inc.

Samli, A. Coskun, and Salah S. Hassan. 1992. "International Segmentation Options : Getting Away from Conventional Wisdom." In *Developments in Marketing Science* XV, edited by V. Crittenden, 185-188. Miami : Academy of Marketing Science.

Spievogel, Carl. 1989. "Global Consumer Segmentation Crosses National Lines." *Financier* (October) : 37-40.

第 11 章

関与と国際的消費者

　第8章では，行動の性向と実際の行動の間に介在するその他外部要因とその他内部要因について紹介した（図表8-2）。その他外部要因の中でも，原産国の情報は，国際的な消費者行動に重大な影響を与えるものと考えられる。その他の内部要因もまた極めて重要だ。それは行動のパターンを変えるだけでなく，行動のパターン自体を形成することも多いからだ。2つの「その他の」内部要因は，関与と学習である。本章では，関与概念が国際的な消費者行動に関係することを論証する。2つ目の要因である学習は，第12章で論じることにしたい。

消費者行動の主な要因としての関与

　ボーン（Vaughn 1986）は，西洋（つまり高度に工業化が進んだ西欧地域と北アメリカ）には，消費者の行動に影響を与える学習―感知―行動の階層があると指摘している。しかし，ウィルス，サムリおよびジェイコブズ（Wills, Samli, and Jacobs 1991）は，世界の多くの地域では，消費者は学習―感知―行動の代わりに関与―行動というパターンで行動すると述べている。つまり，関与が学習―感知に取って代わるというわけだ。消費者は購入前に関与を強めると，関与を学習―感知に置き換えるのである。
　所得が相対的に低い第三世界の多くの国々では，購買物のほとんどにおいて，重要性が比較的高い（ヌヴァチュクとダント Nwachukwu and Dant 1990）。

それらは，一般的に重要というだけではなく，限られた所得の大部分を占めることになるので，個々の消費者の視点からは，購買物のほとんどが高価で，自己とのかかわりが深く，ハイリスクなものとなっている。こうした国では，特定の製品ブランドへのこだわりは相対的に低く（トレイラー Traylor 1981），したがってより関与を強める傾向がある。裁量的な購買力が限られている場合には，購買の増大は重要な意味を持つようになり，消費者関与のあり方が消費者行動を分析するための重要な要素となる。カサルジャン（Kassarjian 1981）は，関与度が高い性格タイプと，そうでないタイプとがあると指摘している。この性格タイプは，購買意思決定の重要性が増した後に機能する。したがって，いろんな意味で，国際社会における消費者関与は，異なる要因が複雑に影響し合うこともあり，極めて重要なものとなる（ウィルス，サムリおよびジェイコブズ 1991）。例えば，ゲルバー社がブラジル人の母親たちに製品を購入してもらえなかった大きな理由の一つは，同社がこの文化地域における自我関与の重要性を過小評価したためだった（ビジネス・ウィーク *Business Week* 1982）。

関与概念

　ミッタールとリー（Mittal and Lee 1989）は，関与概念は多様な形で用いられてきたと述べている。そして，広く認められる関与の定義を提示した（p. 364）。

- 関与とは，基本的価値観や目標，自己概念の観点から，個人とある決定との個人的なかかわりの程度を反映するものといわれている（ユーゲルとブラックウェル Eugel and Blackwell 1982, 273；ザイコウスキー Zaichkowsky 1985 でも採用；セルシイとオールソン Celsi and Olson 1988）。
- 同様にグリーンワルドとリーヴィット（Greenwald and Leavitt 1984）は，文献レビューを通じて，高い関与は個人的なかかわりや重要性と（ほぼ）同義であるという点で，研究者の間に見解の一致がみられると結論づけている。
- 関与は，特定の刺激や状況で引き起こされる覚醒や興味，ないし衝動の程度を示す内的な状況変数である（ミッチェル Mitchell 1979；ブロック

図表11-1　国際的消費者の関与

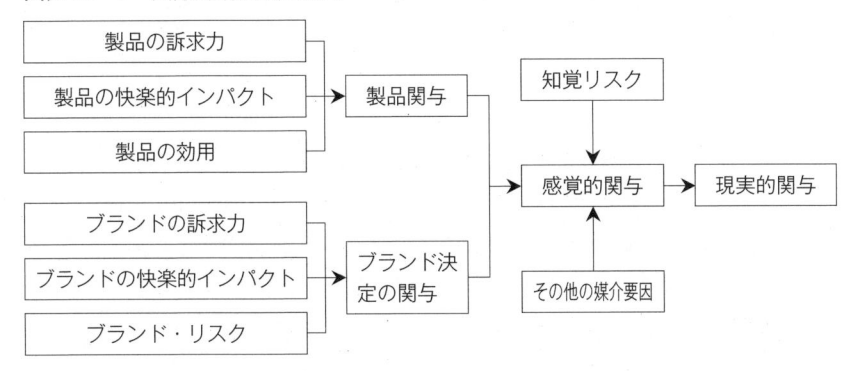

```
製品の訴求力 ──┐
製品の快楽的インパクト ──┼──→ 製品関与 ──┐        知覚リスク
製品の効用 ──┘                          │            ↓
                                          ├──→ 感覚的関与 ──→ 現実的関与
ブランドの訴求力 ──┐                     │            ↑
ブランドの快楽的インパクト ──┼──→ ブランド決定の関与 ──┘   その他の媒介要因
ブランド・リスク ──┘
```

出所：ミッタールとリー（1989）およびウィルス，サムリおよびジェイコブズ（1993）を引用の上，著者にて修正。

Block 1981 も採用）。

- 関与は，ある対象物や活動に関して動機づけられた個人の心の状態である。それはある対象物や活動への興味のレベルとして現れる（ミッタール Mittal 1983）。また関与は目標に向けて覚醒された心的状態と定義できよう（パークとミッタール Park and Mittal 1985）。

これらの定義が強調する内容には細かい点で違いはあるが，国際的な消費者行動の視座からは，関与が財やサービスに興味を示すことで顕現するそれらへの知覚価値（または重要度）であるという点において，明らかに通底するものがある。

関与概念を理解するためには，その原因と形態を決定することが必要である。ただし，原因と形態とを完全に切り離せないこともある。よって，関与の形態について検討する際に，原因についても併せて言及することにしたい。

関与の形態

図表11-1は，①製品の訴求力，②製品の快楽的インパクト，③製品の

効用，④ブランドの訴求力，⑤ブランドの快楽的インパクト，⑥ブランド・リスク，という少なくとも6つの関与の型や形態を示している。

1. **製品の訴求力**　製品の所有が個人にとって象徴的な価値を持つ（ミッタールとリー 1989）。象徴的な価値は，社会によって，非常に高く評価されたり，そうでなかったりする。例えば，本書執筆の時点では，ニューヨークのマイノリティの若者はリーボックやナイキのシューズのためなら何をやらかすかわからない，といわれている。このことは，製品の訴求力の強さを物語っている。もちろん，製品の訴求力は，各市場はもとより下位市場内においても違ってくる。所有とは個人が自らを表現する手段だ。世界には，最新のファッションが若年成人層の間で極めて重要である地域もあるが，電子メディアの利用や本が絶対に欠かせないという地域もあるだろう。このように，製品は異なる訴求力を持っている。いずれにせよ，ここで主張したいことは，製品の訴求力が強ければ強いほど，関与も大きくなるということだ。

2. **製品の快楽的インパクト**　どの財やサービスも消費者にある種の快楽を与える（ミッタールとリー 1989）。場合によっては，この快楽には理性を超えたものもあろう。世界の一部の地域ではウォッカが快楽的インパクトを持つ。ロシア人のウォッカへの愛着，フランス人のワインへの愛着もこれに当たるだろう。同様に，地域によってはギャンブルが個人の生活上，極めて重要な役割を担っていることもある。この場合もやはり，製品の快楽的インパクトが強ければ強いほど，関与のレベルは高くなる。

3. **製品の効用**　財やサービスは，消費者の知覚利益からも成り立っている。この利益は，財やサービスそれ自体を利用することに由来する。この知覚利益は，文化によっても違うだろうし，また個人差もあるだろう。脱臭石けんやヘア・コンディショナーは，世界中のほとんどの国と比較しても，アメリカでの知覚利益が一番高いようだ。知覚された製品の効用も，関与に密接に関係している。知覚利益が高ければ高いほど，関与は高くなる。

4. **ブランドの訴求力**　選ばれた特定のブランドにはある種の象徴的価値があるとみられる。他のブランドではなくある特定のブランドを選んだり使用したりすることが，個人の自己表現に役立っているわけだ。ブランドやブランドの訴求力は，国によっても，また製品グループによってもまちまちである。日本の消費者がとりわけブランド・ロイヤルティが強いことはよく知られている（フィールズ Fields 1989）。特に定例的な購入の際には，ブランド・ロイヤルティが強いと，知覚リスク要因の低下とブランド・ロイヤルティのために関与のレベルが下がってくる。購入時に解決すべき大きな課題があるような状況では，関与のレベルが高まりやすい。製品とブランドのつながりに対する関心が高まるからだ。

5. **ブランドの快楽的インパクト**　これは選んだブランドがその他競合のブランドよりも大きな快楽的インパクトを与えると知覚される力のことである（ミッタールとリー 1989）。ゲール（Gerl 1992）は，多くの社会には，過度に特権を与えられた個人が存在すると指摘する。過度に特権を与えられたグループは，嗜好品に分類される一定の製品からだけでなく，特定製品ブランドからも同様に快楽的な利益を得るだろう。つまり，彼らは多くの知名度の高い製品やブランドを消費し，使用することに耽っているのである。

6. **ブランド・リスク**　図表11-1に示す6番目の要素は，ブランド・リスクである。この概念は，知覚リスクのために他のブランドに対して一つのブランドを選び出すことに関わっている。本章の初めで述べたように，所得が平均してかなり低い発展途上国では特に，知覚リスクが高く，したがって関与のレベルも高くなる傾向がある。しかし，第4章で述べたとおり，ホフステード（Hofstede）らは，文化によっても，同じようにリスク認知が異なると主張している。製品とブランド（製品，サービスともに）の両方に付随する知覚リスクがその文化地域で高い限り，関与のレベルもまた高くなる傾向がある。

文化と関与

これまでの考察から，3つの疑問が浮かび上がる。最初に疑問を提示し，次いでその回答を述べることにしたい。

1. 人々への文化の影響次第で，消費者側の関与のレベルに差が生じるか？
2. 製品によっては，関与のレベルが異なる異文化間において相対的な重要性のレベルも異なるか？
3. ブランドによっては，関与のレベルが異なる異文化間において相対的な重要性のレベルも異なるか？（ウィルス，サムリおよびジェイコブズ，1991；アミン Amine 1993；サムリ，ウィルスおよびジェイコブズ 1993）

第1の疑問に対する答えは，イエスである。さまざまな理由で，異文化間では関与のレベルに高低の差がある。可処分所得が少ないことがリスクを高めたり，ある文化地域の富裕層の中である製品が特別な関心を集めたりするかもしれない。だが，文化の面からみて要求される関与のレベルを引き下げるような反対の要因もある。

伝統的または集団主義的特徴がより強い文化地域では，オピニオン・リーダーや家族の年長者が助言すれば，製品の購買活動における関与の必要性，または必要と思われる関与のレベルは容易に低下するだろう。個人主義的な社会の消費者は，認知過程を通してマスメディアの影響を受けやすい。製品の種類や与えられた情報に応じて，関与活動は活性化したり停滞したりするだろう。広範な問題解決課題を要する製品は，大々的にプロモーション活動が行われ，その過程が全般的に関与を強化させるだろう。逆に，定例的に購入する製品は，その製品が強力に広告され，多くの情報が入手可能であればあるほど，関与を要しなくなるだろう。

第2の質問に対する答えも，やはりイエスである。サムリ，ウィルキンソンおよびムッチェラー（Samli, Wilkinson, and Mutscheller 1990）は，消費財をグローバル製品と地域的製品とに分類した。グローバル製品には大差はない

が，地域的製品には，ある市場のあるグループにとっての重要性という点で非常に大きな違いがある。トルコの古典音楽はトルコ人にとっては非常に重要だ。ポーランド人はポーランド・ソーセージが大好物だが，他国の人々も好きだ。メキシコ料理はアメリカの中西部で人気のある料理だが，カリフォルニアの人々の大好物でもある。

　サムリ，ウィルキンソンおよびムッチェラー（1990）は，製品を①純粋に地域的，②純粋にグローバル，③選択的に地域的，④選択的にグローバルの4つに分類した。分類した製品への簡単な考察や，製品が関与過程にどのように影響を与えるかについては，次に述べるとおりである。以下は，サムリ，ウィルキンソンおよびムッチェラー（1990）の記述に基づいている。

純粋に地域的

　本書全体を通じて主張しているように，消費者行動は世界の各市場において一様ではない。文化が消費者のライフスタイルや行動パターンの形成ないし修正にかなりの程度関与していることも既述のとおりである。そのため，さまざまな国や地域，そしてより狭い地方においてさえ，市場の特異性が発達し，根強く残っているのである。このような場合，ある特定の市場向けに設計された純粋に地域的な製品に対する明確な需要が存在する。例えば，世界中のほぼすべての地域で，その地域独自の服装は完全にその地域限定で売り出される。贈答品や工芸品といった民族的，宗教的な製品の多くが純粋に地域的製品であり，そういうものとして市場に出される。

純粋にグローバル

　製品の中には，初めから世界に向けて設計・開発され，標準化された方法で世界中のさまざまな地域の市場に売り出されているものもある。石油やマイクロチップ，パソコンといった製品はすべてこの範疇に入る（サムリ，ウィルキンソンおよびムッチェラー　1990）。

選択的に地域的

　製品の中には，基本的に世界中にアピールするものがある。しかしその理

図表11-2　国際的な欲求階層

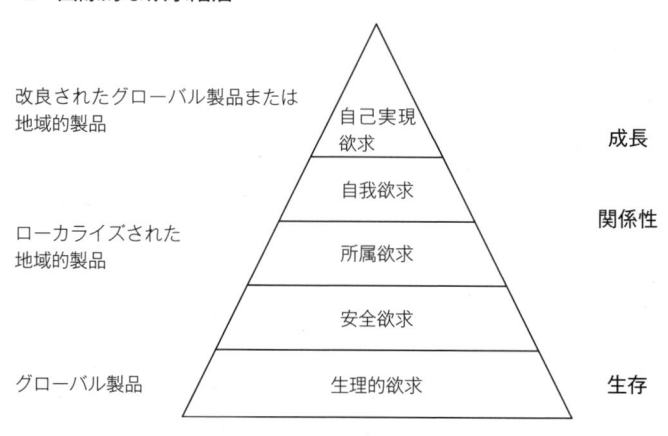

```
                                        成長
改良されたグローバル製品または    自己実現
地域的製品                         欲求
                                 自我欲求      関係性
ローカライズされた              所属欲求
地域的製品
                                安全欲求
グローバル製品                  生理的欲求      生存
```

由は市場ごとに異なっている。同じベーシックなアメリカの「ブルージーンズ」でも，各市場の特質に応じて，頑丈で実用的なズボン，またはカジュアルで着心地のよい服，あるいは高級な流行りの服として売られることがある。カーネーション・ブランドのエバミルクもその一例だ。エバミルクはイギリスではケーキやフルーツのトッピングとして，ドイツではコーヒークリームとして，オーストラリアでは家庭でアイスクリーム用として，メキシコではベビーフードとして，使用される。エバミルクはこれら各国における異なる使用方法に応じて，売り出されたのである。

選択的にグローバル

　十分に地方のニーズに合わせながらも，世界市場で売るのと同様の標準化された方法で，選択した地方市場で売り出されるベーシックな製品もある。国際的なヤッピーは，地域的な調整が若干施されてはいるが，アメリカで売られている製品とほぼ同じ物を購入しようとする。しかし，各市場には限られた人数のヤッピーしかいない。したがってこのアプローチは選択的にグローバルだと考えられる。

　図表11-2は，マズローの欲求階層理論の修正版である。5つの欲求を，

成長，関係性，生存という3つのカテゴリーに結びつけて簡略化したものだ。本節の考察をもとに提案するのは，成長欲求の上端では，必要とされる製品がかなり地域的なものになるということだ。同様に，生存欲求の下端に位置付けられるのは，小麦や米，アスピリンのような製品であり，非常にグローバルなものとなろう。その中間に位置づけられる製品は，「選択的に地域的」または「選択的にグローバル」である。どちらの場合も，文化がさまざまな製品に多様な影響を与えるようだ。それゆえに，これらの製品は，さまざまな消費者側の関与のレベルに違いを生じさせる。これらの製品が関与のレベルの違いだけではなく，おそらく関与の形態にも違いを生じさせていることがわかれば，マーケティングの方法も違ってくるだろう。このような文化に応じたマーケティング活動は，異なる市場において非常に効果的となる。

本節の初めに取り上げた3つ目の疑問は，ブランドに関係している。特定のブランドにさまざまな重要性があり，それが消費者の関与のレベルに違いを生じさせるか，という疑問だが，それに対する答えも，やはり「イエス」である。

同一のブランドがすべての文化に対して同じ影響を持つとは限らない。実際，アメリカ内でさえ，ある都市ではボルボの人気が非常に高いのに，別の都市ではBMWが最高だと思われている。ブランドへの欲求が増すほどに，関与のレベルも高くなる。したがって，異なる市場や文化地域においては対象ブランドのポジショニングを理解することが，国際マーケティングの担当者にとって極めて重要となる。国際マーケティングの担当者が当該ブランドの，市場でのポジショニングを理解すれば，製品を今と同じポジショニングに維持したり，異なるポジショニングに変えるためにイメージ操作をすることも可能となるだろう。日本企業は，何百万ドルも費やして，最も望ましい形で，日本ブランドのポジショニングを行っている。

広告の役割

関与のレベルが高い製品（または低い製品）は，異文化の中ではどのよう

にプロモーションすべきだろうか。これは非常に重要な分野である。国際的消費者の関与を刺激するための広告の利用という問題は，多大な労力を要する研究分野である。ウィルス，サムリおよびジェイコブズ（1991）は，関与度が低い製品はより感情に訴えかけ，関与度の高い製品は理性に訴えかけるプロモーションを行うべきだと主張している。確かに，この考えはすべてのケースに妥当するわけではないが，適用可能な地域に対しては有効だろう。同様に，関与度が高い製品の中には，感情に訴えかける製品や人間的な温もりのある製品もあるので，それらに対しては，より感性的な広告やイメージ広告が必要となる（アミン 1993）。しかし，発展途上国の多くではブランドへの関心がかなり低い。これは再度，マズローの欲求階層説に立ち返って説明することができる。生存欲求階層ではとりわけ，製品が生活必需品ばかりとなるので，ブランド認知はかなり難しくなるのだ。ただし，この一般化は，例えば，バングラデシュのエリート集団には当てはまらない。こうした集団は，イギリスのエリート集団と同じくらいブランドへのこだわりがある。もちろんここで重要なのは，バングラデシュのエリート集団の人数がイギリスのエリート集団のそれよりもかなり少ないことだ（サムリ，ウィルスおよびジェイコブズ 1993）。しかし，バングラデシュ社会のエリート集団以外の人々には，次のウィルス，サムリおよびジェイコブズ（1991, 2）の説明が妥当する。

　所得が比較的低い地域では，購買物のほとんどが相対的に重要かつ高価で，自己とのかかわりが深く，ハイリスクなものとなっている。ブランドへの関心は相対的に低い。このことは関与のレベルが高いことを意味している。このようなケースでは，例えば店主やオピニオン・リーダーとの個人間のコミュニケーションといったより高コンテキストなコミュニケーションが，マスメディアによる広告のような低コンテキストなコミュニケーションよりもいっそう効果的となる可能性が高いだろう。

図表 11-3 親近感と関与の関係

	親近感 高	低
関与 高	高い親近感 高い関与 パソコンの性能向上	低い親近感 高い関与 ビデオレコーダーの初めての購入
低	高い親近感 低い関与 歯磨き粉の日常的な購入	低い親近感 低い関与 新しい食器用洗剤の日常的な購入

関与と親近感

　オクチューク（Okechuku 1990）は，関与が親近感を通じて間接的にメッセージを思い出させると主張している。つまり，関与が親近感を生み出し，それが広告メッセージを思い出しやすくするというわけだ。しかし，親近感と関与の関係は，互いに強化し合っているために，それほど明白ではない。
　オクチューク（1990, 42）は次のように述べている。

　　状況によっては，ある製品に対して関与のレベルが高い個人はその製品に，より親近感を持つ傾向にあるというのは事実である。だが，常にそうであるとは限らない。製品やブランドに対して非常に親近感はあるが，歯磨き粉のような製品に関しては認知しようとする努力をほとんどしない人がいる。同様に，ある製品についてほとんど親近感のない個人でも，初めてビデオカメラを購入するような場合には，認知するために多大な努力を払うことがある。したがって，個人の製品への親近感は非常に高いが関与が低い場合，または親近感はほとんどないが関与が非常に高い場合があるのだ。親近感とは，製品に関する認知構造の発達した程度を表す潜在的な状態である。一方，関与は認知構造の活性の程度を表し，非常に活性化する場合もあれば，そうでない場合もある。

　図表 11-3 は，オクチュークの分析に基づいて作成している。オクチュー

クの分析では親近感は潜在的な状態として表現されているが，親近感は複合的な基準の一つである。図表11-1では「感覚的関与」の段階で，そして「現実的関与」の前に2組の外部要因を示している。本章では，親近感を「その他媒介要因」の一つとして取り扱う。しかし，著者は対象となる社会が伝統的であればあるほど，親近感は消費者行動の要素としての力を増すと確信している。多くの伝統的社会では，親近感が製品やブランドのロイヤルティを生み出し維持する力としての特別の重要性を高める可能性がある。

図表11-3は親近感と関与の相互作用を説明している。左上の象限では高い親近感と高い関与が相互作用している。個人が製品に大金を投入し，かつ親近感が高い場合は，関与のレベルも高くなる。パソコンのアップグレードが良い例だ。低開発諸国では，コストやリスク，自我関与のレベルがより高いことがわかっている。より集団主義的な社会では，人間同士のやり取りから得られる情緒的な情報や価値が非常に重要なものとなりやすい。オピニオン・リーダーや店主といった人々が購買過程で重要な役割を担っている。より個人主義的な社会ではマスメディアや活字情報，そしておそらく専門家の意見が購買行動で重視されよう。

図表11-3の右上の象限では，低い親近感と高い関与が相互作用している。親近感の不足は関与度の高さで補完されるだろう。文化が知覚リスクを誇張してしまうような他の多くの国では，関与がいっそう強力になるだろう。ここでもまた状況を変える要因は，リスクを緩和することができる他者の影響だ。例えば，家族の年長者が購買活動に影響を与えれば，知覚リスクだけでなく関与のレベルも低下する。

図表11-3の右下の象限では，典型的な日用品の新製品が世界市場でどのように扱われるかを示している。より伝統的な社会で製品を普及させるには，店主側で積極的なプロモーションを行ったり，無料の試供品を配布したり，その文化に合わせたより感情的な学習や情緒的なアピールが必要となる。伝統的社会では，工業化社会ほど革新者や初期受容者の数が多くなく，新製品の導入により時間がかかる。このような場合，製品はゆっくりと普及させることが必要である。

左下の象限には，反復購買する伝統的な製品を示している。繰り返すが，

より伝統的な社会では，高い親近感が関与のレベルを工業化社会よりも低下させそうだ。消費者がある製品に親近感を持ち，信頼するようになるには長い時間がかかるかもしれないが，これが達成されると，定例的に購入する親近感のあるブランド品へのロイヤルティは長期的に持続するだろう。

知覚リスクとその他媒介要因

　知覚リスクとその他媒介要因は，感覚的関与と現実的関与の間にある，国際的な消費者行動に影響を与える付加的な力として示されている。第4章において，ホフステード（1983）がリスク認知を，文化を分類するための基準の一つとして用いたことを述べた。さまざまな文化が人々にリスク要因を植え付けるようだ。おそらくある文化地域では，人々はより安心感を失い，より用心深くなっているかもしれない。製品の導入や全般的なプロモーション活動においては，支配的な文化によるこの知覚リスク要因を考慮に入れる必要がある。個人主義的な社会では，事実についての認知的な学習や親近感により知覚リスクが減るだろう。より集団主義的な文化地域では，オピニオン・リーダーや家族の年長者の助言や，より情緒的かつ文化的影響のもとでの感情的学習で知覚リスクが減るとみられる。知覚リスクは購買前に製品に関する個人の関与を高めるように刺激するだろう。

　その他媒介要因には欲求の階層と所得レベルがあるが，この点はすでに第6章で論じている。階層における欲求の段階が上昇すれば，それだけ関与度が高まるという主張は理にかなっている。所得レベルが高ければ，より選択的な関与が促される。所得が多ければ金銭的なリスクはそれほど感じないものだ。したがって，高い親近感やブランドの快楽的インパクト（図表11-1）を示す状況において関与度を高めることになるだろう。

感覚的関与　対　現実的関与

　関与は単に現実の物理的な活動だけではないという研究者もいる。アミン（1993）は，感覚的関与を関与概念全体における一つの重要な側面と論じて

いる。感覚的関与は、関与の身体的活動の代わりに機能する心理的なものである。このように、関与は心理的関与と行動的関与という2つの範疇に分けて説明することができるのである。

心理的関与は、個人が実際に購買する前の事前購買活動において関与しうることを示唆している。特に低コンテキストな産業文化では、放送や活字メディアから得る認知的情報が膨大なので、感覚的関与や関与の心理的側面が重要な意味を持つようになる。個人主義が顕著な社会であれば、感覚的関与が非常に重要なものとなる。個人は自分自身で決定して購入することにプレッシャーを感じているからだ。

しかし、より伝統的または集団主義的社会では、全過程に占める感覚的関与の部分の重要性は比較的低い。これは一部には、感情的学習、特に対人関係に基づく感情的学習が心理的関与の代わりをするからだろう。もちろん、同様にそれによって現実的関与または行動的関与のレベルも低下するかもしれない。しかし感覚的関与よりも低下の度合いは小さいようだ。感覚的関与と現実的関与の違いは、世界のさまざまな市場で消費財のマーケティングを行う際に極めて重要となる。

要　約

関与は消費者行動と購入過程の全体における重要な要因である。本章ではまず、製品関与とブランド決定関与という2つの重要な視点で関与を分析している。

製品関与は、製品の訴求力や製品の快楽的インパクト、製品の効用を通じて形成され、修正されるが、ここで主張していることは、異文化間においてとりわけ重要な意味を持つ製品があるということだ。これは関与過程に直接的な影響を及ぼす。

ブランド決定関与は、ブランドの訴求力やブランドの快楽的インパクト、ブランド・リスクによって形成され、修正される。ここでもまた、文化地域によって、さまざまなブランドが異なる影響を消費者行動に及ぼす点を指摘している。したがって、ブランドという一つの要因が消費者行動におけるそ

の他重要な要因とどのように相互作用するのかを理解することが重要である。

本章では，知覚リスクとその他媒介要因を，その現実的関与に与えるインパクトを通じて購買行動に影響を与えるその他の重要な力として論じている。その他媒介要因の中には，おそらく最も重要な概念の一つとして，親近感をあげることができる。それゆえ，親近感は関与と併せて論じている。親近感と関与関係は，この2つが一緒であれ別々であれ，もう一つの要因である知覚リスクにつながる。最後に，感覚的関与と現実的関与の区別を行っている。国際マーケティング担当者は，このような要因や修正因子，媒介因子の多くを理解する必要がある。これらは直接的に国際マーケティング計画に影響を与えるからである。

参考文献

Amine, Lyn S. 1993. "Linking Consumer Behavior Constructs to International Marketing Strategy: A Comment on Wills, Samli and Jacobs and an Extension." *Journal of Academy of Marketing Services* (Winter): 71-77.

Block, Peter H. 1981. "An Exploration Into Scaling of Consumers' Involvement in a Product Class." In *Advances in Consumer Research* 8, edited by K. B. Monroe, 61-65. Ann Arbor, MI: Association for Consumer Research.

Business Week. 1982. "Brazil: Gerber Abandons a Baby Food Market." (February 8): 45.

Celsi, Richard L., and Jerry C. Olson. 1988. "The Role of Involvement in Attention and Comprehension Processes." *Journal of Consumer Research* 15: 210-224.

Engel, J. E., and R. D. Blackwell. 1982. *Consumer Behavior*. New York: Dryden Press.

Fields, George. 1989. *Gucci on the Ginza*. Kodansha International.

Ger, Guliz, 1992. "The Positive and Negative Effects of Marketing on Socioeconomic Development: The Turkish Case." *Journal of Consumer Policy* 15 (3): 229-253.

Greenwald, A. G., and C. Leavitt. 1984. "Audience Involvement in Advertising: Four Levels." *Journal of Consumer Research* 11: 581-589.

Hofstede, Geert. 1983. "The Cultural Relativity of Organizational Practices and Theories." *Journal of International Business Studies* (Fall): 75-89.

Kassarjian, Harold H. 1981. "Low Involvement: A Second Look." In *Advances in Consumer Research*, edited by K. B. Monroe. Ann Arbor, MI: Association for Consumer Research. 79-84.

Mitchell, Andrew A. 1979. "Involvement: A Potentially Important Mediator of Consumer Behavior." In *Advances in Consumer Research* 6, edited by W. L. Wilkie, 191-196. Ann Arbor, MI: Association for Consumer Research.

Mittal, Banwari. 1983. "Understanding the Bases and Effects of Involvement in the Consumer Choice Process." Doctoral diss., University of Pittsburgh.
Mittal, Banwari, and Myung-Soo Lee. 1989. "A Causal Model of Consumer Involvement." *Journal of Economic Psychology* 10 : 363-389.
Nwachukwu, Saviour L., and Rajiv P. Dant. 1990. "Consumer Culture in Developing Economies : Is It Really So Different ?" In *Developments in Marketing Science* XII, edited by B. J. Dunlap, 35-40. Miami : Academy of Marketing Science.
Okechuku, Chike. 1990. "Product Familiarity, Involvement and Advertising Effectiveness." In *Developments In Marketing Science* XIII, edited by B. J. Dunlap (ed.), 41-46. Miami : Academy of Marketing Science.
Park, C. W., and B. Mittal. 1985. "A Theory of Involvement in Consumer Behavior : Problems and Issues." In *Research in Consumer Behavior* 1, edited by J. Sheth, 201-232. Greenwich, CT : JAI Press.
Samli, A. Coskun, William C. Wilkinson and Peter M. Mutscheller. 1990. "Successful Globalization of Parochial Products." In *Developments in Marketing Science* XIII, edited by B. J. Dunlap (ed.), 203-207. Miami : Academy of Marketing Science.
Samli, A Coskun, James R. Wills, Jr., and Laurence Jacobs. 1993. "Developing Global Products and Marketing Strategies : A Rejoinder." *Journal of Academy of Marketing Science* (Winter) : 79-83.
Traylor, Mark B. 1981. "Product Involvement and Brand Commitment" *Journal of Advertising Research* (December) : 51-56.
Vaughn, R. 1986, "How Advertising Works : A Planning Model Revisited." *Journal of Advertising Research* (February/March) : 29-35.
Wills, James, R., A. Coskun Samli, and Laurence Jacobs. 1991 "Developing Global Products and Marketing Strategies : A Construct and a Research Agenda." *Journal of Academy of Marketing Science* (Winter) : 1-10.
Zaichkowsky, Judith L. 1985. "Measuring the Involvement Construct." *Journal of Consumer Research* 12 : 341-352.

第 12 章

学習と国際的消費者

　2つの要素は，その他のものよりも，購買行動の最終段階で重要な役割を果たす。この点はイントロダクションの章で指摘された（図表 I-3）。同じ点が第8章と第11章で繰り返して述べられた。これら2つの要素（または力）は関与と学習のことである。それらは，完全に形作られていない場合には，購買行動の最終段階を修正する。文化による選別，欲求階層，社会階級，個人と個人間の影響，社会における普及プロセス，原産地効果，その他のすべての要素が，現在まで個人に多くの影響を与えてきた。これらすべての要素または修正要因が個人が最終購買行動を行うことを条件付けてきた。しかしこの購買行動は個人が関与し，学習するときに行われる。関与は第11章で議論された。この章は学習を扱う。第13章で議論されているように，学習はまず第1に異なる文化において相違している。しかし購買に関係した学習は違う含意を持つ。それを理解し，それを最終購買行動に関係させることは国際マーケティングの成功にとって不可欠なものである。

国際市場における学習

　ウィルス，サムリおよびジェイコブズ（Wills, Samli, and Jacobs 1991）は，特別な製品（もちろんサービスも）についての現在の知識水準は，製品についての，新しいが関係のある情報の加工に影響すると述べている。別言すれば，新しい情報探索，入手，そして加工は現在の製品に関する知識の水準に

よって条件付けられ，修正される。強化された学習または高いレベルの学習をした行動は，製品選択に影響を与えることができる（ジョンソンとルッソ Johnson and Russo 1984)。以前に，ワッソン（Wasson 1975）は，もしある製品が現行の生活システムに適合し，高いレベルの価値として知覚されたならば，ほとんどあるいはまったく学習が要求されることはないだろうということを発見した。逆に，もしある製品が現行の購買システムに適合しない，そして特にもしその購買システムが過渡期の状態にあるならば，その場合かなりの量の学習が要求される（ウィルス，サムリおよびジェイコブズ 1991）。したがって，製品は性急な学習と緩慢な学習として分類される（ワッソン 1975；ゴスラー Gosslar 1987）。ゴスラーはさらに学習を製品の採用率と関連付けた。アミン（Amine 1993）は関与が学習のための必要な前提条件であると主張する。サムリ，ウィルスおよびジェイコブズ（Samli, Willis, and Jacobs 1993）は学習と関与の関係をさらに詳しく説明している（第11章）。

さらに研究は，製品の特徴に関しての多義性が学習プロセスを妨げることを示している（ニーダム，ハーパーおよびスティアーズ Needham, Harper, and Steers 1985；ホッシュとハ Hosch and Ha 1986）。この研究のほとんどがアメリカをベースとし，そのわずかな部分しか国際的な状況に適用できないことは繰り返し言っておかねばならない（ウィルス，サムリおよびジェイコブズ 1991）。この知識が国際的な消費者行動を完全に理解するために使用される前に，多くの研究が国際的な舞台において要求される。

さきの第8章で，普及プロセスはすべての市場において全く同じではないことを説明した。結果として，迅速な学習と緩慢な学習の文化がある。いくつかの普及カーブが左に偏っているのは迅速な学習の文化を表しており，他の普及カーブが右に偏っているのは緩慢な学習の文化を表していることが議論された。文化に加えて，すでに指摘されているように，緩慢な学習と迅速な学習の製品がある。したがって，普及カーブの形は文化によってのみでなく，同じように製品によっても決まる。

文化の学習と製品の学習という2つのマクロな要素を保持しながら，国際的な学習行動の分析の際には分離して考える必要がある。これらは消費者の学習行動において2つの重要な側面である。各々を注意深く扱うことは，国

図表 12-1 文化，製品，そして学習

	文化	
製品	迅速な学習の文化 迅速な製品の学習 （新興工業国の新しい製品）	緩慢な学習の文化 迅速な製品の学習 （経済成長を経験した伝統的社会）
	迅速な学習の文化 緩慢な製品の学習 （新興工業国と工業化された社会の複雑な製品）	緩慢な学習の文化 緩慢な製品の学習 （伝統的社会の複雑な製品）

際マーケティング計画に価値ある洞察を与えるであろう。

　図表12-1はこれら2つのマクロな要素の間の関係を示している。左上の象限は文化が迅速な学習，製品も迅速な学習という状況を意味している。もし国際マーケティング担当者がそのような製品とともにそのような市場に参入するとしたら，市場に深く入り込まなければならない。一般的なプロモーションと製品プロモーション努力は主にマスメディアを必要とし，認知的な行動に特定の個人と無関係な方法でアピールする。

　図表12-1の左下の象限は，迅速な学習の文化が緩慢な製品の学習に接している。明らかに，これは現行の生活に合っていない非日常的な製品であるが，しかしそれは複雑で重要な製品である。一般的なコミュニケーション努力は実際のところは左上の象限と同じように必要であるけれども，ここでは製品情報は極端に重要になる可能性がある。しかしながら，いずれの場合でも強調点はなお認知的な学習にある。しかし製品に関しての必要な学習は，この場合は他者からの学習つまり付加的な対人的影響を要求するであろう。国際マーケティング担当者は表面をかすめとる以上のやり方で，市場を深耕せねばならない。なぜなら，なされるべき多くの学習が存在するだろうからである。図表の左上の象限よりも左下の象限では，市場に参入し受け入れさせるには，かなり長い時間がかかるだろう。

　図表12-1の右上の象限はたとえ文化が緩慢な学習でも，製品は迅速な学習である状況を示している。それゆえに，その製品は，迅速な学習の文化

(左下の象限)における緩慢な製品の学習の場合よりも，早く受け入れられるであろう。これはその製品の販売促進が集団を基礎としたより感情的な(認知的に対するものとして)学習を要求することを意味する。しかしながら，一般的に緩慢な学習の文化における迅速な学習の製品は，迅速な学習の文化における緩慢な学習の製品よりもより早く受け入れられると考えられる。そのような場合は，製品のデモンストレーション，試供品等々が，新しく導入された製品の受け入れプロセスを促進するために利用される傾向がある。

　最後に，緩慢な学習の文化において導入された緩慢な学習の製品は最も難しく，しかも挑戦的な，国際マーケティングの課題である。ほとんどの場合において国際マーケティング担当者はこの市場にゆっくりと慎重に参入することを勧められる。この場合においては，最もよいマーケティング・アプローチは，対人的な影響を通じた感情的な学習によって支援された小さい規模の上澄みをすくう活動である。オピニオン・リーダーの特別なグループによって影響され知識を与えられた革新者の非常に小さいグループのみが，その製品を購買する傾向がある。製品が市場に到達し浸透するのに長い時間がかかるであろう。短期的には，これは参入するには望ましい市場とはとても言えない。ターゲット市場に望ましい学習レベルをもたらすためには，企業に高価な時間と莫大な支出を払わせる。

学習スタイルと文化

　各々の文化が学習に関する特徴を持つだけでなく，その文化における個人もまた変化する学習スタイルを持つ。

　スプロールスとスプロールス(Sproles and Sproles 1990, 135)は，学習スタイルを"各々の人が情報(または技術)を吸収し記憶する方法"と定義する。各々の学習者は個人の学習スタイルを持ち，それは持続的で，パターン化され選ばれた学習の方法である。彼らは6つの異なった学習スタイルを分類した：①真面目な人，②活動的な人，③観察者，④受動的な人，⑤詳細を好む人，そして⑥苦労する人である。それらは以下に短く説明される。

1. **真面目な人**　真面目な学習者は探索し，分析し，情報を分析的に使用する消費者のタイプである。これは認知的学習と事実に基づく情報を好む個人主義者である。このタイプの消費者の学習スタイルは，個人主義的工業社会でより利用される傾向がある。学習行動を重視するために，これらの消費者はコマーシャルやそのほかのマスメディアから学習することが，製品を使い，やってみることによって学習することと同じく重要である（ガブズウィッツ，ペパールおよびティッセ Gabszewicz, Pepall, and Thisse 1992）。
2. **活動的な人**　活動的な学習者は製品を使用（ガブズウィッツ，ペパールおよびティッセ 1992）または，やってみることから容易に学ぶ現実的な人々である。このタイプの消費者もまた個人主義の文化にみられがちである。しかしながら，これらの人々は対人関係の経験を通じて得た感情的影響に依存する受動的な人たちよりも，認知的な学習プロセス（第4章）の対人的な影響をより重視する人たちである。
3. **観察者**　観察する学習者はおそらく活動的な学習者ほど活動的ではないが，結果から観察し推論するという点では十分に活動的である。たしかに，このタイプの消費者は個人主義文化と集団主義文化の双方において容易に見出される。彼らは直接的または個人的には製品を試さないが，製品を試す人を観察し，他者の経験を基礎として意見を活動的に主張する。それから彼ら自身で製品を試す（スプロールスとスプロールス 1990）。
4. **受動的な人**　受動的な学習者はほとんどそして基本的に無関心である。彼らは見たり聞いたりしたことを受動的に考慮して吸収することを好む（スプロールスとスプロールス 1990）。受動的な学習者は対人的な影響を通じての感情的学習を強調する可能性が高い。購買という点からの学習は彼らのより特別な学習活動のひとつである（プランク Plank 1990-1991）。また，集団主義社会よりも伝統的社会に受動的学習者は多い。
5. **詳細を好む人**　詳細を好む人は事実志向の学習者である。彼らは細部に気を配った詳細な学習経験を好む。彼らは広告から学ぶのと同じように他人の経験から学ぶ傾向（モスキス Moschis 1991）がある（マズル

スキーとヤコブ Mazursky and Yaakov 1992)。しかしながら，彼らの学習は認知的レベルというよりもむしろより感情的レベルにおいてである。また，このような消費者は伝統的で集団主義の社会においてより一般的である。

6. **苦労する人**　これらのタイプの消費者は学習を当てにならないと感じ，それを困難なものと考えている。彼らは受動的で，非適応的であり，学習についてあまり真面目ではない。個人主義社会における特権があまりない消費者と，集団主義社会の下流の社会経済的な消費者の若干の人々がこのカテゴリーに入る。彼らの学習はほとんど感情的なレベルであり，個人間の活動によってより影響される。彼らは購買という点からは少ししか学ばない。

これら6つの学習スタイルがすべての社会に存在していることは明らかである。しかしながらそれらのいくつかは他のものよりも一定の市場においてより容易に見出される。学習スタイルが可変的なので，図表12-1は注意深く分析されるべきである。学習スタイルと文化の関係を理解することは，付加的なガイドラインを国際マーケティング担当者に与えるであろう。

これまでみてきたように，学習スタイルに加えて様々な学習技術がある。ここでの我々の議論では，使用することによる学習，広告からの学習，行うことによる学習と購買時点からの学習を述べてきた。ここでは学習技術を学習スタイルに関係させる試みがなされるが，この領域はさらに進んだ研究にとって大いに重要である。図表12-2はここでのその試みを示している。他の学習技術や方法があり，ここで示したものよりも学習スタイルと学習技術の間のよい適合がありそうなことは明らかである。しかしよりよいコミュニケーションを様々な世界市場で国際的な消費者と共に行っていくために，これらの関係を確定することは大変重要である。

学習スタイルと文化による選別との間の相互作用

図表12-1は迅速な学習の文化と迅速な製品の学習から緩慢な学習の文化

図表 12-2　学習スタイルと学習技術の関係

学習技術	学習スタイル					
	真面目な人	活動的な人	観察者	受動的な人	詳細を好む人	苦労する人
使用することによる学習	×					×
広告からの学習	×	×			×	
経験からの学習			×	×		
行うことによる学習	×	×	×			
購買時点からの学習	×	×		×	×	×

と緩慢な製品の学習への変化のスペクトラムを表しており，このスペクトラムのすべての点で文化による選別が比較的強いまたは弱い影響を持っている。さらにそこには，6つすべての消費者の学習スタイルが異なった度合いで存在する状況がある。したがって，図表12-1で描いた学習と文化の関係を超えて，学習と文化による選別の間の相互作用についてもう一歩進む必要がある。図表12-3はこれを成し遂げる試みである。読者はこの章で表された2×2のマトリックスが現実世界の単純化であるという事実に注意しなければならない。これらマトリックスの全範囲のなかには2つ以上の視点に依存するより多くのスペクトラムがある。しかしながら，2×2のマトリックスはよりよい視覚的なツールを，平易化し要約することによって提示することができる。

　図表12-3は図表12-1のセルごとにそれぞれに存在しうる4つの条件を描く。またここでは普及プロセスや文化による選別のような最もマクロなコンセプトを最初に考慮し，それから製品学習や学習スタイルのような比較的特別な要素へと進んでいく必要性を強調する。

　図表12-3の左上の象限は，真面目な学習者または活動的な学習者双方の消費者を描く。しかしながら，彼らの学習は文化による選別によって強く条件付けられる。人々が情報を主として個人と個人間の影響を通じて活動的に探索するので，学習は認知的レベルよりも感情的レベルにおいてなされる傾向がある。人々は彼ら自身，マスメディアや個人的な資料から知った情報から学ぶであろう。しかし文化との強い結びつきのために，彼らの判断や推理

図表 12-3　学習スタイルと文化の間の相互作用

	消費者の学習スタイル 真面目な学習者（活動的）	苦労する学習者（受動的）
文化による選別/強い	文化が学習行動を動かす。文化の制限の内部に真面目な学習があり，感情的で個人と個人間の影響が重要。	文化が学習行動を動かす。それほど真面目な学習ではなく，主に教育に従う。購買時点での影響が感情的，および若干の認知的学習によって修正される。
あまり強くない	文化の役割は弱い。個人主義的で，個人のイニシアティブによる真面目な学習，認知的学習と人的な影響が重要。	混沌

は文化によって動かされ，それゆえに主として感情的である。

　左下の象限はいくぶん個人主義的志向を示す。文化による選別は，ここではすべての伝統的社会と集団主義社会と同じようには強くないために，重点はかなり個人に置かれる。真面目な学習は個人が持つイニシアティブを主に基礎にすることによって行われる。より多く個人的な影響を受けた認知的学習が大変重要である。この状況は，普及カーブが左にずれ込んでいる文化において特に一般的である。国際マーケティング担当者は，非常に強く個人主義化されたマスメディア・コミュニケーションのあとに続いて，この市場に大規模に参入しなければならない。

　図表12-3の右上の象限は，受動的な人から苦労する人の学習スタイルを示している。これらは非常に文化に動かされる。これはオピニオン・リーダー，家族の年長者，店の店主が個人に特別な影響を持つことを示す。人々は他人の経験から個人間の影響を通じて感情的に学ぶ。注意深く準備された，個人的タイプのコミュニケーションを通じての市場への緩やかな参入が極めて大切である。

　文化的な圧力または伝統があまり目立たず，個人が強い学習スタイルを発

達させず，それゆえに学習が迅速なものでなく効果的でないとき，国際マーケティング担当者にとって市場条件は混沌と見なされる。混沌は図表12-1の4つすべてのセルでもみられるだろうけれども，そのセルのほとんどでは混沌は極めて小さい。しかしながら，もし社会が緩慢な学習で製品も緩慢な学習，また文化による選別が強くなく人々が苦労する学習者ならば，混沌要素はむしろ目立ったものになる。そのような場合において，国際マーケティング担当者は，自社の製品が，市場の深さも反復購買の意思もない珍しい品目のように扱われる市場には参入しないほうがよい。

要　約

　この章は学習を扱っている。最初に，学習についてのケースが示されている。消費者は，購買しそれを繰り返すために製品やサービスについてかなり学ばなければならない。

　迅速な学習と緩慢な学習の文化では，製品の迅速な学習と製品の緩慢な学習とが区別されている。世界市場は，迅速な学習の文化と迅速な製品の学習から，緩慢な学習の文化と緩慢な製品の学習へと変化するスペクトルの線に沿って区分される。

　さらに真面目なスタイルから苦労のスタイルへと変化する，少なくとも6つの学習スタイルがあることが記されている。短い議論がそれぞれについて述べられたが，それぞれがある種の学習技術に関係している。少なくとも5つに区分された学習技術があることを記すのは重要である。国際的消費者はこれらの学習スタイルと学習技術の相互関係を利用することによって，いかに効果的にコミュニケートできるかを明確にすべく，学習スタイルと学習技術とは一体的に分析されるのである。

　最後に，前に述べたコンセプトである文化による選別が，直接的な文化の影響と学習スタイルの間の相互関係の分析のために呼び戻されている。迅速と緩慢な学習のスペクトルのすべての場合において少なくとも4つの状況があることが指摘されている。その4つは，強い文化による選別/活動的な学習，強い文化による選別/受動的な学習，弱い文化による選別/活動的な学

習，そして弱い文化による選別/受動的な学習である。最後の状況は基本的に混沌と考えられ，最も魅力の小さい国際的な市場として描かれている。

参考文献

Amine, Lyn S. 1993. "Linking Consumer Behavior Constructs to International Marketing Strategy : A Comment on Willis, Samli and Jacobs and an Extension." *Journal of Academy of Marketing Science* (Winter) : 71-77.

Gabszewicz, Jean, Lynne Pepall, and Jacques-Francoise Thisse. 1992. "Sequential Entry with Brand Loyalty Caused by Consumer Learning-by-Using." *Journal of International Economics* (December) : 397-416.

Gosslar, Martin D. 1987. " Marketing and the Adoption of Microcomputers : An Application of Diffusion Theory." *Journal of the Academy of Marketing Science* (Summer) : 42-48.

Hosch, Stephen J., and Young Won Ha. 1986. "Consumer Learning : Advertising and Ambiguity of Product Experience." *Journal of Consumer Research* (September) : 221-223.

Johnson, Eric J., and Edward J. Russo. 1984. "Product Familiarity and Learning New Information." *Journal of Consumer Research* (June) : 542-550.

Mazursky, David, and Schul Yaakov. 1992. "Learning From the Ad or Relying on Related Attitudes : The Moderating Role of Involvement." *Journal of Business Research* 25 : 81-93.

Moschis, George P. 1991. "Marketing to Older Adults : An Overview and Assessment of Present Knowledge and Practice."*Journal of Consumer Marketing* (Fall) : 33-41.

Needham, Harper, and Steers. 1985. *NH & Life Style Study*. Chicago.

Plank, Richard E., and Linda F. Plank. 1990-1991. " Applying Learning Theory in a Retailing Environment." *Journal of Applied Business Research* (Winter) : 40-51.

Samli, A. Coskun, James R. Wills, Jr., and Laurence Jacobs. 1993. " Developing Global Products and Marketing Strategies : A Rejoinder. " *Journal of Academy of Marketing Science* (Winter) : 79-83.

Sproles, Elizabeth K., and George B. Sproles. 1990. "Consumer Decision-Making Styles as a Function of Individual Learning Styles." *The Journal of Consumer Affairs* (Summer) : 134-147.

Wasson, Chester R. 1975. *Consumer Behavior*. Austin, TX : Austin Press.

Wills, James, A. Coskun Samli, and Laurence Jacobs. 1991. "Developing Global Products and Marketing Strategies : A Construct and a Research Agenda." *Journal of Academy of Marketing Science* (Winter) : 1-10.

Young, Alwyn. 1991. "Learning by Doing and the Dynamic Effects of International Trade." *The Quarterly Journal of Economics* (May) : 369-405.

第13章

消費者行動に基づく国際マーケティング戦略

　これまでのところ，消費者ニーズをよりよく満たすために，国際的消費者行動を理解することが本書のテーマであった。国際マーケティング戦略の担当者は，戦略行動計画の立案に対するスターティング・ポイントとして，まず国際的消費者行動を理解するという目標を持たなければならない。我々の議論は消費者行動に関するミクロ的側面から，マクロ的側面に移った。ミクロ上の相違点を理解し，それらに対して上手に本気で取り組む担当者は国際競争力を構築できるようだ。しかしながら，国際的消費者の間に存在するミクロ上の相違点を理解し，それらを踏まえた上でマクロ上の相違点に取り組むという手法をとることが，真の国際競争力を構築できる途なのである。多分ここで指摘しておかなければならない最も重要な点は，競争力の構築手法について国際マーケティング担当者に提示する唯一無比の公式みたいなものは存在しないということであろう。しかしながら，本書を通して提示している情報や分析手法によって，国際マーケティング担当者は，特定市場での特定ビジネスにおける勝利の方程式を構築できるようになるであろう。本章は，ジグソーパズルのパーツをどのように組み合わせたら，優れたマーケティング計画が構築できるのかについて説明するものである。

学習・関与マトリックス

　イントロダクションのところで国際的消費者行動に関する一般理論が提示

図表13-1　学習・関与間の相互関係

		関与 高度	関与 低度
学習	迅速	・特定部分市場への急速参入 ・認知的学習強調型のマスメディアによるプロモーション ・学習を考慮した流通システム ・例：ファッション商品	・急速な市場参入 ・認知的学習強調型のマスメディアによる広範なプロモーション ・集中的流通形態の流通システム ・例：電子レンジ用ポップコーンのような新規かつ改良型の製品
	緩慢	・選択的で緩慢な市場参入 ・マスメディアによるプロモーションで支援 ・対人関係が認知的学習または感情的学習に影響を与える。流通システムが主要な役割 ・例：パソコン	・緩慢でスキミング方式の参入 ・認知的学習または感情的学習に適合したマスメディアを限定的に使用 ・例：家庭用運動器具

された。図表Ⅰ-3に示したように，関与と学習が一体となって購買行動における最も重要な役割を演じるのである。第11章と第12章はこれら2つのテーマについて述べたものである。学習と関与をグローバルデザインの主要局面として結合することは可能である。図表13-1は，この結合形態をマトリックスの形で示すものである。このマトリックスは次の4グループからなる行動を明らかにするものである：①迅速学習/高度関与，②緩慢学習/高度関与，③迅速学習/低度関与，④緩慢学習/低度関与（ウィルス，サムリおよびジェイコブズ　Wills, Samli, and Jacobs 1991）。

　もう一度強調しておくことがある。それはある国における，迅速学習/高度関与型の製品は，別の国では緩慢学習/低度関与型の製品であるかもしれないということである。しかしながら，図表13-1に見るように，特定の迅速学習/高度関与型の製品は，当該市場での急速浸透を図ることが得策であ

ることを示唆するものである。しかしながら，その製品は急速に受け入れられるので，当初，スキミング・プライシング（上澄み吸収価格）方式をとるのが適切である。これに関してウィルス，サムリおよびジェイコブズ（1991, 4）は次のように述べている。「このような製品に対しては有望な買い手やユーザーが特別に注目するものである。新規のファッションをすぐ取り入れる人々にとって，ショッピングの過程，新製品を見つけること，それらを一度試着すること，そして他の人達と，スタイルや，品質や，特徴について語らうことはすべて，高度関与の兆候なのである。このような人々にとって，学習は日常茶飯事のことであり，またそれが早いときている」。彼らの学習パターンは主として認知型である。もし彼らが高コンテキスト文化圏に住んでいるなら，例えば店主のような他人が対人関係型の影響力を行使することも，文化的響きが加わることになるので，大きな役割を果たすことになるであろう。

　高度関与/緩慢学習型の製品となるとより複雑になり，購買行動はより複雑化する。繰り返しになるが，各市場には，他の市場のものとは異なった独自の高度関与/緩慢学習型の製品が存在するものである。例えばVTRやパソコンの購入には，製品が複雑であるがゆえに，多くの時間の投入が必要になるであろう。そのような製品は消費者に対し，大きな興味と好奇心をかき立てることになるであろうが，それらがかなり複雑であるがゆえにその重要な特性を理解しようとする努力が必要となるのである（ウィルス，サムリおよびジェイコブズ 1991）。先述したように，それらは進行中のシステムに適合せず，その価値は必ずしも高く評価されないのである（ワッソン Wasson 1975）。図表13-1に見るように，緩慢で選択的な市場参入方式が起用されるべきである。マスメディアによるプロモーション方式によって学習を支援することが必要である。既存の文化に対応して，例えば社会が個人主義的である場合は，対人関係の影響力を通じた認知的学習が強調されなければならない。より伝統的な，あるいは集団主義的な社会においては，感情的学習が強調されなければならない。そこでは，その複雑な製品の特徴を学習するという点に関し，オピニオン・リーダーや店主の役割が極めて重要になるのである。

迅速学習/低度関与型の製品とは，それをよく知るために試用したり探索したりする必要のない製品のことである。多くの場合それらは，比較的よく知られている製品の新規版か，新規改良版である。それらは長期間に及ぶ学習過程を必要としないし，色々とテストしたり試用したりする必要はない。電子レンジ用ポップコーンがその好例である，なぜならば，見込み客は既に電子レンジについてもポップコーンについても精通していたからである。したがって消費者がポップコーンを電子レンジで作ることができるということを簡単に知りえたのである。確かに，そのような製品を購入するのに高度な関与は不必要であり，それに対する重要な学習活動も必要ではない。「新規改良型」と銘打った製品のほとんどすべてはこのカテゴリーに属する。このような市場への参入は集中型であるべきだ。マスメディアによるプロモーション活動には，主として認知的学習が強調されるべきである。それに対する流通システムは，当該製品が可能な限りあらゆる小売店で入手できるよう推進されなければならない。かくて集中的流通を行うことが必須条件となる。

　最後に緩慢学習/低度関与型の製品であるが，これは予備知識のない全くの新規製品か，あまり普及していなかった製品のかなりの新規版である。ウィルス，サムリおよびジェイコブズ (1991) は，その好例として多目的家庭用運動器具をあげている。家庭に運動室を保有することは，これまで運動器具に関心のなかった人々にとっては，かなり無理な注文であろう。それに対する学習については，新規の器具がもたらすメリットについての理解と，その利用技術の両方が求められる。その結果，この製品に関する学習過程は時間のかかる活動となるであろう。運動器具の場合は，見込み客がかなり長期にわたる試用期間を必要とする可能性はほとんどないであろう。このような製品に対するマーケティングには，ゆっくりとしたスキミング型の市場参入が求められる。マスコミによるプロモーションは限定的なもので十分であろう。またそれは文化圏に応じて，認知的学習か感情的学習のいずれかと連動させることが必要である。そのような製品に対する学習過程には，低コストの対人関係型影響力を用いることが求められるが，それには相対的にかなり長い時間が必要であろう。

この時点で，国際的消費者行動を理解する際に最も重要なポイントは，当該市場において何が緩慢学習製品で，何が迅速学習製品であるかについて知ることである。ある文化圏における迅速学習製品が別の文化圏ではそれほどでもないということがありうる。同様に，製品が高度関与型か低度関与型かということもまた，文化圏によってさまざまである。したがって，国際的消費者行動に関する全般的特徴を一般的な意味合いで理解することは十分ではない。国際マーケティング担当者のそれぞれは，当該製品に対する学習パターンと関与パターンがどちらであるかについて，明確に判定することが必要となる。マーケティング計画が有効かどうかは，このような細かい点が適切であるかどうかにかかっているのである。

　より効果的なマーケティング計画を構築するためには，その他の主要な変動要因をいくつか土俵に持ち込むことが必要である。学習と関与の双方が一緒に考慮される時点においては，国際的市場細分化と原産地想起がそれまでに考慮され，処理されていると理解されなければならない。しかしながら，全公式の中のよりマクロ的な局面が，関与と学習というミクロ的局面とともに相互に見直されなければならない。ウィルス，サムリおよびジェイコブズ(1991)は，普及率と文化のコンテキストについて考察してきた。ここでは文化のコンテキストではなく，集団的対個人的二分法を考察することにする。

文化─普及マトリックス

　集団主義的文化に対しての個人主義的文化の違いについては，すでに第4章で考察されている。普及の速度が迅速か緩慢かという点と，学習が迅速か緩慢かという点については，既に第8章と第11章で論述した。図表13-2は，文化と普及を結合し，それをマーケティング計画全体に活かそうとするものである。

　上部左側の象限は，集団主義的社会における迅速普及型が提示されている。人的影響力と人的販売がここでは重要になる。製品をディスプレイしたり，無料のサンプルを配布するために，有名なショッピング・センターを利用する必要がある。これらの努力は感情的学習によってさらに支援されるこ

図表13-2 文化と普及の相互関係

		集団主義的	個人主義的
普及速度	迅速	・有名なショッピング・センターにおいて，人的影響力と人的販売戦術を起用する。 ・感情的学習を強調する。 ・オピニオン・リーダーを通じて革新者や初期採用者に訴えかける。 ・対人関係が重要である。 ・スキミング・プライシングが適している。	・マスメディアの大量使用。 ・人的影響力と相まって広告を打つ。 ・認知的学習を強調する。 ・革新者や初期採用者をターゲットとする。 ・スキミング・プライシングが適している。
	緩慢	・多数の店で取り扱い，人的影響力と人的販売戦術を起用する。 ・オピニオン・リーダーと共働する。 ・サンプルを無料配布するか，親しみやすさを強化する。 ・感情的学習を強調する。 ・市場にゆっくり浸透させる。	・マスメディア（とりわけ活字メディア）を起用する。 ・広告によって一般大衆に訴求する。 ・一般大衆に訴求する認知的学習を用いる。 ・ペネトレーション・プライシングが適している。

とが必要である。より一層の対人的影響力を行使するオピニオン・リーダーを通じて，革新者や初期採用者に訴求することが大切である。国際マーケティング担当者はスキミング・プライシング方式をとりたいと思うであろう。なぜなら大きな革新者ならびに初期採用者の市場（エリート・マーケット）が存在するかもしれないからである。

　上部右側の象限は，個人主義的社会における迅速普及の場合を示すものである。ある程度の人的影響力と共に，大量のマスメディア広告を打つことは，認知的学習が促進されることになるであろう。なぜならば，消費者は相対的により独立的で，個人主義志向であるからである。革新者や初期採用者はノーマル分布の文化圏の場合より大きいと考えられるので（第8章参照），このような部分市場をターゲットにするのが理にかなっている。製品が市場で迅速に受け入れられるので，スキミング・プライシング方式をとるのが得

図表 13-3　包括的戦略代替案

現地化に対する市場側のニーズ

	低い	高い
現地化に対する企業側のニーズ　低い	・グローバリゼーション ・標準型製品で標準型のマーケティング	・グローバルに考え、ローカルに行動 ・標準型製品で、現地型のマーケティング
現地化に対する企業側のニーズ　高い	・ローカルに考え、グローバルに行動 ・現地型製品で標準型のマーケティング	・多元的現地化 ・現地型製品で現地型のマーケティング

策であろう。

　下部左側の象限では、普及が緩慢で、社会はより集団的である。人的影響力と人的販売が非常に重要である。多くの店がその商品を取り扱い、サンプルを配布するか、その使用法を提示するようにさせなければならない。こうすることによって、その商品が市場で受け入れられるために必要な親しみやすさを強化できるからである。ここではオピニオン・リーダーと共働することが極めて重要である。なぜなら対人関係による影響力が奏功するからである。感情的学習と文化関連型の情報がうまく作用するであろう。最後に、このような製品はゆっくりと普及するものであるので、市場ニーズにゆっくりとしたペースで浸透させてゆくことが必要である。

　図表 13-2 の下部右側の象限は個人主義的社会における緩慢な普及型を示すものである。ここではマスメディアが重要である。広告は一般大衆に訴求するものであるので、認知的学習を推進することが必要である。この種の製品はゆっくりではあるが、大規模に受け入れられるものであるので、流通システム全般に幅広く取り扱うようにさせることが求められる。当製品はかなりゆっくりと市場に広まるものであるので、以上のプロセスを推進するには、ペネトレーション・プライシング（浸透価格方式）をとることが必要である。

消費者行動と連動した包括的戦略代替案

　消費者行動を理解することが市場競争での主要部分を占める。しかしながら，消費者行動のすべての側面を当該企業の戦略上の姿勢と関連付けることが求められる。包括的戦略代替案を取り扱うことは，主として次の2つの主要局面と関連付けることができる。すなわち，企業側のニーズと市場側のニーズである。図表13-3は，これらの局面を機能的関係の形で表したものである。企業側のニーズという局面は企業の現地化できる能力，つまり製品やその生産システム，および特定製品をある特定の方法で生産する公約や義務まで現地化できる能力のことを指す。したがって，当該企業は多額の資本投下を要し，規模の利益にどっぷりと依存することになるであろう。

　他方，市場側のニーズという局面は，市場が局地的で，極めて特殊な製品とマーケティング手法を求めているのか，あるいはそれが，製品やマーケティングの手法をあるがままで受け入れる傾向にあるのか，ということを意味している。当然ながら，このことは第3章で紹介した「文化による選別」という概念と密接に関係している。文化による選別が強力であればあるほど，製品やマーケティングの手法を現地化することが重要になってくる。これら2つの局面は，2つの別個のスペクトルを反映したものではあるが，図表13-3はそれを2×2のマトリックスで表している。

　上部左側の象限では，現地化に対する企業側のニーズも，現地化に対する市場側のニーズも共に低い。この場合，グローバル・マーケティング戦略が起用されるし，実際，そのような戦略を採ることが必要である。レヴィット（Levitt 1983）はこの状況を指して次のように述べている。グローバル企業は，あたかも全世界が（あるいはその大部分が）単一であるかの如くに，相対的低コストで，一貫して連続的に，操業している。それは同じものを同じやり方で，いたるところで販売している。

　グローバリゼーションの支持者は（ジェイン Jain 1989；ハスザー Huszagh 1986；シェスとイシージ Sheth and Eshghi 1989），急速に国際化が進んでいる社会においては，成功の主たる秘訣はグローバルに認知される製品と，ブランド・イメージの構築であると主張している（ウィルス，サムリおよびジェイ

コブズ 1991)。ケンタッキー・フライドチキン，コカコーラ，リーバイ・ストラウス，マクドナルドなどはこの哲学を実行し，うまくいっている。

　しかしながら，ウィンド（Wind 1988）は，グローバリゼーションに対して強く反対する立場をとり，図表13-3に示す他の3つの代替案を推進する議論を引き起こした。彼は次の3つのケースを提示した。第1は，標準製品はある国々においては設計過剰であるが，別の国々においては設計不足であること，第2は，既に企業と国家の連携が余りにも強力でしかも重要であるため，それを崩すことはできないこと，第3は，標準化の活動は企業家精神を鈍らせること，である。大前（Ohmae 1982）は，グローバリゼーションはコスト効率が良くないとさえ主張している。したがって，グローバル・マーケティング戦略は必要でもなければ重要でもないのである。ここで主張したいことは，グローバリゼーションの支持者の大多数は，そのようなことは明言しないで，多分に国際マーケティング志向というよりは，むしろ国際製品志向であるということである。このことは，国際市場の相違点を無視し，製品やサービスを標準的手法で国際市場に提供するのは，主として製品志向であるという考え方（コトラー Kotler 1984）に基づくものである。本書が一貫して述べていることは，国際市場においては，類似性よりもむしろ相違点の方がより重要であるということと，このことに気づき，それを利用している企業がより強力な競争力を構築しているようであるということである。もちろん，ここで主張していることは，グローバリゼーションを真っ向から否定するものではなく，国際マーケティング担当者に対し，現地の消費者ニーズに敏感であれ，ということである。

　図表13-3の下部右側の象限は，グローバル・マーケティング戦略のちょうど正反対のものである。ウィルズ，サムリおよびジェイコブズ（1991）は，これを指して多元的現地化と呼んでいる。それはまた多元的国内化（ポーター Porter 1985）とも呼ばれる。

　国際マーケティング担当者が，世界中で多元的現地化マーケティング戦略の行使に近づけば近づくほど，本書のインパクトはそれだけ大きくなるであろう。多元的現地化の本質は，国際的消費者を理解することと，彼らに適合することである。現地化された製品と，現地化されたマーケティングの両方

を展開する場合は，国際的消費者行動を理解することと，それに対して現地レベルで奉仕することが必要になるのである。

　図表13-3の上部右側の象限においては，グローバルであることと，現地風に実践することが大切であると主張されている。明らかに，製品が現地ニーズに（それが全く存在しない場合もあるが）合うよう調整されないけれど，マーケティングの手法が現地化されるのである。その例としては多くの薬品や，いくつかのコンピュータ，あるいはハイテク製品に見られる。

　最後に下部左側の象限は，企業は現地化されてるが，その行動様式はグローバルである場合である。この現象が起こる理由は，世界のいくつかの国々において，企業の製品がそのままで望まれる場合があるからである。したがってこの場合におけるマーケティングの手法は，標準的であるからである。もしマーケティングの手法や製品に対して現地化が求められるならば，企業はまず，図表13-1の構成要素を考慮し，次に図表13-2の構成要素を考慮しなければならない。

例　示

　図表13-4は，マレーシアの国内市場向けにフード・プロセッサーの開発の提案を仮定したものである。企業はまず最初に，多元的現地化を追求しなければならないことを悟るとしよう。すなわち，当該市場におけるこの製品のためには，独特のマーケティング計画が起用されるべきであると捉えるのである。ここではマレーシアは，緩慢普及型の集団主義的社会であると捉えられている。この場合，その製品に対してアメリカの名称をつけることにより，原産地想起によるハロー（後光）効果を創造できるとみなされる。またその製品は，低度関与の緩慢学習型であるとみなされる。しかしながら，対人的影響力を通じての感情的学習を伴った集団主義的社会においては，消費者は強力なブランド・ロイヤルティを抱くであろう。これらの制約を与件とすると，マーケティング計画の一般的特性は図表13-4のようになるであろう。当然ながら当計画の詳細は，現地特性の重要部分と，当該企業のマーケティング・チームの創造力に依存することになる。当計画の成功は，とりわ

図表13-4　例示：マレーシアでのフード・プロセッサー

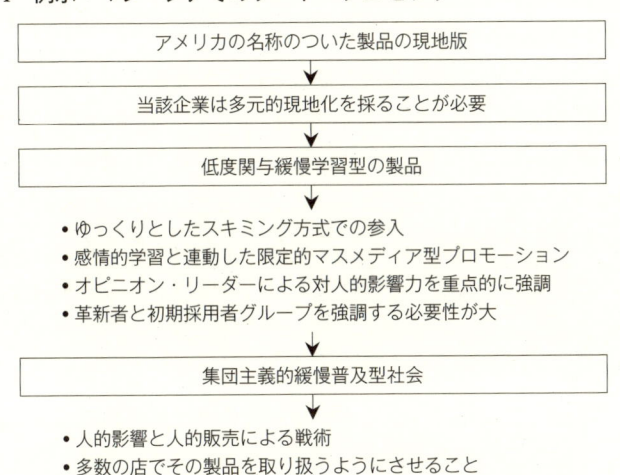

```
┌─────────────────────────────────────┐
│   アメリカの名称のついた製品の現地版   │
└─────────────────────────────────────┘
                 ↓
┌─────────────────────────────────────┐
│   当該企業は多元的現地化を採ることが必要   │
└─────────────────────────────────────┘
                 ↓
┌─────────────────────────────────────┐
│      低度関与緩慢学習型の製品         │
└─────────────────────────────────────┘
```

- ゆっくりとしたスキミング方式での参入
- 感情的学習と連動した限定的マスメディア型プロモーション
- オピニオン・リーダーによる対人的影響力を重点的に強調
- 革新者と初期採用者グループを強調する必要性が大

```
┌─────────────────────────────────────┐
│      集団主義的緩慢普及型社会         │
└─────────────────────────────────────┘
```

- 人的影響と人的販売による戦術
- 多数の店でその製品を取り扱うようにさせること
- 親しみやすさへのニーズをより多く掘り起こすことが必要
- ペネトレーション・プライシングが重要

け当該国における現地市場の消費者行動が，どれだけ理解されているかにかかっている。もし仮に，低度関与緩慢学習型に関する製品に対する意思決定が適切でなければ，提案されたマーケティング計画の詳細部分はあまり適切なものではないであろう。提案されたマーケティング計画の詳細は図表13-4に提示されている。この製品に対し，ゆっくりとしたスキミング型の市場参入方式が提案されているが，それがひとたび市場で受け入れられると，それは急速に初期採用者や初期ボリューム層に浸透するであろう。したがってこの製品に対する価格設定は，厳密にスキミング目的にすべきではない。上記の市場に浸透させることが重要であるので，当初のスキミング的参入が達成された後は，ペネトレーション・プライシング方式を構築することが必要となる。そしてひとたび市場に浸透すると，その企業は強力なブランド・ロイヤルティが構築されやすい国民性を利用して，ブランドならびに製品特性を強化することになるであろう。

要　約

　この章は，本書の中で指摘された情報のすべてを統合しようとするものである。そこでまず第1に，関与と学習が結合され，特定の例に適用された。第2に，消費者レベルで用いるために明らかにされた詳細が，主要なマクロ的変動要因に基づいて，さらに修正された。普及の迅速性/緩慢性を基準とする二分法と，集団主義的/個人主義的の二分法が統合された。最後に，これらすべてに対する考慮は，当該企業の包括的戦略代替案に依存するものであることが主張された。この意味において，製品設計と，そのマーケティング手法に対し，グローバル化と現地化のいずれを採るかを明確にすることが特に大切である。ここでは，現地化が必要とされればされるほど，国際的消費者行動に対して依拠する度合いが大きくなるということが主張された。マレーシアにおけるフード・プロセッサーのマーケティングを展開するという想定のもとで，ある特定のマーケティング計画に対し，以上の諸点を例示するために，簡単な事例が提示された。

参考文献

Huszagh, Sandra M. 1986. "Global Marketing: An Empirical Investigation." *Columbia Journal of World Business* (November): 31-43.

Jain, Subhash C. "Standardization of International Marketing Strategy: Some Research Hypotheses." *Journal of Marketing* (January): 70-79.

Kotler, Philip (1994), *Marketing Management.* Englewood Cliffs, NJ: Prentice Hall.（恩蔵直人監修，月谷真紀訳『コトラーのマーケティング・マネジメント，ミレニアム・エディション』ピアソン・エデュケーション，2001年）

Levitt, Theodor. 1983. " The Globalization of Markets. " *Harvard Business Review* (May-June): 7-8.

Ohmae, Kenichi (1982), *The Mind of The Strategist.* New York: Penguin Books.（田口統吾・湯沢章伍訳『ストラテジック・マインド――変革期の企業戦略』プレジデント社，1984年）

Porter, Michael E. 1985. "How Competitive Forces Shape Strategies." *Harvard Business Review* (March-April). 25-32.

Sheth, Jagdish N., and Abddreza Eshghi. 1989. *Global Marketing Perspectives.* Cincinnati, OH: South-Western Publishing Co.

Wasson, Chester. 1975. *Consumer Behavior.* Austin, TX: Austin Press.

Wills, James, A. Coskun Samli, and Laurence Jakobs. 1991 "Developing Global Products and Marketing Strategies: A Construct and a Research Agenda." *Journal of Academy of Science* (Winter): 1-10.

Wind, Yoram. 1986. "The Myth of Globalization." *The Journal of Consumer Marketing* (Spring): 23-27.

エピローグ

国際的消費者行動の重要性——再論

　本書が執筆されている間に，世界市場において2つの対照的で重要な展開が生じている。その第1のものは，北米自由貿易協定（NAFTA）とヨーロッパ共同体が考えられており，その後者はヨーロッパの要塞（『ヨーロッパ1992年とそれ以後』）とも呼ばれている。この両者はアメリカの国際マーケティング担当者に関して言えば，対照的な動きになっている。NAFTAは，マーケティング担当者にとってカナダとメキシコ市場への参入を容易にするものであるが，ヨーロッパ共同体の出現はこの市場への彼らの侵入をより困難なものにするだろう。これらの試みとさらに類似の試みは，共通の基盤に基づいた国際市場の分析と処理を促進することになろう。国際市場はいくつかの国民的および政治的な障壁の除去によって，一層統合化されたものとなろう。しかしながら，文化的障壁はこれからしばらくの長期にわたって，存在し続ける可能性が高い。市場を統合するこれらの試みは，国際的な生産志向を高め，さらに標準化を通じて，国際的消費者の利益を損なうことになろう。もしこの傾向が続くならば，より良い消費者満足を達成するためには，文化的差異に対する感受性を高める必要がある。

　第2の主要な展開は，ナショナリズムに対する熱意の復活である。とりわけ，東ヨーロッパと旧ソ連では，人種的および国家主義的な反抗の復活が顕著である。もし現在の傾向が続くならば，より文化的で国家主義的に分離された小規模な国々が増加するだろう。そしてこれらの国々では，人種的な独自性が消費者行動の特定のタイプによって示されることになる。これらの展

開は，国際的消費者行動の強調と理解を一層強めることになろう。これらの2つの対照的な動きが持続し続けるのか，収斂するのか，それとも消滅するのかを予測することは困難である。しかしながら，国際的消費者行動を理解することは，この2つの傾向にとって有益なものとなる。この両ケースにおいては文化が中心的な力なので，まず第1に文化はどのように変化するのかを，また第2に，文化の消費者行動へのインパクトの程度を理解するために，いっそうの研究がなされねばならない。

文化の変化とそのインパクト

　もともと，文化は急速に変化するものではない。さらに，文化の変化する速度を弱める要因が存在する。（第1，2，3および4章）。教育システム，宗教制度，政治の多様なレベルなど，これらすべてが現存する文化を補強する。これらの補強要因が，ある文化の中の一定の価値観を他のそれに対して維持し続ける理由について，更なる解明が必要である。もし維持しつづけるとすればそれはどのような価値観なのか？　さらに消費者行動へのインパクトはどうなのか？　もし変化が必要とされる場合には，それはどのようにして始まるのか？　文化革命や文化革新はどのようにして開始されるのか？既存の文化への対抗のインパクト（もし存在するとすれば）はどうか？　もし多くの対抗文化が存在する場合，そのどれが存続する可能性があるのか？

　さらに，文化による選別が消費者行動に強い規制力を持ち続けるかどうかについて，明確にすることが重要である。文化の変化についての未来的な予測はどうなのか？　文化の諸次元は変化し，拡大するだろうか？　とりわけ，新しく現れてくる世界の標的市場，たとえば国際的なヤッピーのような市場相互間で，いったいどのようなコミュニケーションが行われるのだろうか？

追加されるべき将来の研究領域

　本書での多くの指摘は，観察とスケッチ的な調査に基づいている。多くの

図表 E-1　将来の研究方向

ミクロ変数
　学習と関与と同じくらい重要な他の変数は存在するか？
　異なった文化のもとでの関与と学習をどのように測定するか？

マクロ変数
　緩慢に変化する文化から急速に変化する文化をいかにして明確に区別するか？
　原産地コンセプトはどのように文化や消費者行動と相互作用するのか？
　国際的な市場細分化を規定する他の重要な次元が存在するか？
　文化は他のすべての変数とどのように相互作用するか？

マーケティング計画の考察
　消費者行動モデルは，より効果的なマーケティング計画の開発のためにどのように利用されるか？
　本書で使用された諸変数は，マーケティング計画に対して同じレベルのインパクトを与えるのか？

記述が追加的な調査と研究を必要としている。本書が，研究の従来からの重要な流れを促進することが期待される。図表E-1は，遂行されるべき国際的消費者行動研究の重要な領域のいくつかを示している。3つの大きな領域が存在する。それは，ミクロ変数，マクロ変数およびマーケティング計画の考察である。本書で論じられた以外の他のミクロ変数が存在することを，つねに心に留めておかねばならない。それらを特定化して適切に利用することが不可欠である。

　ミクロ変数は本書の全体を通じて論じられ，マクロの変数と関連づけられている。この両者の関係を明確にすることは，きわめて重要である。この知識は，国際マーケティングの担当者に対して成功のための確固とした情報を提供するだろう。

　最後に，これらの努力のすべてが，国際マーケティング計画の成功のカギとなる。ここで述べる点はとくに留意されねばならない。これらの計画が消費者行動の知識に注意深く基礎づけられ，その知識が適切である場合にのみ，消費者の最適満足と有利なマーケティング計画が存在することになろう。

監訳者あとがき

　またひとつ,思い出に残る共同の著作が出版されることになった。6人のメンバーによるサムリ教授の著書の輪読を始めたのが,2008年の5月12日であった。同書のイントロダクションのコピーのメモに,その日付が記されていることから,それがわかる。それから約2年間かかっての作業であり,数多くの思い出の詰まった作品となった。

　監訳者の阿部と山本とが何か共同研究をやろうということから,この試みは始まった。即座に同じ九州情報大学に在籍した秋吉,内田,宮崎(宮崎は大阪国際大学に転籍したが)にご協力を頂くことになり,これに長崎県立大学の山口が参加して,共同研究の輪が広がっていった。とくに宮崎と山口の両氏は遠隔地からの参加となり,そのご協力に対して心からの謝意を表したい。

　読み進むうちに,本書が消費者行動論や国際マーケティング論についての単なる解説書や入門書ではなく,独自の調査や学説研究にもとづく新しい問題提起の書であることが,明らかになってきた。文化論を基底においた論理展開,アジア諸国における協調と互恵の独自のシステム,新製品の普及過程における国際間でのズレ(Skew)の提示,国際市場細分化におけるミクロ視点の強調等々,数え上げればきりがないほどの多くの問題提起がきわめて平易な言葉で語られているのに,われわれは眼を開かれる思いであった。

　ところで,監訳者の一人である阿部が初めてサムリ教授の名前を知ったのは,すでに17年も前になる1993年のことであった。その時たまたま,

『マーケティングと経済発展——先進国と発展途上国』（E. カイナック著，ミネルヴァ書房）を翻訳・出版する機会を持ったのだが，その著書のはしがき（Foreword）の執筆者名に A. C. サムリの名前が記されていたのであった。そこで，上記のカイナック教授の著書を紹介しつつ，この本は「貧しい国々と豊かな国々とのギャップ」を埋めるうえで記念碑的な役割を果たすだろうと書いておられたのを，鮮明に記憶している。

つまりその時の印象から，A. C. サムリという名前は，グローバルな観点からマーケティングのあるべき姿を追求していく優れた研究者というイメージと深く結びつくことになった。そしてこのイメージを確固としたものにする次の機会がおとずれる。1998 年の 8 月，アメリカのロードアイランド大学でマクロ・マーケティング学会が開催され，そこでサムリ教授の「生活の質とマーケティングの役割」のセッションでの報告をお聞きすることができたのである。

この時，生活の質と消費者行動との関連という難解な問題をわかりやすく解説するサムリ教授の報告に接する機会が与えられただけでなく，その親しみやすい風貌や飾り気のない服装，その実直な語り口を直に拝見することができたのである。もしこのような機会がなかったならば，今回の『国際的消費者行動論』を訳出して日本の読者にサムリ教授の考えを知ってもらおうという動因も生まれなかったかもしれない。

もちろんこれまで述べてきたサムリ教授の人柄や思想とは別に，今日ほど「国際的消費者行動」の解明が，わが国のビジネスマンや学生によって強く求められる時代は，これまでになかったのではないかと思う。わが国の国内市場がすでに多くの分野で飽和の段階に到達しているのはまぎれもない事実であり，多くの企業がその新たな販路を，成長する中国などの新興諸国に求めている。他方，これらの新興諸国からは，日本のこれまでの高度成長と結びついたマーケティングの成功の秘密を学びとろうと，多くの学生が日本に留学してきている。これらのニーズにこたえるためには，グローバルな視点から捉えられたマーケティングと消費者行動についての確固とした理論と戦略が不可欠なのである。

サムリ教授の優れた研究とこれらの緊急のニーズとを一体化させることが

今こそ必要なのである。消費者行動に関する研究は最近急速な展開をみせているが，しかし残念なことに，国際比較の視点からこれをわかりやすく論じた優れた論稿が少ないのも事実である。このような消費者行動の研究についての今日的課題と弱点を埋めるために，2年間にわたるわれわれの共同研究の成果が少しでも役立つことができるならば，それにまさる喜びはないと思う。

　なお最後になったが，上述のような橋渡しの手助けをしていただいた九州大学出版会の永山俊二編集部長をはじめとする皆様のご協力に対して，心からのお礼を申し上げたい。

　　2010年3月31日

　　　　　　　　　　　　　　　　　　　　　　　　　　　阿部真也
　　　　　　　　　　　　　　　　　　　　　　　　　　　山本久義

主要参考文献

Abrahamson, Eric. 1991. "Managerial Fads and Fashions: The Diffusion and Rejection of Innovations." *Academy of Management Review* 16(3): 586-612.

Alston, Jon P. 1989. "Wa, Quanxi and Inhwa ; Managerial Principles on Japan, China and Korea." *Business Horizons* (March-April): 26-32.

Amine, Lyn S. 1993. "Linking Consumer Behavior Constructs to International Marketing Strategy: A Comment on Wills, Samli and Jacobs and an Extension."*Journal of Academy of Marketing Science* (Winter): 71-77.

Anand, Punam, Morris B. Holbrook, and Debra Stephens. 1988. "The Formation of Affective Judgments: The Cognitive-Affective Model Versus the Independence Hypothesis." *Journal of Consumer Research* (December): 386-391.

Backer, Spielvogel Bates Worldwide. 1991. (August) *Global Scan: What It I*s. August. New York.

Batrow, Edwin E. 1991. "Reps and Recognition: Understanding What Motivates." *Sales and Marketing Management* (September): 82-86.

Berkman, Harold W., and Christopher Gilson. 1986. *Consumer Behavior—Concepts and Strategies*. Boston: Kent Publishing Company.

Bhawuk, D. P. S., and Richard Brislin. 1992. "The Measurement of Intercultural Sensitivity Using the Concepts of Individualism and Collectivism." *International Journal of Intercultural Relations* 16: 413-436.

Boddewyn, Jean J. 1981. "Comparative Marketing: The First Twenty-Five Years." *Journal of Business Studies* (Spring/Summer): 61-80.

Cateora, Philip R. 1987. *International Marketing*. Homewood, IL: Richard D. Irwin, Inc.

Celsi, Richard L., and Jerry C. Olson. 1988. "The Role of Involvement in Attention and Comprehension Processes." *Journal of Consumer Research* 15: 210-224.

Chung, Tzol Zae. 1991. "Culture: A Key to Management Communication Between the

Asian-Pacific Area and Europe." *European Management Journal* (December): 419-424.

Claiborne, C. B., and A. Coskun Samli. 1987b. "Some Observations on Japanese Retailing Strategies." In *Development in Marketing Science* X, edited by M. Howes and G. B. Glison, 165-170. Miami: Academy of Marketing Science.

Cordell, Victor V. 1991. "Competitive Context and Price as Moderators of Country of Origin Preferences." *Journal of the Academy of Marketing Science* (Spring): 123-128.

Cundiff, Edward W., and Marye T. Hilger. 1988. *Marketing In The International Environment*. Englewood Cliffs, NJ: Prentice-Hall, Inc.

Douglas, M., and B. Isherwood. 1979. *The World of Goods*. New York: Basic Books.

Finan, Timothy, Mark W. Langworthy, and Roger W. Fox. 1990. "Institutional Change and Smallholder Innovation: An Example from The Portuguese Dairy Sector." *Economic Development and Cultural Change* (July): 699-712.

Gabszewicz, Jean, Lynne Pepall, and Jacques-Francoise Thisse. 1992. "Sequential Entry with Brand Loyalty Caused by Consumer Learning-by-Using." *Journal of Industrial Economics* (December): 397-416.

Ger, Guliz. 1992. "The Positive and Negative Effects of Marketing on Socioeconomic Development: The Turkish Case." *Journal of Consumer Policy* 15(3): 229-253.

Green, R. T., I. C. M. Cunningham, and W. H. Cunningham. 1975. "The Effectiveness of Standardized Global Advertising." *Journal of Advertising* 4(3): 25-30.

Greenwald, A. G., and C. Leavitt. 1984. "Audience Involvement in Advertising: Four Levels." *Journal of Consumer Research* 11: 581-589.

Hall, Edward T. 1976. *Beyond Culture*. Garden City, NY: Anchor Press/Doubleday. (安西徹雄訳『文化を超えて』研究社出版, 2003年)

Han, C.M. 1989. "Country Image: Halo or Summary Construct?" *Journal of Marketing Research* (May): 222-229.

Hassan, Salah S., and A. Coskun Samli. 1994. "New Frontiers of Intermarket Segmentation." In *Global Marketing*, edited by S. S. Hassan and Roger D. Blackwell, 76-100. New York: The Dryden Press.

Henry, W. A. 1976. "Cultural Values Do Correlate with Consumer Behavior." *Journal of Marketing Research* (May): 121-127.

Hirschman, E. C. 1980. "Innovativeness, Novelty Seeking and Consumer Creativity." *Journal of Consumer Research* 7: 283-295.

Hofstede, Geert. 1983. "The Cultural Relativity of Organizational Practices and Theories." *Journal of International Business Studies* (Fall): 75-89.

Howard, John. 1989. *Consumer Behavior in Marketing Strategy*. Englewood Cliffs, NJ: Prentice Hall, Inc.

Howard, John A., and Jagdish N. Sheth. 1968. "A Theory of Buyer Behavior." In *Perspectives in Consumer Behavior*, edited by H. Kassarjian and T. Robertson,

467-487. Greenview, IL: Scott Foresman and Company.
Huszagh, Sandra M. 1986. "Global Marketing: An Empirical Investigation." *Columbia Journal of World Business* (November): 31-43.
Johnson, Eric J., and Edward J. Russo. 1984. "Product Familiarity and Learning New Information." *Journal of Consumer Research* (June): 542-550.
Kale, S. H., and D. Sudharshan. 1987. "A Strategic Approach to International Segmentation." *International Marketing Review* (Summer): 60-70.
Lakshimi-Ratan, R. A., and Easwar Iyer. 1988. "Similarity Analysis of Cognitive Scripts." *Journal of Academy of Marketing Science* (Summer): 36-42.
Lavidge, Robert, and Gary A. Steiner. 1961. "A Model for Predictive Measurements of Advertising Effectiveness." *Journal of Marketing* (October): 59-62.
Levitt, Theodor. 1983a. "The Globalization of Markets." *Harvard Business Review* (May-June): 7-8.
―――. 1983b. *The Marketing Imagination*. New York: The Free Press.
MacGregor, Robert. 1983. "Wallace's Theory of Culture and Personality: A Useful Guide to Understanding Persons' Behavior." *World Marketing Congress Proceedings*, edited by E. Kaynak, 270-280. Miami: Academy of Marketing Science.
Martineau, Pierre. 1958. "Social Classes and Spending Behavior." *Journal of Marketing* (October): 118-124.
Maslow, Abraham H. 1987. *Motivation and Personality*. New York: Harper & Row. (小口忠彦監訳『人間性の心理学』産業能率短大出版部, 1971 年)
Mittal, Banwari. 1983. "Understanding the Bases and Effects of Involvement in the Consumer Choice Process." Doctoral diss., University of Pittsburgh.
Needham, Harper, and Steers. 1985. *NH & Life Style Study*. Chicago.
Nicosia, Francesco M. 1966. *Consumer Decision Process*. Englewood Cliffs, NJ: Prentice-Hall, Inc. (野中郁二郎・羽路駒次訳『消費者の意思決定過程』東洋経済新報社, 1979 年)
Nwachukwu, Saviour L., and Rajiv P. Dant. 1990. "Consumer Culture in Developing Economies: Is It Really So Different?" In *Developments in Marketing Science* XII, edited by B. J. Dunlap, 35-40. Miami: Academy of Marketing Science.
Ohmae, Kenichi. 1985. Triad Power. New York: The Free Press. (『トライアド・パワー――三大戦略地域を制す――』講談社, 1985 年)
Onedo, A. E. Ojuka. 1991. "The Motivation and Need Satisfaction of New Guinea Managers." *Asia Pacific Journal of Management* (April): 121-129.
Ozanne, Julie L., Merrie Brucks, and Dhruv Grewal. 1992. "A Study of Information Search Behavior During the Categorization of New Products." *Journal of Consumer Research* (March): 452-463.
Palda, Kristian S. 1966. "The Hypothesis of a Hierarchy of Effects: A Partial Evaluation." *Journal of Marketing Research* (February): 13-24.
Park, C. W., and B. Mittal. 1985. "A Theory of Involvement in Consumer Behavior:

Problems and Issues." In *Research in Consumer Behavior* 1, edited by J. Sheth, 201-232. Greenwich, CT : JAI Press.
Porter, Michael E. 1986. "Changing Patterns of International Competition." *California Management Review* (Winter): 10-40.
―――. 1990. "New Global Strategies for Competitive Advantage." *Planning Review* (May-June): 4-14.
Riesman, David. 1953. *Lonely Crowd*. New York : Doubleday Anchor. (加藤秀俊訳『孤独な群衆』みすず書房, 1965 年)
Robertson, Thomas S. 1968. "Purchase Sequence Responses : Innovators vs. Non-Innovators." *Journal of Advertising Research* (March) : 47-52.
Rogers, Everett M. 1962. *Diffusion of Innovation*. New York : Free Press.
Samli, A. Coskun. 1989. *Retail Marketing Strategy*. Westport, CT : Quorum Books.
Samli, A. Coskun, Richard Still, and John Hill. 1993. *International Marketing : Planning and Practice*. New York : MacMillan.
Samli, A. Coskun, William C. Wilkinson, and Peter M. Mutscheller. 1990. "Successful Globalization of Parochial Products." In *Developments in Marketing Science* XII, edited by B. J. Dunlap, 203-207. Miami : Academy of Marketing Science.
Sheehy, Sandy. 1993. "Dining Out in the UK." *Trade and Culture* 1(2) : 5-7.
Sheth, Jagdish N., and Abddreza Eshghi. 1989. *Global Marketing Perspectives*. Cincinnati, OH : South-Western Publishing Co.
Smith, Robert E., and William R. Swinyard. 1983. "Attitude Behavior Consistency : The Impact of Product Trial Versus Advertising." *Journal of Marketing Research* (August) : 257-267.
Spielvogel, Carl. 1989. "Global Consumer Segmentation Crosses National Lines." *Financier* (October) : 37-40.
Sproles, Elizabeth K., and George B. Sproles. 1990. "Consumer Decision-Making Styles as a Function of Individual Learning Styles." *The Journal of Consumer Affairs* (Summer) : 134-147.
Stayman, Douglas M., and Rohit Deshpande. 1989. "Situational Ethnicity and Consumer Behavior." *Journal of Consumer Research* (December) : 361-371.
Sujan, Mita. 1985. "Consumer Knowledge : Effects on Evaluation Strategies Mediating Consumer Judgments." *Journal of Consumer Research* (June) : 31-46.
Tai, Lawrence. 1988. "Doing Business on the People's Republic of China." *Management International Review* 11 : 8-12.
Takada, Hirokazu, and Dipak Jain. 1991. "Cross-National Analysis of Diffusion of Consumer Durable Goods in Pacific Rim Countries." *Journal of Marketing* (April) : 48-54.
Terpstra, Vern, and Kenneth David. 1985. *The Cultural Environment of International Business*. Cincinnati, OH : South-Western Publishing Co.
Terry, Edith. 1984. *The Executive Guide to China*. New York : John Wiley and Sons.

Thurow, Lester. 1992. *Head-to-Head.* New York: William Morrow.
Traylor, Mark B. 1981. "Product Involvement and Brand Commitment." *Journal of Advertising Research* (December): 51-56.
Wall, Marjorie, John Liefeld, and Louise A. Heslop. 1991. "Impact of Country-of-Origin Cues on Consumer Judgements in Multi-Cue Situations: A Covariance Analysis." *Journal of the Academy of Marketing Science* (Spring): 105-113.
Wallace, A. F. C. 1964. *Culture and Personality.* New York: Random House.
Warner, W. L., Marchia Meeker and Kenneth E. Ezells. 1960. *Social Class in America.* New York: Harper & Brothers.
Wind, Yoram. 1986. "The Myth of Globalization." *The Journal of Consumer Marketing* (Spring): 23-27.
Young, Alwyn. 1991. "Learning by Doing and the Dynamic Effects of International Trade." *The Quarterly Journal of Economics* (May): 369-405.
Young, Murray A., Paul L. Sauer, and H. Rao Unnava. 1994. "Country-of-Origin Issues." In *Global Marketing,* edited by S.S. Hassan and R. D. Blackwell. Fort Worth, TX: The Dryden Press.
Zajonc, Robert B., and Hazel Markus. 1982. "Affective and Cognitive Factors, in Preferences." *Journal of Consumer Research* (September): 123-131.
Zaltman, Gerald. 1965. *Marketing: Contributions from the Behavioral Sciences.* New York: Harcourt, Brace and World. (広瀬芳弘・来住元郎訳『行動科学とマーケティング』好学社, 1971年)

索 引[*]

ア行
新しいアイデアに対する共感性　63
　　―と権力　63
　　―と個人主義　63
　　―と性差　64
　　―と不確実性　63
意思決定における家族の役割　84
→「国際的消費者行動（モデル）」も参照
イノベーションの普及　117-121
　　経済における変化の―への影響　123
　　工業化の―への影響　122
　　物質主義の―への影響　121
　　―のカントリー効果　121
→「文化―普及マトリックス」も参照
ウィルズ，James R. J.　71
ウォレス，A.F.C.　15, 125
大前研一　95

カ行
外部要因　125
→「採用モデル」も参照
学習　27, 187-196
→「文化」も参照
学習スタイル：
　　活動的な―　191
　　観察的な―　191
　　苦労する―　192
　　受動的な―　191
　　詳細を好む―　191
　　真面目な―　191
家族の規模　84
→「国際的消費者行動（モデル）」も参照
価値観　61
　　―と性別　61
　　―と個人主義　61
　　―と権力　61
　　―と不確実性　61
「関係（Quanxi）」　7, 109-111
感情的反応　38
→「文化」および「文化による選別」も参照
関与　171-185
　　―と親近感　180
　　―の形態　173
　　感覚的―　183
　　現実的―　183
　　文化と―　175
技術の習熟　85
→「国際的消費者行動（モデル）」も参照
競争優位性　3, 5
グローバル・エリート　160
→「国際市場細分化」も参照

＊原著書の索引をもとに作成

グローバル製品　94
→「国際的消費者行動」も参照
経済的異質性　101
系列　111
言語　79
原産地コンセプト　139
原産地想起　140
　参入障壁と―　145
　情緒的な―　147
　内因性と外因性の―　144
　複合 対 単一の―　144
　―の組み合わせ　147
　―の国際マーケティングでの利用
　　148
　―の戦略的意味合い　145
　―の戦略的利用　145
　―の評価　146
権力　59, 63
権力格差　58
→「ホフステード」も参照
言語　79
効果の階層性　123, 124
→「イノベーションの普及」も参照
後期大衆　118
工業化　122
→「イノベーションの普及」も参照
広告の役割　179
購入意思　142
→「原産地想起」も参照
購買行動　62
　―と権力　62
　―と個人主義　62
　―と性別　63
　―と不確実性　63
国際市場細分化　155-169
　伝統的考え方と新しい考え方　156,
　　168
　→「戦略的等質的細分化」も参照
国際市場の類型化　98-101
→「国際市場」も参照

国際的市場情報　2
国際的消費者行動　69-91
　―の一般モデル　7
　―の決定要素　43
　―の指標　86
　―パターン　86
　―モデル　73
国際的消費者情報　2, 5
国際的な情報　5
国際的ブランド・ロイヤルティ　150
国際マーケティング戦略　197-207
個人主義　57, 103
→「ホフステード」も参照
子供の役割　81
コンテキスト　79
→「ホール」も参照

サ行
最低生活水準　31
→「文化」も参照
細分化　146
　―に対するマクロレベルとミクロレベル
　　の基準　161
　→「国際的市場細分化」および「戦略的
　　等質的細分化」も参照
採用モデル　133
サムリ, A. Coskun　13
ザルトマン, Gerald　28, 83
サロー, Lester　3
ジェイコブズ, Laurence　4
シェス, Jagdish　71
時間の概念　26
→「文化」,「国際消費者行動（モデル）」
　および「国際的市場細分化」も参照
資源の濫用　83
→「国際的消費者行動（モデル）」も参照
資源の利用　34, 84
→「国際的消費者行動（モデル）」
　も参照
市場の側の受け入れの度合い　97

索　引　　　　227

→「マズロー」,「欲求階層」および「ホフステード」も参照
社会階級　93, 102-106
→「社会階層」および「国際的消費者行動（モデル）」も参照
社会階層　79
→「欲求階層」および「社会階級」も参照
集団主義　57, 102
消費者行動における決定要素　43
→「文化」および「文化による選別」も参照
　―における人的決定要素　43
　　→「国際的消費者行動（モデル）」も参照
　―における人間関係の決定要素　43
　　→「国際的消費者行動（モデル）」も参照
消費者文化　70
　―の相違点　70
　―の類似点　70
消費パターン　62
　―と性別　62
　―と権力　62
　―と個人主義　62
　―と不確実性　62
消費パターンと消費者行動　51
情報　60
　―と権力　60
　―と個人主義　60
　―と性別　61
　―と不確実性　60
初期受容者　118
初期大衆　118
信仰心　85
→「国際的消費者行動（モデル）」も参照
女性型　60
→「ホフステード」も参照
親近感　180
→「関与」も参照
新興工業国（NICs）　1, 99

新製品の採用：
　アメリカ　128-133
　韓国　　　128-133
　中国　　　129-133
　日本　　　128-133
製品の属性　142
→「原産地想起」も参照
戦略的等質的細分化（SES）　162
→「国際市場細分化」も参照
相互作用　30
→「文化」も参照
相対的優位性　4

タ行
達成者　159, 168
→「国際市場細分化」も参照
男女の役割（分担）　32
→「文化」および「国際的消費者行動（モデル）」も参照
男性型　60
→「ホフステード」も参照
ダント　94
地域性　26
→「文化」,「国際的消費者行動（モデル）」および「国際的市場細分化」も参照
地域的製品　94, 176
→「グローバル製品」および「国際消費者行動」も参照
遅延者　118
知覚リスク　183
→「ホフステード」も参照
適応者　159, 168
→「国際市場細分化」も参照
適材適所のマーケティング　3
伝統に対する態度　85
→「国際的消費者行動（モデル）」も参照
伝統派　159, 168
→「国際市場細分化」も参照
努力家　159, 168
→「国際市場細分化」も参照

ナ行

内部要因　125
→「採用モデル」も参照
人間関係　80
認知的反応　38
→「文化」および「選別」も参照
認知的不協和　75

ハ行

ハッサン，Salah S.　167
ハロー（後光）・プロセス　140
→「原産地想起」も参照
反応階層　132
　感情的段階　133
　行動段階　133
　認知的段階　133
→「イノベーションの普及」も参照
「人の和（Inhwa）」　7, 113-115
人々に影響を与えるグループ　44
　家族　44
　準拠集団　44
　対面集団　44
　仲間集団　44
不確実性の回避　58
プライバシーの必要性　83
→「国際的消費者行動（モデル）」も参照
プライベート空間　32
→「文化」も参照
ブランドの訴求力　174
ブランド・ロイヤルティ　149
→「国際的ブランド・ロイヤルティ」も参照
ブリスリン，Richard W.　64
→「個人主義」および「集団主義」も参照
文化：
　—の重要な構成要素　71
　—と関与　175
　—の研究　11-15
　—の直接的・間接的影響力　17
　—の分類　49
　—の変化　212
　—の補強　18
　—による選別　37-47, 141, 193
　高コンテキスト—　44, 55
　コミュニケーターとしての文化　25-36
　消費者行動のキー的決定要因としての—　15
　その多大な影響力　11-23
　低コンテキスト—　44, 55
　—の特定化　49
文化—普及マトリックス　203
→「イノベーションの普及」も参照
ポーター，Michael E.　4
ホール，Edward T.　44, 55
→「文化」も参照
北米自由貿易協定（NAFTA）　211
ホフステード，Geert　58, 83

マ行

マズロー，Abraham H.　93
　—の欲求階層理論（モデル）　95, 99, 166, 178

ヤ行

ヤッピー　156
『ヨーロッパの消費者』　159
余暇活動　29
→「文化」も参照
抑圧層　159, 168
欲求階層　95, 178
→「マズロー」および「社会階層」も参照

ラ・ワ行

リースマン，David　49
　—の分類　49
レヴィン，Kurt　15
レヴィット，Theodore　i, 204
連携　29
→「文化」も参照

労働観　82
→国際消費者行動（モデル）も参照

「和（Wa）」　7, 113-115

監訳者紹介

阿部　真也 ……… イントロダクション，第4章，エピローグ
九州情報大学客員教授，福岡大学名誉教授，博士（経済学）。
福岡大学商学部教授，商学部長，大学院商学研究科長などを経て，2005年から九州情報大学教授。
日本学術会議第3部会員，福岡市大規模小売店舗立地審査会会長，福岡県消費者協会会長などを歴任。
主著：『現代の流通経済』（共編，有斐閣選書），『グローバル流通の国際比較』（有斐閣），『現代流通経済論』（有斐閣），『流通経済から見る現代』（ミネルヴァ書房），『マーケティングと経済発展──先進国と発展途上国』（共訳，ミネルヴァ書房）など多数。

山本　久義 ………………………………………… 第1，5，13章
九州産業大学商学部教授，博士（経営情報学）。
同大学院経済・ビジネス研究科現代ビジネス専攻主任教授。
英検1級，福岡商工会議所主催・アメリカ流通視察研修旅行コーディネーター兼通訳，唐津市地域ブランド推進委員会委員長，福岡県商工会連合会主催・地域特産品開発事業・地域観光開発事業などの委員長，福岡市公的経営機関非常勤理事などを歴任。
主著：『中堅・中小企業のマーケティング戦略』（同文舘），『ルーラル・マーケティング戦略論』（同文舘），『実践マーケティング管理論』（泉文堂），『現代のサービス経済』（ミネルヴァ書房）など多数。

訳者紹介

宮崎　哲也 ………………………………………………… 第8，11章
大阪国際大学国際コミュニケーション学部教授

山口夕妃子 ……………………………………………………… 第10章
長崎県立大学経済学部准教授，博士（商学）

秋吉　浩志 ………………………………………………… 第2，6，9章
九州情報大学経営情報学部講師

内田　寛樹 ………………………………………………… 第3，7，12章
福岡大学商学部非常勤講師

原著者紹介

A. コスカン・サムリ（A. Coskun Samli）
北フロリダ大学のマーケティングおよび国際ビジネスの担当教授。最近の著作として，*Counterturbulence Marketing*（1993），*Social Responsibility in Marketing*（1992），*Retail Marketing Strategies*（1989），*Marketing and the Quality-of-Life Interface*（1987）（いずれも Quorum 出版社より刊行）がある。このほか，マーケティング分野における著書や共著が 30 冊以上，200 以上の論文がある。フォード財団の評議員，フルブライトの特別講師などを務め，7 つの専門雑誌の書評委員でもある。マーケティング・サイエンス・アカデミーの特別会員。サムリ教授は，世界各地で講義をおこない，国際マーケティングや国際的消費者行動の諸問題について論じている。

国際的消費者行動論
――マーケティング戦略策定へのインパクト――

2010 年 5 月 25 日 初版発行

著　者	A. コスカン・サムリ
監訳者	阿　部　真　也
	山　本　久　義
発行者	五十川　直　行
発行所	（財）九州大学出版会

〒812-0053 福岡市東区箱崎 7-1-146
　　　　　　　　　　　　　　九州大学構内
電話　092-641-0515（直通）
振替　01710-6-3677

印刷・製本／大同印刷㈱

Ⓒ 2010 Printed in Japan　　　　ISBN978-4-7985-0013-3